▎本书获以下项目资助：
• 国家社会科学基金一般项目
 "中国非正规小微企业组织合法性与政府管制研究"
 （批准号 14BGL052）
• 国家自然科学基金面上项目
 "嵌入集群内的中国非正规经济组织创业成长中的合法性和生存性研究"
 （批准号 71272192）

●中山大学公共行政学丛书

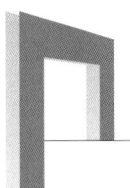

交易费用与公共经济

Transaction Costs and Public Economy

周 燕／著

目录 | Contents

前　言 …………………………………………………………… 1

第一章　公共经济概述 …………………………………………… 1
　　一、基本概念 ………………………………………………… 1
　　二、研究主题 ………………………………………………… 2
　　三、研究目标 ………………………………………………… 4
　　四、研究对象 ………………………………………………… 4
　　五、生活中的公共经济问题 ………………………………… 8

第二章　研究方法：实证与规范 ………………………………… 11
　　一、实证与规范研究的区别 ………………………………… 11
　　二、实证与规范研究之间的鸿沟 …………………………… 13
　　三、实证与规范两类研究中的意见分歧 …………………… 14
　　四、经济学家与道德 ………………………………………… 15

第三章　福利经济学 ……………………………………………… 18
　　一、福利经济学第一基本定理 ……………………………… 18

二、福利经济学第二基本定理 ………………………… 24
　　三、关于公平的应用：基尼系数 ……………………… 30
　　四、小结 ………………………………………………… 32

第四章 市场失败 …………………………………………… 33
　　一、市场失败与凯恩斯主义 …………………………… 33
　　二、市场失败与政府干预 ……………………………… 35

第五章 共用品 ……………………………………………… 37
　　一、共用品的定义 ……………………………………… 37
　　二、私用品与共用品的有效供给 ……………………… 42
　　三、政府提供共用品的理由一：搭便车问题 ………… 43
　　四、政府提供共用品的理由二：边际成本问题 ……… 48
　　五、共用品问题的正确研究方向 ……………………… 52
　　六、公共品悲剧 ………………………………………… 55

第六章 外部性 ……………………………………………… 57
　　一、传统的经济学分析 ………………………………… 57
　　二、科斯定理 …………………………………………… 67
　　三、外部性问题分析的新层面 ………………………… 74
　　四、所在皆是外部性 …………………………………… 83

第七章 "政府"的合约本质与交易费用分析 …………… 85
　　一、经济学的三个范畴 ………………………………… 86
　　二、交易费用理论 ……………………………………… 87
　　三、政府的性质 ………………………………………… 96
　　四、政府的（决策）形式 ……………………………… 114

五、总结：政府出现的原因 ·············· 129

第八章　收入再分配 ·························· 132
　　一、什么是收入分配 ·················· 133
　　二、衡量收入分配的指标及其存在的问题 ········ 134
　　三、收入再分配的理论依据及其批驳 ·········· 141
　　四、政府进行收入再分配的支出方法及其效果 ····· 147
　　五、收入再分配的深层次讨论 ·············· 149
　　六、结论 ························· 153

第九章　扶贫 ······························ 155
　　一、中国的扶贫政策 ·················· 155
　　二、美国的扶贫政策 ·················· 158
　　三、政府扶贫的费用与结果 ··············· 171
　　四、正确的扶贫方向 ·················· 175

第十章　社会保险 ···························· 178
　　一、为什么要有社会保险 ················ 179
　　二、社会保险的基本要素：以养老金为例 ········ 184
　　三、社会保险对行为的影响 ··············· 186
　　四、社会保险实施的后果与改革取向 ··········· 188
　　五、社会保险的本质 ·················· 192
　　六、社会福利低效的原因 ················ 194

第十一章　政府投资 ·························· 197
　　一、现值与利息 ···················· 197
　　二、私人部门的项目评估 ················ 200

三、政府的投资项目评估 ………………………………… 201

四、政府投资中的问题与结果 …………………………… 202

五、政府投资的机制 ……………………………………… 204

第十二章 效率税制 ……………………………………… 212

一、征税的理由 …………………………………………… 212

二、税收归宿 ……………………………………………… 213

三、税收的影响 …………………………………………… 214

四、税收与效率 …………………………………………… 217

第十三章 政府管制 ……………………………………… 222

一、价格管制 ……………………………………………… 223

二、反垄断 ………………………………………………… 227

三、股权管制与知识产权的合约保护 …………………… 242

四、本章小结 ……………………………………………… 265

表图目录

表1-1 公共经济的研究主题 ……………………………… 3

表1-2 各国财政支出占GDP的比重 ……………………… 6

表2-1 经济学家何时互不同意 …………………………… 15

表7-1 美国政府的农业援助——促进生产还是再分配？ ……… 120

表7-2 部分年份美国总统选举经费 ……………………… 122

表7-3 美国总统大选各参选人选举经费（2008年） ……… 122

表8-1 美国家庭的收入分配情况 ………………………… 135

表8-2 中国家庭的收入分配情况 ………………………… 135

表8-3 美国收入分配的变化（家庭收入，单位：美元） ……… 136

表8-4	中美两国的贫困线比较	138
表9-1	美国主要的扶贫支出计划（2004）	159
表9-2	房券家庭与无补贴家庭住房成本比较	168
表10-1	美国的工作参与率（%）	187
表10-2	社会保障的成本与收益	190
表10-3	社会保障投资的预期现值——单身男性	191
表13-1	知识产权保护的衡量方法	245
表13-2	AB汽车有限公司的合资附件	258
表13-3	AB汽车有限公司向美方支付的技术许可费	258
表13-4	CD公司向外方支付的费用	259

图1-1	2013年政府支出占GDP的比重（%）	7
图1-2	1978—2009年中国财政支出占GDP的比重	8
图3-1	洛伦兹曲线与基尼系数计算图示	30
图5-1	私用品的有效供给	42
图5-2	共用品的有效供给	42
图5-3	共用品的推导逻辑	44
图6-1	私人成本与社会成本分离图解	59
图6-2	庇古税	60
图6-3	庇古补贴	61
图6-4	科斯定理分析	69
图7-1	"交易费用—合约理论"对政府边界的解释框架	99
图7-2	重庆渝新欧项目中的合约与交易费用	101
图7-3	宽窄巷子的投资运营合约分析	103
图7-4	苏州工业园的投资运营合约分析	105
图7-5	产业集群的合约链条	107
图8-1	2011年全国各省区城镇居民人均可支配收入（单位：元）	137

图 8-2 收入再分配的边际效用分析 …………………………………… 143
图 9-1 农村最低生活保障情况 ………………………………………… 156
图 9-2 城市最低生活保障情况 ………………………………………… 157
图 9-3 收入与 EITC 之间的关系 ……………………………………… 162
图 10-1 "柠檬法则"图解 ……………………………………………… 181
图 11-1 政府投资规模决定示意图 ……………………………………… 204
图 11-2 省级政府项目投资申报与建设过程流程图 …………………… 205
图 11-3 政府投资中分管领导、发改委与财政厅之间的关系 ………… 208
图 12-1 从量税的影响（从供给者角度看） …………………………… 214
图 12-2 从量税的影响（从需求者角度看） …………………………… 215
图 12-3 从价税的影响（从供给者角度看） …………………………… 216
图 12-4 边际超额负担 …………………………………………………… 218
图 13-1 价格上限与价格下限 …………………………………………… 223
图 13-2 垄断的效率损失三角 …………………………………………… 230
图 13-3 知识产权的经济学与法律范畴 ………………………………… 248
图 13-4 从政府管制到市场合约的推理过程 …………………………… 254
图 13-5 "补偿性合约＋合资合约"的保护机制 ……………………… 263

前 言

2004年博士毕业，我从一名学生变成了老师，走向讲台。中山大学政务学院的马骏教授将他负责的公共经济学课程交给了我，从此我每年都给本科生、硕士生、MPA学生讲授这门课。这一上就是十三年。

课堂是我最喜爱的地方。在这里，我把一个又一个的公共经济问题厘清。学生的提问，每每让我有新的收获。尤其是在MPA课堂，学员都来自于政府部门，虽然是在周末上课，但是课后却还围着我谈论自己的工作，讲述课程中的收获，以及对实际工作的影响。他们亲身经历的扶贫、信访、GDP核算等，对于我而言都是珍贵的资料，从中也学到了很多。我从心里感谢他们的信任，感谢他们毫不忌讳地告诉我工作中的各种困惑与细节。

在教学相长的过程中，我发现理论推导与真实世界的差距。政府应该提供共用品吗？企业污染河流应该交污染税吗？民主投票是好制度吗？市场失败，政府就应该介入吗？市场真的失败了吗？这些在传统教科书中持肯定答案的问题，被真实世界一一推翻。经济学是一门精确的科学，对概念的掌握要求甚高。如果没有对概念的深刻理解，对定理定律的娴熟运用，得到正确答案的机会就会十分渺茫，这也是目前西方《公共经济学》教科书中错漏百出的原因所在。当理论被现象推翻时，恰恰也是理论发展的最佳时机。通过现象来修正理论，让其更具解释力，这正是经济学者的天地所在。

本书的核心是运用交易费用理论去填补传统公共经济分析中的错漏。交易费用的提出在经济学史上是里程碑式的，然而，发展了将近80年（距科斯1937年出版《企业的性质》），这一概念的运用依然捉襟见肘。无论是在微观经济学还是公共经济学领域，它都如同神龙见首般若隐若现。这一方面可以看出，目前的主流经济学对科学解释兴趣平平，另一方面也不难发现基础理论在发展中的举步维艰。本书将在传统经济学的分析框架下，引入交易费用约束，全面改写公共经济分析。在这里你会发现，交易费用如同昆吾宝剑般水断龙舟、陆属犀甲，它让经济学理论的解释力倍增，让人真正感受到科学的力量。

除此以外，中国经验为本书的写作提供了广泛素材。国外的游学经历让我知道，西方学者常常为中国现象感到困惑，许多模型加入中国案例则全盘尽毁。因为他们只了解西方，不了解中国。在经济学基础理论的发展道路上，中国人有着得天独厚的优势——我们比西方人多看了一个世界。唐肃宗时期的乾元重宝推翻了传统经济学中的"劣币驱逐良币"理论，进而颠覆了"柠檬市场与信息不对称理论"，动摇了社会保险的理论根基（见第10章）；中国三十年的经济奇迹让我们知道，贫困人口的减少不在于扶贫政策的实施，而在于经济的发展，比起西方低效的扶贫政策，中国的正性扶贫让人耳目一新（见第9章）；在污染问题上，美国的应对措施是出台类似于《清洁空气法》这样花费巨大且无效的政策，而中国却把科斯定理发扬光大，通过县级政府竞争制度来处理企业的污染问题，从而达到了治理污染的新境界、新层面（见第6章）……这就是中国，漫长的历史与多样的选择让我们有取之不尽、用之不竭的广大素材！

与一般的经济学书籍不同，本书几乎没有什么模型与统计。从19世纪开始，高等数学在经济学中得到了应用，这是一个了不起的举措，因为这一做法可以让边际分析清楚明了。当时的经济学，是为了要更加清晰、客观，而采用了数学，与今天经济学为了数学而数学有着本质上的区别。许多人误解了经济学，以为它在社会科学中的重要地位来自于对数学的运用。孰不知，经济学最重要的是它的基础理论，社会科学里没有哪一个学科对概念与定律的发明创造能与它相媲美。例如经济学里对

"共用品（public good）"的分析（见第 5 章），是从其两大特性推导出"政府应该提供共用品"这一结论。理论上的发展应该是去探讨这个推导逻辑是否成立，能否解释真实世界中的现象。然而放眼看去，主流经济学没有人对此基础理论感兴趣，都是对共用品模型的修修补补、对变量的"添砖加瓦"。哪个才是真正的经济学呢？我认为前者才是；后者是"沙地上的高楼"，哪怕模型做得再漂亮，都是无本之木。研究基础理论是十分奢侈的，而本书期待成为这样一部稀世之作。

在西方绘画史上，也有类似的阶段。在 17、18 世纪，西方的主流画派是学院派，他们极其重视规范，包括题材的规范、技巧的规范和艺术语言的规范。由于对规范的过分重视，导致大量程式化作品的产生。在这种沉闷的画风下，印象派异军突起，成为了划时代的里程碑和不可逾越的高峰。中国的文学史也一样，不同时代各路英雄的崛起，将意境与品味推向一个又一个高峰：东汉时期建安七子一改辞藻华丽之风，开创建安风骨，朴素自然、清峻简约；中唐时期，韩愈等人提倡学古文，习古道，重视真情实感，强调"务去陈言"、"词必己出"的独创精神；北宋时期欧阳修摒弃浮艳诓诈，承袭汉魏乐府，与苏轼等人一起掀起第二次古文运动，风格醇雅、别树一格。经济学的发展能否有此际遇，不得而知，但只有回归到斯密、李嘉图、马歇尔等人开创的科学解释之路，它才有可能摆脱当下"沉闷与无用"（boring and useless）的标签。本书力图用简洁清晰的语言表述各个公共经济议题的思想脉络与得失对错，也算是这种"回归"的尝试吧。

最后，本书要特别感谢张五常教授，他不但是中国经济学家的骄傲，也是世界经济学界的骄傲。张五常教授在经济学发展的道路上，一直在寻求思想上的"突围"，而不是数学上的"长进"。思想的广度与深度，是一个学科得以长青的必要条件。经济学目前的沦落，恰恰与研究方向的迷失有关。如果不在基本概念与基础理论上下功夫，经济学就只剩下模型的"花架子"；如果不在科学解释的道路上前行，就只剩下统计这一"皇帝的新衣"了。毫无疑问，本书中众多公共经济研究领域的突破，都来自于张五常教授，他撰写的《经济解释》是本书最重要的参考文献。我追随张教授的脚步，愿把经济学中的肴馔醽醁与世人分享。

经济学为我开启了一道幸福之门，每当徜徉于学海之时，总有一种"朝登凉台上，夕宿兰池里"的惬意。我深深知道，学术上的攀登绝非一朝一夕就可完成，然而，只要怀抱一颗赤诚之心，朝饮木兰之坠露，夕餐秋菊之落英，不谄媚于主流，不和光而同尘，距离真理就不会遥远……

第一章 公共经济概述

一、基本概念

关于公共经济问题，一般在公共经济学这一学科内进行讨论。公共经济学是经济学的一个分支。因为经济学是解释人类行为的科学[①]，所以公共经济学就是研究人类某些特定行为的科学。这些"特定行为"指的是与政府收支有关的行为。所以，公共经济学是一门关于政府收支及其影响的经济学分支学科，用以解释公共经济现象。具体而言，公共经济学是要**解释**两大类问题：（1）为什么会有政府（收支）？（2）政府收支会带来什么结果？

公共经济学也被称为"公共部门经济学"或者"财政学"。公共经济学是20世纪80年代之后的称谓，之前被称为"财政学"。目前学界并没有统一的称谓，有的学者依然称其为财政学，例如哈维·罗森。名称的变化与政府收支行为的演变密切相关。从"公共经济学"的历史来看，它最早被称为"租税理论"。在过去，无论是欧洲的封建主还是中国的帝王，他们为自己的臣民提供着安全、外交等非常有限的产品，关注的是如何从自己的臣民那里获得收入。因此，政府关心的是"租"与"税"，当时有一种流行的说法"拔最多的鹅毛，听最少的鹅叫"。随着收入的增

[①] 张五常：《经济解释》（2014年合订本），中信出版社2014年版，第53页。

加与现代国家体制的建立，政府不仅需要关心收入，而且要关心支出，要向人民交待他们被收走的租或税是如何花的。与租税理论不同，"财政"一词有了收与支两方面的内容。"量入为出"、"以收定支"是那时的主流思想。

在美国经济大萧条之前，各国政府对经济的干预十分有限，也没有什么"社会福利"的概念。然而，随着1933年罗斯福新政的实施，世界各国开始建立大政府，福利支出成为政府支出一个非常重要的部分。"量入为出"的财政观也随着凯恩斯学派的兴起而逐渐被放弃，政府举债的规模不断扩大，对经济的影响渗透到了方方面面，于是出现了"公共经济"的概念。由此可见，公共经济学这一称谓与政府收支的不断扩大这一时代背景是密切相关的。

二、研究主题

公共经济与政府收支相关，将两大核心问题具体化，公共经济的研究主题可分为两类：一类是基础理论部分，解释为什么要有政府；另一类是政府经济实践，解释政府的一些行为（收支与管制等）作为一种约束条件，加入到社会这一剂"试管溶液"中，市场主体会如何反应，最终会带来什么结果。

在基础理论部分，福利经济学第一基本定理首先给出了市场运作会带来帕累托效率的结果，不需要政府介入经济；接着福利经济学第二基本定理指出，效率不是唯一的价值判断准则，如果引入公平准则，政府就有用武之地了。换言之，实现"公平"是政府收支的第一大理由。政府收支的第二大理由，就是大名鼎鼎的市场失效（失败）理论。该理论认为，在某些特定的条件下，市场无法达到帕累托效率结果，此时需要政府介入，例如提供共用品、纠正外部性。然而，本书将证明这些理论要么在概念上存在着模棱两可的内容，要么逻辑推导上存在问题，要么就是忽略了重要的约束条件，均无法为政府收支提供坚实的理论基础。这是否意味着，我们不需要政府呢？政府收支的依据究竟是什么呢？本书的一大特色就是引入了交易费用理论，试图弥补传统公共经济学中的不足与错漏，从交易费用的角度纠正传统理论的错误，提出政府出现的真正理由。

在政府经济行为及其结果这一部分，秉承实证经济学的一贯研究原则，公共经济学不问"政府应不应该做什么"，而是具体研究"政府有哪些收支和管制行为"，"这些行为会对市场的主体（个人）产生什么样的影响"，"最终的结果是什么"。收入分配、扶贫支出、社会保险、政府投资、税收、政府间的转移支付都是政府行为的具体表现。在这一部分，公共经济学将运用传统经济学的研究分析工具，对这些行为进行具体研究，对其带来的结果给予科学评价与解释。

学科是在不断发展的。目前国际上流行的公共经济学已经越来越倾向于研究税收，且比重不断加大，而轻视基础理论部分。其原因主要是数学在经济学的应用中，税收是更加容易做模型的。这也在一定程度上反映了目前主流经济学不再致力于解释现象，而是更加注重数学的外衣。本书将从各个角度证明许多传统数学模型与方程的无用，甚至误导、被事实证伪，但仍被广泛使用。至于本书将"政府管制"纳入公共经济的范畴，也存在着争议。一般来讲，政府管制措施因为不会涉及政府的收入与支出，所以一般不被纳入公共经济的研究领域。然而本书认为，它们对经济主体的影响巨大，会带来整个社会的租值消散，使社会财富大幅降低，而且也涉及政府与市场边界的核心理论问题，因此将其列入公共经济的研究范围。

表1-1 公共经济的研究主题

● 基础理论部分 （为什么有政府收支？） - 福利经济学 - 市场失效理论 　◇ 共用品 　◇ 外部性 - 交易费用理论	● 政府收支实践及其效果 （政府收支的结果是什么？） - 收入再分配 　◇ 扶贫支出 　◇ 社会保险 - 政府投资 - 效率税制 - 政府间财政关系① - 政府管制

资料来源：本研究整理

---

① 由于资料所限，本书对这一部分内容并没有进行系统研究。

三、研究目标

从以上研究主题不难看出，公共经济学这门学科需要运用微观经济学的理论，来分析公共经济的问题。无论是理论还是实践，都在其探讨的范围。具体而言，公共经济学的学科目标主要包括以下内容：

- 对基础理论进行研究，从而为政府的存在提供依据；
- 为政府何时介入经济提供理论依据；
- 运用基础理论评估政府的收入——支出行为及管制行为；
- 研究政府行为（政策）对市场主体产生的影响。

四、研究对象

（一）政府收支的合约——宪法

政府的收入来自于市场的主体——个人（individual）。无论是税费还是（社保）基金、债务，均来自于个人的财富。那么问题就来了：在一个社会中，一个人凭借自己的聪明才智，在一定的竞争准则下获得资源，为什么要分一杯羹给政府呢？原因其实很简单，人们要向政府"购买"某些在市场中无法获得的商品，例如安全、外交、服务等（这些项目构成政府支出）。既然是"购买"，那就一定存在着交易的合约，不管是口头的还是书面的。这个合约就是宪法。换言之，当你成为一国公民时，你实际上已经签了"宪法"这张合约。因此，宪法中明确规定了政府收支的权利。以号称拥有世界上最优宪法的美国为例：

宪法第1条第8款："国会应有权课税并征收各种直接税、间接税、进口税和货物税。"

宪法第1条第8款：国会有权"偿付债务并为合众国提供共同防务和一般福利。"

然而，这一合约是有问题的。与市场上其他商品的买卖相比，它非常粗糙，缺乏细节。例如，政府提供的是什么水平的共同防务与福利？价格是多少？这一合约只明确了政府收支的权利，却没有限定政府收支的规模，无论是绝对规模还是相对规模。人们在市场上买东西，是不会签订这种合约的，一定会先明确：所购物品是什么，质量如何、价格多少。正是因为宪法这一合约的模糊性，用经济学的术语来说，就是权利没有界定清楚，因此有时候才会出现政府花钱的低效率，带来租值消散。如果政府规模不大，这种租值消散可能很有限。然而实际情况是怎样呢？各个国家的政府规模都在不断膨胀。

（二）政府规模

为了了解政府规模，首先需要了解目前衡量政府规模的方法。

第一种衡量政府规模的方法是计算公共部门工作人员的数量。常用的指标是公务员数量、政府雇员数量、财政供养人员数量以及这些指标占总人口的数量（官民比例）等。暂且勿论这些指标的科学性与合理性，雇员数能否代表政府规模呢？本书持否定观点。一个极端是只有少数政府雇员，但可以掌控规模庞大的社会资源，他们可以通过特定的技术或者是众多的管制手段达到这一目的；另一个极端是有大量的政府雇员，但人浮于事、无所作为，只能够影响少量的社会资源。由此来看，政府雇员这一衡量方法过于间接，无法准确让人们了解政府的规模及其对社会总体经济的影响。

第二种衡量政府规模的方法是计算政府的收入。在过去，政府一般都是量入为出，这种方法的计算结果与计算政府支出的方法相差无几。然而，目前各国普遍都在实行赤字财政，这样一来，支出远大于收入就变为可能。除此以外，对于一些国家和地区的政府而言，卖地收入的比重非常高，例如中国内地与香港。而卖地收入与一般的税收是不同的，从本质上来看，属于租而非税。这种收入因为产权清晰，租值消散几乎为零，对经济的影响也是十分有限的。

第三种衡量政府规模的方法是计算政府支出。这些支出包括三种类型：一是商品和服务的购买，例如为了提供国防，政府需要购买潜艇与导弹；为了提供清洁，政府需要自行提供环卫或者向私人公司购买环卫服务。二是对个人、企业和其他各级政府的收入转移。政府从某些个人或组织获取收入，然后把它们转移给另外一部分人或组织。例如福利计划、对个人或地区的扶贫支出等。第三是利息支出。政府需要为其借款支付利息。政府支出是目前世界上衡量政府规模的通用方法。因为国与国之间的货币不同、经济规模也不同，为了具有可比性，在衡量政府规模时往往采用财政支出占GDP的比重这一相对指标。

无论是上述哪种计算方法，均忽略了政府管制。政府管制会产生租值，进而带来租值消散；政府收支因产权不清也会带来租值消散，两者的本质相同。因此，要全面评估政府对经济的影响，仅考虑政府收支规模而不考虑政府管制，会不够全面。正因如此，本书倾向于将政府管制纳入到公共经济学的框架之中。

（三）政府规模比较

虽然财政支出占GDP的比重是否能够衡量政府规模还存在着争议，然而这一指标已经被运用到了方方面面。从上文的分析可知，这一指标所衡量出的政府规模只会比政府的实际规模小，而不会更大。①

1. 各国财政支出占GDP的比重

由表1-2可以看出，即使采用了财政支出占GDP比重这样一个相对指标，各国政府规模的差异还是比较大的。像孟加拉只有15.30%，而法国却高达56.20%。

表1-2 各国财政支出占GDP的比重

法国	意大利	欧盟	德国	荷兰	西班牙
56.20	49.60	46.60	44.30	43.60	42.40
英国	日本	澳大利亚	美国	瑞士	韩国
42.10	39.47	36.00	34.00	33.60	32.00
孟加拉	阿塞拜疆	白俄罗斯	希腊	葡萄牙	波兰
15.30	29.69	28.80	49.00	45.10	41.30

资料来源：https://tradingeconomics.com/country-list/government-spending-to-gdp

---

① 因为没有将政府管制产生的租值消散加入。

2. OECD 国家和地区财政支出占 GDP 的比重

图 1-1 反映了目前发达国家的政府规模。经济合作与发展组织（Organization for Economic Co-operation and Development，OECD）财政支出占 GDP 比重普遍都在 40% 以上，其中欧洲地区更高，芬兰、法国与丹麦甚至在 55% 以上。需要注意的是，本书并没有对政府规模做一个判断：规模大好还是小好。这些数据只是体现了在一定的衡量指标下，这些指标所反映出来的情况。

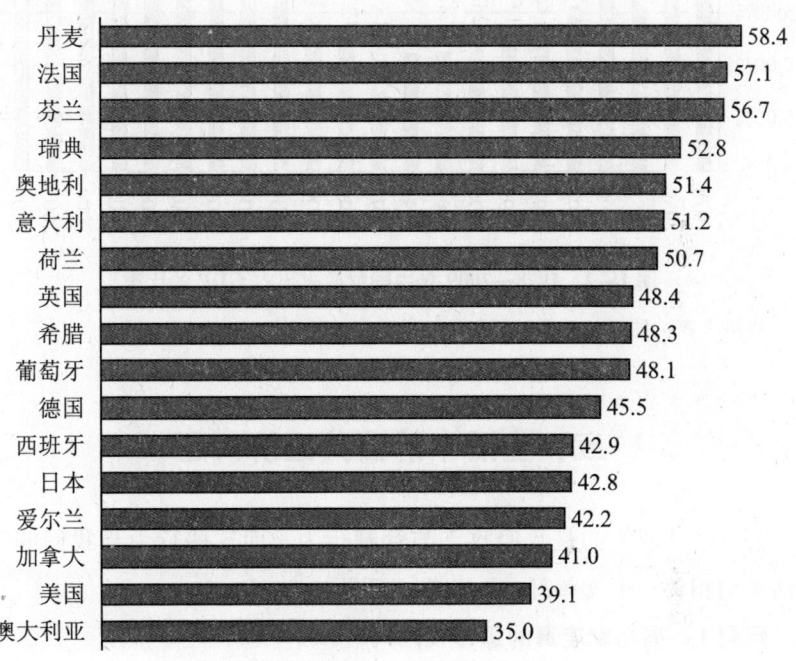

图 1-1　2013 年政府支出占 GDP 的比重（%）

资料来源：Thomson Reuters Datastream，OECD

3. 中国政府财政支出占 GDP 的比重

由图 1-2 可以看出，中国财政支出占 GDP 的比重不是很大，准确地说，从财政支出占 GDP 的比例这一指标来看，中国政府是"小政府"。另外，中国经济发展最快的时期，1993 年至 2000 年，该指标是最低的，一些年份甚至只有 11%。实际上，1993 年至 2008 年，中国的 GDP 一直被低估,因此真实的数据应该更小,即中国财政支出占真实 GDP 的比重应该是低于 10% 的。

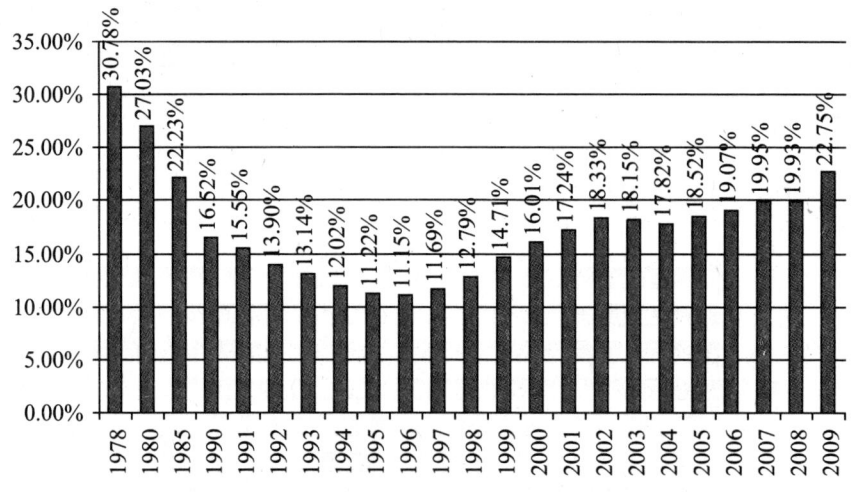

图 1-2 1978—2009 年中国财政支出占 GDP 的比重

资料来源:国家统计局:《2010 年中国统计年鉴》

五、生活中的公共经济问题

公共经济研究的是政府收支与管制行为,而这些行为与我们的日常生活密切相关。下文整理了一些热点话题:

问题 1:福利制度真的适合我国吗?

建立福利国家似乎是天下大势所趋,而这一制度源自于大萧条后的美国。纵观人类历史,在此之前没有社会保险之类的福利。一些零星的救济,其规模也远不及今天。在中国最繁荣昌盛的唐宋时期,也并没有出现过这种制度。然而近年来,中国的福利支出无论是规模上还是发展速度上都非常惊人,2003 年中国扶贫资金收入和扶贫项目支出已经跨过亿元大关,年增长 97.8%。发达国家的福利制度带来了庞大的支出规模,并让政府不堪重负。众多的福利让过去勇于探险的西班牙、葡萄牙等各国的民众安于坐享其成,以至于入不敷出,产生债务危机。

本书关注的问题是：福利制度会导致市场主体产生什么样的行为，即这一制度的后果会是什么？经济学是一门科学，本书将运用经济学的理论与发达国家的实践来解析其结果。

问题 2：教育、公平与共用品

教育是否应该由政府提供？这不是一个容易回答的问题。如果是，那么依据是什么？政府应该提供哪个层面上的教育？如果不是，依据又是什么？与此相关联的问题是：教育是否属于共用品？政府应扮演什么角色？效率是政府提供教育的理由吗？还是公平？高校近年推出的研究生收费政策曾引起了激烈争论，近期的热点是择校费。政府标榜的公平教育资源，为何却带来了高昂的择校费？

本书关注的问题是：政府提供教育的经济学依据是什么？这个依据是否充分可靠？政府提供教育的结果又是什么？

问题 3：公共工程的成本—收益分析

三峡工程、北京奥运会、国家大剧院、杭州湾大桥等均属于公共工程，主要由政府出资。然而，应当如何评估其成本和收益（包括有形的和无形的）呢？政府投资与私人投资有什么不同？为什么普遍认为政府主导的投资项目一定效率低下，真是这样的吗？有没有项目是政府比企业做得更好的？

本书关注的问题是：政府投资与私人投资在计算成本与收益时会有何不同？中国的政府投资制度有什么特点？为什么会带来举世瞩目的基础设施建设成就？

问题 4：中国扶贫政策

2005 年，中央政府宣布取消农业税。农业税的归属如何？是否公平，是否有效？2004 年开始以货币的形式给农民发放种粮补贴。其根据是什么？以货币的形式补贴会带来什么后果？为了减少贫困，政府往往提供食品、住房等生活必需品给贫困者。然而，在这一政策下，却带来了巨大的社会问题，近期热点问题包括经济适用房究竟让谁受益？为什么房叔、房婶、房姐、房妹事件层出不穷？

本书关注的问题是：扶贫的成本是什么？不同的扶贫政策会带来什么后果？政府的扶贫政策真的能够帮助穷人吗？

问题 5：贸易争端、税收与效率税制

中国纺织品在国际市场上曾经所向披靡，然而国际市场并非自由市场，这种比较优势触动了其他国家的一些利益集团。对中国的纺织品实施配额，成为了他们必然的选择。根据世贸协议的规定，2005 年 1 月 1 日美国必须撤销其对华的纺织品配额。之后发生什么事了呢？中国自动限制成衣出口，2005 年 1 月 1 日、5 月 20 日，中国对纺织品开征出口从量税（unit tax）。然而，一星期后，2005 年 6 月 1 日起又取消对 81 项纺织品征收出口关税。期间究竟发生了什么事？对中国的纺织品行业又带来了怎样的影响？

本书关注的问题是：税收作为一种约束条件，会对经济主体产生什么样的影响？不同的税收政策会如何影响商品选择？什么样的税制对市场的扭曲最小？效率税制的原则应该是什么？

问题 6：污染治理与外部性

2015 年柴静的雾霾调查红透大江南北，环境问题成为了大众关心的话题。中央政府十分重视，甚至对地方官员的环保成绩采用了一票否决制。然而，大量财政投入的同时，一方面并没有科学的证据证明环境得到了改善，另一方面，大量中小企业因为环保成本的增加而减产倒闭，使得正在下行的经济雪上加霜。

本书关注的问题是：零污染不是社会最优解，如何能够使得污染与经济发展达到社会最优解？中国的县际政府竞争机制是否能够达到这一解？

有关公共经济的问题不胜枚举，它们与每个人的生活都密切相关。然而对公共经济问题的分析不能够只停留在直觉（common sense）与道德说教的价值观层面上，而是需要经济学的理论基础对其进行科学分析，这样才能够看清现象背后的本质，解释众多"不合理现象"的真正原因所在。

第二章 研究方法：实证与规范

经济学是解释人类行为的科学。什么是科学？什么样的知识才是科学的知识？关于这个问题，在知识论与科学哲学中有非常充分的探讨。本书需要强调的是实证研究与规范研究的区别。任何一位经济学者，如果不能够将这两类问题区分开来，其研究的可靠性会大打折扣。

一、实证与规范研究的区别

实证研究与规范研究最根本的差别在于，前者回答"是什么"与"为什么"，而后者则回答"应该怎样"和"怎么办"。①

例如通过经济学的理论推导我们可以得出：最低工资法将会增加失业率。"最低工资法是否会增加失业率？""为什么最低工资法会增加失业率？"这两个问题都是实证问题。而"我们应不应该实施《最低工资法》？"属于规范问题。

经济学是一门实证科学，独立于任何伦理观念或规范判断。它的任

---

① 主流经济学认为加入数理统计方法的才是实证研究，这一点本书是不同意的。数理统计方法只是在回答"是什么"与"为什么"的问题时采用的手段，而不是实证研究本身。学者在回答这两类问题时，哪怕不用数理统计，采用案例或者其他让人信服的手段进行解释，也是在做实证研究。

务是提供一个概括体系，可以用来正确推测（解释）经济状况发生的变化及其所产生的影响。弗里德曼认为，实证科学的最终目的是要发展出一种"理论"或"假说"，它能够对尚未观察到的现象作出合理的、有意义的推测。总的来说，这种理论是由两种元素构成的复杂的混合体。一方面，它是一种旨在促进"系统的、有组织的推理方法"的语言；另一方面，它是一种旨在抽象出复杂现实的本质特征的实质性假说体系。①

因为经济学是科学，所以从严格意义上来讲，经济学是实证而非规范的。许多经济学家都认为，亚当·斯密的《国富论》其根本论题在于：经济是遵循客观可测的定律运行的。马歇尔也是"试图构造一个分析世界的'引擎'而不是像照相机那样再现整个世界"。这与自然科学的代表——物理学无异。牛顿用三大定律解释行星的运动与其他宏观物体的运动。有人说："上帝创造了世界，而牛顿则发现了上帝创造世界的方法。"换言之，所有的科学都相信现象背后必有规律（General Laws）。物理学家要寻找物体运动的规律，经济学家则要寻找人类行为的规律，其本质是一样的。

很难想象牛顿去探讨"苹果应不应该往天上飞"的问题，但是经济学家们去探讨"应不应该出台《最低工资法》"这一问题时，却显得没有什么不对。因为经济学研究的对象是人，当人们知道了"是什么"和"为什么"之后，难免希望提出"怎么办"的建议。这就使得区分这两类问题显得尤为重要。与自然科学相比，经济学的研究者与被研究对象之间的关系更加密切。这使得经济学家在能够得到一系列自然科学家所无法得到的资料的同时，更难以保持客观的态度。换言之，经济学家比其他自然科学家更容易混淆实证研究与规范研究。

如果要将经济学的科学性贯彻始终，就必须坚持实证研究是唯一的路径。在现有的公共经济学研究中，充斥着大量混淆两类问题的例子。福利经济学、共用品、外部性等研究均以"政府应该干预市场"作为

---

① ［美］米尔顿·弗里德曼：《实证经济学的方法论》，见《弗里德曼文萃》，胡雪峰、武玉宁（译），首都经济贸易大学出版社2001年版，第119页。

出发点。本书将对这些问题一一澄清，寻找传统经济学家们是如何从实证研究跨越到规范研究，进而得出"政府应该干预市场"这一结论的逻辑线索与漏洞，让公共经济学重新回归到实证研究的科学轨道上来。

二、实证与规范研究之间的鸿沟

这里有一个法宝可以帮助我们区分清楚这两类问题，那就是从实证研究到规范研究，期间必须要加入价值判断（Value Judgement）这一桥梁，否则无法逾越这两类问题的鸿沟。

举例而言，几年前中国政府计划开发怒江，有些人严厉声讨："中国最后一片净土也要被破坏了！"他们的言下之意是政府**不应该**开发怒江。然而，在一次电视节目上，主持人问了一位怒江当地的居民："你们希望政府开发怒江吗？"当地居民回应道："当然希望！我们这里没有自来水也没有电，交通又不便利，我们希望能像城市里的人一样生活。"他们言下之意是政府**应该**开发怒江。

对于一位经济学家而言，科学的问题是：为什么怒江区域的经济会如此落后？政府开发（或不开发）怒江会有什么结果？这些都是实证问题。而"应该不应该开发怒江"则是规范问题了。生活在城市里的人，希望工作之余能够到山清水秀的地方度假，他们既要享受城市的便捷与机遇，又要享受田园风光。这是他们的利益（或价值判断）所在，因此他们提出"不应该开发怒江"。而对于当地居民而言，他们的利益（或价值判断）所在是更加便捷的生活方式，而不是连电都没有的单调生活。因此他们认为"应该开发怒江"。喜好不同、价值判断不同，就会有截然相反的结论。

再举一例。有一次，我参加了一位香港某大学博士的研究沙龙。一位博士提出了一个有趣的现象：在中国绝大多数的纠纷都是通过调解来进行解决，而不是通过司法系统。为什么会是这样呢？这是一个非常好的实证问题。他作了许多的实地调查，非常详尽地列举了种种案例。这些案例给我的一个直接感受是：在许多情况下，调解的交易费用远远低于司法体系，理性经济人会更倾向于选择调解而非司法。① 因此，实证的研究应该是去问：在什么样的约束条件下，自利人会选择"调解"，又在什么约束条件下，自利人会选择"司法"？然而，不幸的是，这位学者已经先入为主地有了一个价值观——调解是不好的，司法才是好的。于是他的研究结果居然是要取缔调解，以司法取而代之。完全偏离了解释**"为什么在中国纠纷的处理中调解的比例远远大于司法？"**这一实证问题。

在经济学的研究中，上乘的研究是实证研究，是科学解释，回答"是什么"与"为什么"的问题。一旦要进行规范研究，其前提必须是在可靠扎实的实证研究基础之上，明确交待加入了什么样的价值判断，从而得出什么样的规范研究结论。

三、实证与规范两类研究中的意见分歧

每个人的价值观都是不同的，因而要在规范问题上获得一致意见也就十分困难。然而，实证问题的答案却有着相当一致的结论，就如同物理学中苹果离开树枝后，在特定的约束条件下，所有物理学家都会同意它将向下坠落一样。这一现象是可观察的，苹果下降的速度与方向受着万有引力定律的支配。

从实证与规范研究的区别可以看出，实证研究应该有相当一致的研究结果，而规范研究则会因为每个人的价值判断不同，而出现较大的分歧。一些学者研究了经济学家在实证与规范这两类问题上的意见，他们发现，经济学家在实证问题方面的"一致性指数"相当高，但在公共政策这类规范问题方面却低得多（见表2-1）。值得注意的是，虽然经济学在科学方面的进步能够逐渐消除经济学家在实证问题上的分歧，但不能期待他们在规范问题上可以达成一致，因为每个人的价值观是不一样的。

---

① 例如，许多退休大妈从事调解的工作，她们有很多的时间，也有丰富的人生经历，调解往往奏效。一个法官，一年要判的案件有2000件以上，许多不堪重负，甚至过劳死。一个调解的报告2个小时就可以写完了，而一个案件卷宗的撰写需要两周至一个月等等。

表 2-1　经济学家何时互不同意

论题	经济学家的意见			
	完全同意	有条件同意	完全不同意	一致性指数
实证问题				
最低工资增加年轻人和不熟练工人的失业率	56.5%	22.4%	20.5%	36.0
租金上限降低房屋质量，减少房屋供应	76.3%	16.6%	6.5%	69.8
汽油价格随伊拉克入侵科威特而上升，原因在于大型石油公司的垄断	11.4%	20.3%	67.5%	56.1
规范问题				
美国的收入分配应该更公平	48.5%	24.4%	26.7%	21.8
应该强力推行反托拉斯法，降低目前的垄断水平	34.9%	36.9%	27.6%	7.3
应该降低政府支出占 GNP 的比重	35.6%	19.03%	44.6%	9.0

资料来源：根据 Alston, R. M., Kearl, J. R. and Vaughan, M. B., 1992, "Is There a Consensus among Economists in the 1990's?", *American Economic Review*, 82 (2), pp. 203-209.

四、经济学家与道德

（一）经济学家不能够"讲道德"

许多人认为，"人是有价值观与道德判断的，经济学家的分析却不允许掺入这些东西，两者之间是否存在矛盾？""经济学家怎能不讲道德？如果连经济学家都没有良心的话，我们又怎能要求普通的大众讲道德呢？"

提出这类问题的人往往是混淆了实证与规范问题的区别。一位经济学家曾经举过一个生动的例子：当一位植物学家走进一个花园时，他可以运用自己的专业知识去解释植物生长的现象，这时他是作为一个植物学家在发表观点。然而，如果他对这个花园"美不美"发表感慨，那么他就加入了价值判断,他是作为一个普通人在发表观点。两种观点有本质上的区别。

经济学是一门社会科学,跟物理学等自然科学一样,在若干假设、公理之上逻辑地推出一个理论体系,用于解释现实世界里各种各样的现象。经济学理论是用于解释世界、解释现象,回答"是什么"或"为什么"的问题,避免加入主观的价值判断应该是经济学家的基本素养,只有将个人的喜好与价值观剔除出经济研究,他才会是一名真正的科学家,也是他与普通大众的不同之处。是否加入价值观往往是评判一位经济学家或者一篇经济学论文优劣的重要方法。

张五常教授曾经举过这样的例子:地上有一张百元钞票,有风时它会被风刮走,没风时那张钞票也会不翼而飞。前者可由物理学家来解释,而后者则需要经济学家了。经济学的解释是:因为人是自私的,如果旁边没有人看见,也没有什么监控摄像头(这些是局限条件),人会把那百元钞票捡起来拿走。

经济学的解释是回答为什么人会拿走那张百元钞票的现象,但不回答人应不应该拿走那百元钞票。实际上,物理学也只负责回答"为什么有风时钞票会不见了",也不负责回答"风应不应该把钞票刮走"。两类问题截然不同。但是因为物理学涉及的是物(风),它不回答"风应不应该刮走钞票"的问题,不会遭到非议,经济学涉及的是人,它不回答"人应不应该拿走钞票"的问题时,往往会遭到外行人的批评。①

经济学家不讲道德,不是他作为普通人的时候不讲道理,而是他作为经济学家、运用经济学理论分析行为时,不能够讲道德(价值判断)。没有经过经济学训练的普通人无法区分这两类问题,因而才会有"经济学家不能够不讲道德"的观点。

(二)"道德"是需要解释的现象

经济学需要解释为什么会有道德,为什么不同社会的道德标准有时相同,有时不同?实际上,道德也是经济学需要解释的现象。举例而言:

---

① 李俊慧:《经济学讲义:颠覆传统经济学26讲》,中信出版社2016年版,第54页。

（1）从小我们被教导"路不拾遗"是美德，为什么？

（2）从小我们被教导"不要随地吐痰，丢垃圾"，为什么？

（3）路上撞到人要说"对不起"，为什么？

（4）几乎所有的社会与宗教都崇尚"己所不欲，勿施于人"，为什么？

这四个问题将会在本书的第六章"外部性"进行探讨。

经济学家其实并不拥有什么经世济邦之才，与其他科学家一样，他们只能够问个"为什么"，仅此而已。而回答这些"为什么"的问题时，没有受过专业的训练，不懂得经济学的基础理论，则无法得出科学的结论。Stigler 曾经说过，当一个普通人跟一位物理学家讨论物理问题时，他很容易缴械投降，承认自己不懂物理学的理论，然而，一位普通人与经济学家讨论经济问题时却可以滔滔不绝，根本不需要经济学理论。这是经济学的悲哀，在公共经济领域更是如此，收入再分配问题、扶贫问题、社会保险问题等等这些热门的话题，一般人即使没有学过任何经济学理论也可以站在自己的价值观上高谈阔论一番。一些在职的学生甚至以为他们工作在第一线就有更多的发言权。[①] 在我看来，经济学是科学，与物理学一样，要解释"为什么"，要揭示人类行为背后的规律，没有理论是不可能的。一般人在讨论经济问题时，大都在发表人生观而非进行科学解释，究其原因就是他们无法区分实证问题与规范问题，不知道什么是科学。

---

① 这就好比果园的主人天天看到苹果掉到地上，他就认为自己比牛顿更懂物理学一样。教学中那些没有理论基础的案例讨论课，大家往往都在谈价值观。没有基础理论的学习，不可能对世界有更加准确与深入的把握。

第三章 福利经济学

一、福利经济学第一基本定理

(一) 局部均衡与一般均衡

局部均衡理论（Partial Equilibrium Theory），也称局部均衡分析（Partial Equilibrium Analysis），是由马歇尔创立的。这一理论在假定其他市场条件不变的情况下，考察单个市场或部分市场的供求与价格之间的关系或均衡状态，而不考虑它们之间的相互联系和影响。

后来的经济学家认为，局部均衡是不存在的，因为一个市场的变动往往会影响其他市场，而其他市场又会反过来影响这一市场。于是提出了一般均衡理论（General Equilibrium Theory）。一般均衡是指市场上各种商品的市场会相互联系、相互影响，在这种影响下，当所有市场上的商品供求都达到均衡状态时，形成一般均衡。一般均衡理论在 1874 年由法国经济学家瓦尔拉斯（L. Walras）在《纯粹经济学要义》（*The Mere Economics to Justice*）一书中首先提出。

经济学从物理学引入了许多概念，例如宏观与微观、均衡与非均衡、弹性系数等。这些概念的引入，起初是为了让经济学走上"科学"的轨道，然而，随着时间的推移，当经济学中的概念与定理定律经过千锤百炼后，从物理学搬来的概念就显得没有必要也不合时宜了，正如化学不需要像物理学,化学本身是科学这是毫无疑问的。

科斯与张五常认为,经济学不需要均衡的概念,科斯甚至主张完全放弃它。因为物理学的均衡看得见(静止或匀速直线运动),而经济学中的均衡则看不见摸不着。看不见的东西如何能够证伪呢?[①] 张五常教授认为均衡的概念可以保留,但必须赋予其新的定义,均衡可以"阐释为有足够的局限界定因而可以推出被事实验证的假说,而'不均衡'是指局限界定不足,验证的假说推不出来。"[②] 举例而言,市场的需求与供给决定均衡价格与产量,当政府进行价格管制时,需求与供给不再相等,会出现短缺或过剩等非均衡的现象,而这些非均衡现象是无法观察到的。实际上,当出现政府管制时,价格机制被摒弃,非价格机制将会取而代之,如排队、走后门、搞关系等等。只要知道相关的局限条件是什么,经济学就可以推断哪种非价格机制将会被采用,假说是可以验证的。这需要大量真实世界的调查,坐在办公室里的经济学家因为对约束条件了解不多,不知道哪种非价格机制会被采用,也就无法提出可以被验证的假说。"均衡"与"非均衡"理论是他们逃避真实世界的借口。

对于"一般均衡"这个概念,看似比"局部均衡"这一概念更加周全,然而却经不起科学方法论的考验。有学者认为,所有的因素要是都考虑,其实是跟都没考虑一样;把一本书都画了重点,其实就跟没画一样。[③] 科学理论的作用是帮助我们找到最关键的约束条件,瓦尔拉斯的一般均衡却使我们陷入特殊理论(ad hoc theory)的泥潭,分析问题时无法找到真正的影响因素。管理学中的因素分析法与此相类似。社会科学里的其他学科均没有像经济学那样的理论体系,根据对现象的观察找出大量影响因素,然后运用统计的方法根据以往经验数据,对因素的重要性与连锁反应进行排列。科学的研究路径则不然,需要创

[①] 例如政府管制价格,使其低于市场的均衡价格,按照马歇尔的理论,需求大于供给的非均衡(短缺)会出现,于是出现迫使价格上升的压力。在这一分析中,无论是"短缺"还是"压力"均是看不见摸不着的,无法证伪。

[②] 张五常:《经济解释》(卷二),中信出版社2011年版,第70页。

[③] 丁健:《现代西方经济学发展与教学中的一些反思》,http://tieba.baidu.com/p/4032673809。

造出理论,用理论推导事实,再进行验证。统计的作用是在验证环节更清晰地展示事实。"轻视理论,而重统计",这是与科学精神相背而驰的。

(二) 帕累托效率

传统的经济学家认为,一般均衡状态是存在的。[①] 福利经济学则提出:这种均衡状态是合理的吗?"合理"是一种价值判断。实证经济学是排除了社会评价的理论经济学,它研究经济体系的运行,说明经济体系是怎样运行的以及为什么这样运行,回答"是"和"不是"的问题。规范经济学则是对经济体系的运行作出社会评价,回答是"好"和"不好"的问题。福利经济学就属于后者。要判断好还是不好、合理还是不合理,首先要加入一个价值判断。而这个价值判断就是**帕累托效率**(**Pareto Efficient**)。换言之,福利经济学第一基本定理要回答的问题是:当市场达到一般均衡时,它是"合理"的吗?即它是符合"帕累托效率"的吗?

那么,什么是帕累托效率呢?要理解什么是帕累托效率,首先要知道什么是帕累托改进。

帕累托改进 对在不使其他任何人的境况变坏的情况下,使某人的境况变好的资源进行重新配置。

帕累托效率 也被称为**帕累托最优、帕累托至善**(**Pareto Optimality**)、**帕累托条件**(**Pareto Condition**),是指在一种资源配置的情况下,不可能再改善某些人的境况,而不使任何其他人受损。

帕累托效率是个非常抽象的概念,先理解帕累托改进再理解帕累托效率会容易些,因为帕累托效率就是改进改到尽头,没办法再改了(除非让某些人受损),就达到了帕累托效率。什么是帕累托改进呢?例如拿走一位富豪的一百元钱,送给一个穷人,这是一种帕累托改进吗?答案为"否",因为富人损失了一百元。不符合帕累托改进定义中的"不使任何其他人受损"这一条件。

帕累托效率是个非常重要的概念,看似主观的价值判断,其实不

[①] 上文已经指出,传统定义的均衡是经济学家想像出来的,不可验证。

然。因为改善与受损均是客观存在的,可以观察、度量。因此它是一种客观的状态,而不是主观的判断。另外,当帕累托效率与自利人假设结合在一起使用时,它就具有了相当的威力。经济学的假设是人是自利的,自利的人绝不会允许能够进行帕累托改进而不进行,所以均衡状态下一定是帕累托效率的。如果我们发现没有达到均衡或者没有达到帕累托效率,那一定是忽略了某些重要的约束条件。因此张五常教授认为**帕累托最优**带有太大的主观色彩,应更名为**帕累托条件**(*Pareto-Condition*)。

需要注意的是,经济学中的"效率"一定是指"帕累托效率",就如同经济学里一讲"价格",一定是指相对价格,一讲"成本",一定是机会成本一样。这些概念与我们日常生活中对效率、价格、成本概念的理解相去甚远,需要专业训练才能够掌握。

维弗雷多·帕累托(意大利语:Vilfredo Federico Damaso Pareto,1848 年—1923 年),意大利经济学家、社会学家,对经济学、社会学与伦理学做出了很多重要的贡献。

(三) 福利经济学第一基本定理的证明过程

一般均衡是不是合理的？这一问题就变为：一般均衡是不是符合帕累托效率的？福利经济学进行了证明，证明过程分为两个步骤：一是考虑只有交换、没有生产的纯交换经济，看看当市场达到一般均衡时，帕累托效率是否能够同时达到；二是加入了生产，看看上述结论是否依然成立。

1. 纯交换经济

第一步：证明达到一般均衡时所需要的条件。先假设一种非常简单的经济。在这种经济中只有两个人（亚当与夏娃），消费两种商品（苹果与无花果叶）。运用埃奇沃斯方盒（Edgeworth Box）这一分析工具来描绘两种商品在两人之间的分配。亚当与夏娃两个人可以通过交换，使得各自的资源配置达到埃奇沃斯方盒中的任何一点。在竞争市场下，亚当与夏娃都是价格接受者，但他们的交换行为又会影响价格。可以证明，当亚当和夏娃的等优曲线共同和预算线相切于同一点时，两个市场都达到出清，实现一般均衡，两人均没有动力再进行交换。即达到一般均衡时两人的等优曲线相切，且与预算线相切。

第二步：证明达到帕累托效率时所需要的条件。依旧借助于埃奇沃斯方盒，看看方盒里哪些点将会满足帕累托效率，然后再看这些点是否会与一般均衡点相重合。可以证明，亚当、夏娃两人等优曲线相切的切点都是帕累托效率点。将所有的帕累托效率点连接在一起，得到一条曲线叫契约线（Contract Curve）。

第三步：一般均衡解与帕累托效率解相重合，从而证明一般均衡解是符合帕累托效率的。由一般均衡的要求可以看出，亚当、夏娃的等优曲线与预算线三线相切，切点为一般均衡解；由帕累托效率点的要求可以看出，亚当、夏娃的等优曲线相切，切点为帕累托效率解。因此，一般均衡解一定是符合帕累托效率的解。

2. 有生产的经济

讨论完纯交换经济，福利经济学再加入生产者。即给定两种生产要素（资本与劳动力），苹果与无花果叶的产量由不同生产要素的组合来决定。依然可以证明，在考虑了生产的情况下，一般均衡解依旧符合帕累托效率。证明过程从略。①

（三）福利经济学第一基本定理的批驳

福利经济学第一基本定理是指：在自由竞争的市场条件下，通过交换能够得到帕累托效率的结果。这并非是福利经济学的发明，而是翻版新古典经济学中的"交易定理"。而在推导过程中，福利经济学第一基本定理存在以下三方面的问题：

第一，关于帕累托效率这一概念的把握。从前文的介绍可知，经济学中假设人是自利的，自利的人会追求利益最大化，因此，帕累托效率是必然的结果。如果出现了非帕累托效率，那也就意味着人有利而不求，从逻辑上与自利人假设相矛盾。因此，非帕累托效率解不可能出现。当研究认为出现非帕累托效率时，应该检讨是否遗漏了某些约束条件。换言之，福利经济学中的契约线根本没有用，埃奇沃斯方盒中所有的点都有可能是帕累托效率点，关键要看具体的约束条件究竟是什么。

第二，福利经济学假定要在完全竞争的条件下，一般均衡能够达到帕累托效率的该结论才成立。然而，实际上不一定是自由竞争，垄断也可以达到，例如在自由竞争下最终市场上只有一家企业，或者不同的垄断（觅价）状态②均是特定约束条件下的产物。关键是看，在什么样的约束条件下，帕累托的效率解会在哪里。约束条件不同，帕累托的效率解会不一样。

第三，从上文福利经济学第一基本定理的证明过程可知，瓦尔拉斯的一般均衡似乎逻辑井然，非常严谨。然而，该模型暗含了一个重要前提假设：交易费用为零，而这一前提在真实世界中并不成立。因此，一般均衡分析遇到的最大问题就是：（1）当交易费用为零，我们无法区分产品市场与生产要素市场，甚至不会有市场。上文的两个前提（纯交换市场与生产要素的加入）就存在巨大问题。例如，复印服务可以向市场购买，此时复印服务是一种商品，此时的合约是一份买卖合同；复印服

---

① 可参考［美］哈维·罗森著：《财政学》（第六版），中国人民大学出版社2003年版。
② 关于垄断的研究，请参考本书第十三章。

务也可以通过雇佣一个秘书而获得,此时复印服务就是一种生产要素了,没有劳动力的雇佣就没有生产,此时的合约是一份时间工资合约。如果交易费用为零,签商品买卖合约与签时间工资合约没有区别,那也就无法区分产品市场与生产要素市场了。(2)而以 N 种产品及 N-1 的相对价格为分析的起点一般均衡分析,如果交易费用是零,品种数(N)也是无从决定的。① 因为不同的交易费用约束条件会导致不同的签约行为,而不同合约的签订意味着成本会大不相同。从逻辑上来看,不同交易费用约束会导致不同的成本,也就会导致不同的商品数量 N。

罗伯特·鲍尔温说亲眼看见萨缪尔森一个下午完成福利经济学第一基本定理的证明过程,然而,萨缪尔森在 1950 年的文章"Evaluation of real national income, Oxford Economic Papers"里,从各个方面全盘否定了福利经济学。实际上,交易定理的结论没有错,但是萨缪尔森证明过程的错误太多,应改用另一种方式进行证明,那就是"交易定理与市场需求"(Cheung's 1971 invention)。② 限于篇幅,本书不再赘述。

二、福利经济学第二基本定理

(一)第二基本定理加入的价值观——公平

由福利经济学第一基本定理可知,市场可以到达帕累托效率解,这也就意味着自由市场可以自发地达到资源的有效配置,"看不见的手"有神奇作用。那为什么还要政府呢?福利经济学的研究目的是要推出政府干预,因此加入另一个价值判断就在所难免。这个价值判断就是"公平",即不能只考虑"效率"还要考虑"公平"。换言之,市场可以达到效率解(帕累托效率解),但无法达到公平解,如果要公平解,则需要政府介入了。由此可见,福利经济学真正关注的是公平问题,经由第二定律给出政府干预经济的理由。

---

① 张五常:《经济解释》(2014 年合订本),中信出版社 2014 年版,第 588 页。
② 张五常:《经济解释》(2014 年合订本),中信出版社 2014 年版,第 218 页。

将福利经济学证明过程中的问题放在一边，回到其在第一基本定理证明的过程，推导逻辑如下：契约线上的点均符合帕累托效率，将其转换坐标后，可以得到"效用可能性曲线"。这条曲线反映的是，当给定另一个人（亚当或夏娃）的效用水平时，某人（夏娃或亚当）的效用最大值。于是问题就变为：在"效用可能性曲线"上寻找"最公平"解，而要找到这一解，还需要引入另外一个函数——社会福利函数（Social Welfare Function）。

（二）社会福利函数

经济学家认为，社会福利函数描述的是"社会福利"与"社会个体成员福利"之间的关系，$W = W(U_1, U_2)$。但究竟什么才是社会福利函数呢？福利经济学中存在着不同的方程式，关键的区别就在于如何将个体的福利水平转化为社会福利水平。常见的社会福利函数包括如下几种形式：

1. 平均主义（Egalitarian）的福利函数

所有社会成员应得到完全相同数量的商品和效用，$U_1 = U_2$

2. 罗尔斯（Rawlsian）的福利函数

最大化福利最差的消费者的效用：$W = \text{Min}(U_1, U_2)$

3. 功利主义（Utilitarian）的福利函数

最大化所有社会成员效用之和，$W = U_1 + U_2$

4. 折中的社会福利函数

功利主义和罗尔斯福利函数之间的折中方案。

如果能够确立社会福利函数，就能够判断效用可能性曲线上的最优点，即最优社会福利将由社会福利曲线与效用可能性曲线的相切点决定。然而这一分析中存在两大问题：第一，有关效用的分析是否正确？第二，公平准则究竟是什么？无法确定公平准则就无法确定社会福利函数。上文给出的四种社会福利函数实际上所代表的公平准则是不一样的。因此，只有确定了公平准则才能够确定社会福利函数，进而确定最优社会福利解，政府才会有用武之地。下文将对这两大问题逐一进行剖析，指出福利经济学的错误所在。

（三）关于"效用"的讨论

"效用（Utility）"一词最早由英国哲学家杰里米·边沁（Jeremy Bentham）引入经济学。他认为：

> 自然把人类置于两位主人——快乐和痛苦——的主宰之下……功利原理认识到（人类）这种受支配的地位……功利原理是指这样的原理：无论何种行为，只要它看来是促进了利益相关者的幸福，功利原理就赞成；只要它看来是妨碍了利益相关者的幸福，功利原理就反对。①

从边沁的定义不难看出，效用是一个心理单位，因此也被人称为"快乐指数"。经济学的科学性让我们知道，"解释人的行为"不能够诉诸心理（偏好）。因此效用这一概念在经济学的发展历史中，曾经出现过非常激烈的讨论，参与者包括：斯勒茨基、萨缪尔森、斯蒂格勒、费雪、史托斯、阿尔钦等大师级人物。这一讨论在20世纪50年代尘埃落定时，以阿尔钦的文章②作为终结。

这场大讨论有两大成果：第一，效用不是一个心理单位，而是以数字排列选择的定名。它不代表快乐，不代表享受，也不代表福利，所代表的只是选择的排列（Options Ranking）。第二，效用这一单位前的数字，不能够是基数，只能是序数。③

然而，纵观福利经济学，代表效用的数字是一个基数，而非序数。在福利经济学中，人与人之间的效用不仅可以比较，还可以进行四则运算。这完全违背了50年代经济学家们的研究结论，是福利经济学的硬

---

① Bentham, J., 1907, *An Introduction to the Principles of Morals and Legislation*, Oxford: Clarendon Press, 1907 reprint of 1823 edition. (First printed 1780.)

② Alchian, Armen. A., 1953, "The Meaning of Utility Measurement", *American Economic Review*, 43（1），pp. 26–50.

③ "一磅面包的效用数字是四，一安士牛油的效用数字也是四，二者同吃，其效用数字会大于八。一杯咖啡的效用数字是四，一杯茶的效用数字也是四，二者同喝，每杯的效用数字会小于四。"见张五常：《经济解释》（2014年合订本），中信出版社2014年版，第124页。

伤。萨缪尔森曾经指出,一个社会的总国民收入增加,不管增加多少,只要有一些人(甚至一个人)的收入减少了,经济学就不能证实社会福利有所长进。① 其实,不用经济学家的严格推理,从日常生活中,我们也可以感受到效用的非基数性质。例如富人捐献 10 元给穷人,是否富人的损失一定是小于穷人的获益呢?不一定。如果这是一个嗜钱如命的富人,那么他的损失给他带来的损害,也许是远高于穷人的收益的,例如巴尔扎克小说《欧也妮·葛朗台》中的老葛朗台,《儒林外史》中为了两根灯芯死不瞑目的严监生。

因为"效用"是序数,因此无法进行人与人之间的比较,也无法进行四则运算。福利经济学无视这一点,即使模型做得再好看,也只是"沙地上的高楼",毫无价值可言。

(四) 关于公平的讨论

究竟什么是公平?人们提倡过很多可能的标准,例如机会均等、平均分配等。有学者认为,如果把这些表述不一的标准总结起来,可以归结为以下三个标准:②

1. 均等(Equality):每个人都应该有相同的收入。这个标准也就是我们日常生活中所说的"平均分配",社会总收入水平除以人数,每个人获得的收入相等。

2. 市场成就(Market achievement):收入应该代表人们的经济成就,由他们在市场上的成功程度来量度。这个也就是我们日常生活中所说的"机会均等"。在相同的机会下,每个人的收入由他们在市场上的表现决定。

---

① Samuelson, Paul A., 1950, "Evaluation of Real National Income", Oxford, *Economic Papers* 2, pp. 1 – 29.

Samuelson, Paul A., 1950, "Probability and the Attempts to Measure Utility", *General Information*, pp. 174 – 180.

Samuelson, Paul A., 1950, "The Problem of Integrability in Utility Theory", *Economica*, 17 (68), pp. 355 – 385.

② [美] 杰克·赫舒拉发(Jack Hirshleifer),阿米亥·格雷泽(Amihai Glazer),大卫·赫舒拉发(David Hirshleifer):《价格理论及其应用:决策、市场与信息》(第7版),机械工业出版社 2009 年版,第 439 页。

3. 所有权（Ownership）：不应该剥夺任何人合法取得的财产，除非是作为犯罪的惩罚。换言之，每个人的财富都不应被任何人、以任何理由剥夺，那么这个社会就是公平的。

这些标准看似合理，但其实都存在问题。第一个标准"均等"是最常见的公平准则，往往也是人们最向往的。然而，懒人应该得到与勤奋的工人一样富裕的生活吗？一个人很努力地工作，另外一个人游手好闲，而取得的收入要进行均分，这公平吗？由此可见，均等无法作为公平的准则。

第二个标准——市场成就的标准。这一标准强调的是游戏规则对于每个人都是一样的，在相同的游戏规则下，即使最终的收入水平不同，也是公平的。在我国，一般称其为"机会公平"。例如，共同参加劳动，付出努力多的人比懒惰的人拥有更高的收入。这一标准看似公平，却是一个空中楼阁。这是因为"机会"不同、"游戏规则"不同，一个人胜出的可能性就不同。机会平等在现实世界中是不存在的。每个人从一出生，机会就会不同——高矮胖瘦、相貌、智商、家庭教育、家庭背景等都不相同，机会怎么会相同呢？高收入可能不是来自努力工作，而是来自好运气，例如有幸继承了财富、天赋，甚至相貌。另一方面，当游戏规则改变时，机会自然也就会随之而变。在等级制下，擅于搞关系的人比较容易获得高收入；但在价格机制下，擅于生产与管理的人，容易获得高收入。竞争准则不同，胜出的人不同，什么样的机会才是公平的呢？几乎所有落败之人（Loser）都会认为"机会"是不公平的，而所有的成功者（Winner）都会认为很公平。由此可见，市场成就标准无法成为公平的准则。

至于第三个标准——所有权的标准，本书认为它与第二个标准的本质一样。因为法律的实质是这个社会竞争资源的游戏规则，"合法"意味着对游戏规则的遵守。在一定的游戏规则与竞争准则下，去承认收入的差距。因为所有权标准与市场成就标准的实质相同，因此也无法作为公平的准则。

在经济学中，关于公平的争论无穷无尽。至今仍未出现一个像帕累托效率那样,可以将主观价值判断转换到客观上,而且清晰可度量的"公平概念"。每一种公平的界定都可以找到它"不公平"的地方。因此,经济学家一般不讨论公平问题,而只讨论效率(帕累托效率)问题。

既然不存在公平的明确定义,社会福利函数也就成了空中楼阁,最优社会福利解也就无从确定,无法为政府介入提供理由。在该理论中,公平的定义是关键。一些经济学家在这一领域力求突破,例如赫舒拉发在《价格理论及其应用》这本书里提出:"公平的意思可能是指物品的分配应该是免于嫉妒的(envy-free)。"他引用了所罗门国王(King Solomon)的例子进行说明:"所罗门国王发明的著名原则是通过掷硬币选出一个人来切蛋糕;另一个人有优先选择权。对阿比盖尔(切蛋糕的人)来说,问题在于遵循什么原则来切蛋糕。而对比尔(选蛋糕的人)来说,他的原则很明显:阿比盖尔切了蛋糕后,他拿走自己最喜欢的那一块。"这种分配方式就能够带来公平。

且不论这种公平定义的可操作性,这一定义的最大问题就是"免于嫉妒"本身带有非常主观的色彩,是一种心理,如何检验呢?如果无法检验,则是"非科学"。实际上,"公平"不见得是所有人的价值观。例如,因为存在着相貌身材方面天生的不公平,所以许多其貌不扬的人希望通过努力奋斗来改变这种不公平,更加努力地读书或者工作,这些努力显然对于整个社会而言是有益的。

因为人是自私的,资源是稀缺的,所以竞争无法避免。因为存在着竞争,所以需要约束竞争的规则,无论规则为何,总会有人胜出、有人失败。失败一方总是能够找到不公平的理由。例如选美比赛,貌美者赢,不美者会认为不公平,为什么不是比"智商"?市场机制下价高者得,无法出高价者会认为不公平,为什么不是比谁会搞关系、走后门,等等。由此可见,世界上根本不存在所谓的"公平",经济学中也没有一个清晰的"公平"定义。

福利经济学要有坚实的基础,公平的定义是不可绕过的。如果有一天出现了类似于帕累托这样的人物,能够将公平的定义由主观价值变为客观标准,也许可以扭转目前福利经济学的窘境。

三、关于公平的应用：基尼系数

虽然在经济学中公平的准则至今没有明确，但在现实生活中，这一模糊不清的概念却已经被广泛运用，基尼系数就是一个典型例子。

基尼系数（Gini Coefficient）为意大利经济学家基尼（Corrado Gini，1884—1965）于1922年提出的，定量测定收入分配差异程度。其值在0和1之间。越接近0就表明收入分配越是趋向平等，反之，收入分配越是趋向不平等。

基尼系数是如何计算出来的呢？它反映的是哪一种公平准则呢？

基尼系数的计算是从洛伦兹曲线（Lorenz curve）而来，图3-1中横轴代表家庭数比例x%（注意此比例计算是从低收入家庭开始计算的，到100%时才涵盖最富有家庭），纵轴代表该比例的家庭拥有的财富占社会总财富的比率y%。绿线代表绝对平均状态下，低收入人群所占人口百分比和总收入百分比之间的关系（财富占比等于家庭数占比）；红线代表实

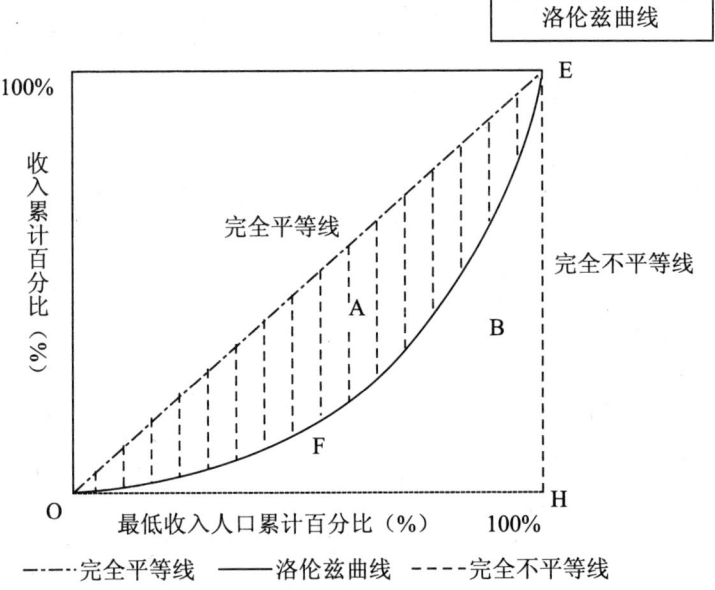

图3-1　洛伦兹曲线与基尼系数计算图示

际情况，实际是由财富—家庭分布曲线积分而来，这条曲线也称作洛伦兹曲线（Lorenz curve），蓝线代表绝对不平均的情况，可以理解为最富裕的1%的人口占有社会几乎全部的财富。

假设实际收入分配曲线和收入分配绝对平等曲线之间的面积为A，实际收入分配曲线右下方的面积为B。并以A除以（A+B）的商表示不平等程度。这个数值被称为基尼系数或称洛伦兹系数。见图3-12。如果A为零，基尼系数为零，表示收入分配完全平等；如果B为零则系数为1，收入分配绝对不平等。收入分配越是趋向平等，洛伦兹曲线的弧度越小，基尼系数也越小，反之，收入分配越是趋向不平等，洛伦兹曲线的弧度越大，那么基尼系数也越大。

在具体操作中，洛伦兹曲线的确定，以及A、B面积的确定都会遇到众多的技术难题，因此基尼系数的计算方法多种多样，并没有统一的公式。除此以外，虽然联合国有关组织规定了基尼系数各个数值范围的含义，例如基尼系数低于0.2表示收入绝对平均，0.6以上表示收入差距悬殊，表明该国社会处于可能发生动乱的"危险"状态。然而这些定义过于武断，从各国的经验数据来看，经济发达的国家与经济不发达的国家都存在各个数值范围。从中国古代社会来看，家天下制度下的皇帝一人独占绝大多数资源，基尼系数应该远大于0.6，为何会有人类历史上时间最长的太平盛世呢？

我国政府公布的基尼系数包括三种：农村居民基尼系数、城镇居民基尼系数和全国居民基尼系数。每次公布这一系数时，都会因为统计口径的问题、调查难度的问题等备受争议。然而，本书认为基尼系数的问题不在于技术方面，而是在于该系数所反映的公平准则。不难发现，基尼系数所反映的公平准则是三个公平准则中的第一种——均等（Equality）。由上文的讨论可知，均等作为公平准则是难以令人接受的。在中国人民公社时期已经有了深刻的教训，"大锅饭"导致经济崩溃、民不聊生。追求基尼系数数值的高低毫无意义，因此本书认为，基尼系数无法反映一个社会的公平程度，是一个没有用的指标。

四、小结

福利经济学第一基本定理告诉我们,市场交易可以达到帕累托效率的结果;福利经济学第二基本定理则告诉我们,这种社会资源配置的状况即便满足帕累托效率,但这种分配如果不公平,政府就可以介入,进行收入转移,从而达到既有效率又有公平的结果。

这完美的结局让人向往,然而如果继续追问,则会发现这不过是"皇帝的新衣"。第一,经济学里没有一个明确的公平准则,不像帕累托效率,从主观转向客观,且大家一致认可。至今对公平的争论仍无尽无休。第二,没有公平的明确准则,则做不出社会福利函数,如何确定最优点。第三,即使上述两大问题不存在,政府如何能够全知全能,知道社会最优选择在哪里?第四,政府介入经济进行的收入转移会大大影响一个经济体的效率水平,如何能够在保障效率的前提下提供公平?

由此可见,福利经济学第一、第二基本定理无法为政府干预经济提供充分的理由。正因如此,经济学家们提出了政府干预经济的第二个理由——市场失败(Market failures)。

第四章 市场失败

一、市场失败与凯恩斯主义

学生们最早接触有关市场的知识是在高中阶段，被告知市场具有"自发性、盲目性、滞后性"，而这"三性"最终会导致市场供求失衡，产生市场失败。这一论断显然与亚当·斯密的"无形之手"相去甚远。从经济学说史上看，挑战斯密的人是凯恩斯，契机是1929年的美国经济大萧条。

1929年10月24日，纽约证券市场突发崩盘。当天的股票成交量达1289万股。股票价格下降之快，让人们陷入了恐慌。接下来便爆发了长达十年之久的经济大萧条。世界上许多地方都曾发生过股市崩盘，但不一定继发"经济萧条"。例如香港，从1973年3月至9月中旬，恒生指数从1700多点跌至500多点，数以万计的市民因此破产，一些受人追捧的蓝筹股，最低限度跌去了七成半。1974年12月10日恒生指数下跌至150.11，跌幅达91.54%。1987年香港又逢股灾，10月26日星期一，恒生指数开市后15分钟已跌去超过650点，全日下跌1120.7点，跌幅高达33.33%，创有史以来全球最大单日跌幅。然而，20世纪70—80年代香港正处于它的黄金发展时期，股市的数次崩盘并没有带来经济衰退或者萧条。

美国的经济大萧条之所以让人触目惊心，是因为一方面成千上万人饿死，但另一方面生产者又大量销毁"过剩"产品——用小麦和玉米代替煤炭做燃料,把牛奶倒进密西西比河。需求与供给严重不匹配,似乎确定无疑地证明了亚当·斯密的"无形之手"也有失灵的时候。1936年,凯恩斯发表《就业、利息、货币通论》,试图证明这种失灵的必然性,其根本原因就在于有效需求不足。政府干预则是促进有效需求的灵丹妙药,从此各国开启了大政府的时代。

然而,这只是凯氏的一家之言。政府扩大支出的实践,最终带来了1970年代的"滞胀"(停滞性通货膨涨,stagflation)。"经济停滞"与"通货膨胀"这两种现象,在凯氏的理论中绝对不可能同时发生。真实世界推翻了凯氏理论。

1963年,弗里德曼与施瓦茨出版了《美国货币史》,其中第七章"大萧条(1929—1933)"引起学界的高度关注。他们指出,大萧条的关键因素是"货币供应量的崩溃"(monetary collapse),矛头直指美联储,证明货币供应量崩溃的直接原因是美联储内部的权力斗争,间接原因则是美联储官员对当时美国经济和货币困境缺乏正确认识。一开始政府对经济体注入大量货币,扭曲了价格,从而误导了生产者与消费者。生产者看到产品价格提高,不知是货币发行量增加的结果,增加生产;而消费者看到价格提高,减少消费——这才是产生"生产过剩"的真正原因。当美联储意识到向经济体注入了太多的货币供应量是个错误时,突然减少货币供应量,发生严重通缩。生产者能够获取的价格,甚至不能弥补他们将产品从产地运到市场上的费用,于是只能就地销毁。

弗里德曼的研究让人们重新审视大萧条的原因,货币理论几乎改写了整个宏观经济学。市场没有失败,在亚当·斯密与马歇尔研究的市场里,价格是相对价格(Relative Price),而非货币价格。在没有货币的干扰下,发挥无形之手作用的是真实价格。显然,在亚当·斯密与马歇尔的时代,还是金本位制,受到黄金产量的约束,政府无从大量发行货币,也就不存在货币政策失误时对相对价格的种种干扰。市场没有失败,恰恰是政府对货币发行量的恣意妄为破坏了市场的价格机制。

在这一历史时期,市场失败特指供求失衡。货币理论的发展让我们知道货币政策的重要性,市场本身不会失灵,但错误的货币政策会让市场难以发挥无形之手的作用。供求失衡的根本原因是政府失败,而非市场失败。因此,在20世纪七八十年代,货币学派获得了经济学研究中的重要地位。凯恩斯学派走向没落,甚至有学者声称"世界上没有宏观经济学这回事!"① 一些经济学家认为,经济学应该是由两部分组成:价格理论与货币理论。前者来自于传统经济学;后者则是研究政府如何发行货币能够对市场不发生干扰,将已经被证伪的凯恩斯理论剔除出经济学。

二、市场失败与政府干预

市场失败(Market Failure)也称为市场失效、市场失灵,是指市场的运行无法提供有效率(帕累托效率)的结果,产量与价格偏离了社会的最优水平。上述经济大萧条是一个例子,需求与供给"不均衡",也就偏离了帕累托效率解。除此以外,造成市场偏离帕累托效率的原因还包括竞争不完全(垄断)、信息不完全、共用品和外部性。一些经济学家认为,正是因为市场会失败,因此需要政府介入,扭转市场失败,重新回归到(帕累托)效率解上来。

这一分析似乎逻辑井然,其实却存在着两大根本问题:

第一,市场失败能否为政府干预提供理由?乔治·斯蒂格勒(George Stigler)曾经用一个"国王与小号手"的故事来回答这一问题。有一个国王很喜欢听小号,让两个小号手在他面前吹。第一个小号手吹得不好,国王直接把奖交给了第二个小号手。大家都觉得这个国王很愚蠢:万一第二个吹得更差呢?第一个小号手好比市场,第二个小号手好比政府,谁能够保证政府就一定能够做得好(达到帕累托效率解)呢?因此,从最简单的逻辑上来看,市场失败是无法为政府干预提供理由的,因为无法保证政府能够达到该效率解。另外,在日常生活中,我们常常能够看到"政府失败"的例子:腐败、机构庞大、入不敷出、效率低下,如何能够断定政府一定比市场更具效率呢?

---

① There is no such thing as macroeconomics! ——Armen. A. Alchian

乔治·斯蒂格勒（George Joseph Stigler，1911年—1991年），美国经济学家、经济学史家，1982年诺贝尔经济学奖得主。

第二，市场真的失败了吗？是否有约束条件我们没有考虑？市场失败是否是经济学家们在办公室想象出来的？他们是否调查清楚了真实世界的情况？对于市场失败的第一种情形——非完全竞争，在传统公共经济学里并没有予以讨论。然而垄断所带来的"死角损失"（Deadweight Loss）、效率损失在真实世界中其实根本不存在，现实世界的市场主体会通过各种定价方式将这一"死三角"铲除（能收尽收），当市场不收时，它的本质是交易费用（见第13章）。至于市场失败的另外三种表现：共用品、外部性以及信息不对称的问题，则是传统公共经济学所关心的话题，本书将在后面的章节一一厘清，看看市场是否真的失灵了。

第五章 共用品

一、共用品的定义

(一) 共用品的两大特性

在经济学中有一个概念——共用品（Public Goods），在国内也被称为"公共物品""公共产品"。一般认为，这个概念是萨缪尔森（Paul A. Samuelson）提出的。1954年，萨缪尔森发表了一篇著名的文章《公共支出的纯粹理论》，该论文给出了共用品的经典定义：

> ……所有的人可以共同享用的［物品］，每一个人对该物品的消费不会使其他人的消费减少。[1]

萨缪尔森的这个定义实际上只描述了共用品的一个性质——**非竞争性（Non-Rivalry）**，后来的经济学家又补充了共用品的另外一个性质——**非排他性（Non-Excludability）**。从此共用品有了明确的定义，即具有非竞争性与非排他性的物品。非竞争性，意味着只要有人提供了共用品，消费者人数多寡与该产品的数量和成本的变化无关。或者说，新

---

[1] Samuelson, P. A., 1954, "The Pure Theory of Public Expenditures", *Review of Economics and Statistics*, 36, pp. 387–389.

增消费者引起该共用品的边际成本为零。非排他性,意味着只要有人提供了共用品,不管提供者是否愿意让其他人消费该产品,任何人都能够消费它。举例而言,灯塔的作用是警告船只有危险,一旦建立,多一艘船使用它不会引起其他船只少使用一些,具有非竞争性;一艘船受益于灯塔的信号,它很难阻止其它船只也从中受益,即非排他性。焰火也有类似的情况:多一个观众观看焰火不会导致其他观众少看;一个人在欣赏焰火时很难排除其他人的享用。其他例子还有广播电视、社会信用体系、规章制度、软件程序、诗歌乐曲等。只要符合非竞争性与非排他性两大特征的物品就是共用品,它与提供者是谁(政府还是私人)没有关系。

共用品的这两大特征得到了经济学界相当广泛的认可。各种经济学的经典教科书虽然表述不同,但都基本认可这两大特征。例如在平狄克和鲁宾菲尔德的《微观经济学》中,共用品被定义为:

> 共用品有两个特征:非竞争性与非排他性。非竞争性是指,如果一种物品的供给一定,新增消费者所引起的边际成本为零。非排他性是指,无法阻止别人消费这一物品。[1]

在瓦里安(1996)的《中级微观经济学》中,定义则是:

> 共用品是一种具有特殊的消费外部性的例子:每个人都必须消费相同数量的物品。[2]

赫舒拉发在其《价格理论及其应用》中,将共用品定义为:

> 如果任何一人对某种商品消费不会减少它对其他人的供给量,这种商品就是共用品。换言之,把共用品提供给任何人,无需负担

---

[1] Pindyck, Robert S. and Rubinfeld, Daniel L., *Microeconomics*, Third Edition, Prentice-Hall International, Inc,清华大学影印本,1998年,pp. 648–649。

[2] Varian, Hal R., 1996, *Intermediate Microeconomics: A Modern Approach*, Fourth Edition, University of California at Berkeley, pp. 606–607.

额外的成本就能把它提供给每个人。①

(二) 俱乐部产品/混合品（Club Goods/Mixed Goods）

有经济学家认为，有一种物品其特征介于私用品和共用品之间，可以在不减少他人消费的情况下供多人同时享用，并称之为"俱乐部物品/混合物品（Club Goods/Mixed Goods）"，例如电影就是一种典型的俱乐部物品。因为电影具有排他性，不买票的不能够入场观看；但同时又具有非竞争性，入场之后，你多看一点儿不会导致我少看。

然而，这一定义是存在问题的。非排他性到底是指物品本身的性质还是可以将技术条件考虑进去？例如广播电视（频率）本身是非排他的，你无法阻止你的邻居也接收同样的节目。然而，如果将技术条件考虑进去，则可以通过电视机排他，没有购买电视机的人看不了电视节目，或者是通过安装机顶盒对频道进行收费来实现排他。如果将技术条件考虑进去的话，那么可以说，没有什么物品是无法实现排他的，甚至连最典型的共用品灯塔都可以实现排他。② 在经济学的定义中，非排他性应该指的是物品本身的性质，而不考虑技术条件。那么像电影这样一直被经济学家认为是具有排他性的产品就应该是非排他的，因为不买票就不能进场是外界加入的技术条件，不是电影本身的性质。俱乐部产品究竟指的是物品本身的排他，还是可以考虑技术条件呢？如果可以考虑技术条件，那么所有的物品都可以实现排他，俱乐部产品的定义又有什么意义呢？

实际上，世界上没有完全具有非排他性的物品，所谓的非排他性一定是在某一范围之内。焰火具有非竞争性与非排他性，是典型的共用品。然而，焰火只能够在一定范围内非排他，超过一定范围，它就变得排他了。深圳的居民无法看到广州的新年焰火，这是毫无疑问的。

---

① [美] 杰克·赫舒拉发（Jack Hirshleifer），阿米亥·格雷泽（Amihai Glazer），大卫·赫舒拉发（David Hirshleifer）：《价格理论及其应用：决策、市场与信息》（第7版），机械工业出版社2009年版，第455页。

② 科斯1974年的文章《经济学中的灯塔》就考查了英国18、19世纪私人灯塔机构是如何根据航程与港口来计算船只使用灯塔的情况，从而实现灯塔的排他性消费。

燻火的非排他范围比起焰火与国防就要小得多了。既然非排他性一定是在某一范围内，那么俱乐部产品的定义就有些多余，因为从严格意义上讲，焰火、燻火超出一定范围都是排他的，难道它们也是俱乐部产品吗？

（三）共用品不是政府提供的产品

经济学中的共用品有着十分严格的界定，它必须具备两个基本特征——非竞争性与非排他性。然而，在讨论公共部门的问题时，人们往往喜欢从它的字面意义理解[①]，而不遵从经济学的定义，因此常常将共用品与政府提供的物品（government-provided good）相混淆。

萨缪尔森在给出共用品的定义时，旨在解释为什么公共部门（政府）应该提供共用品，于是将共用品的字面定义与其经济学定义联结在了一起。萨缪尔森认为具有非竞争性与非排他性的物品应该由政府提供，即共用品应由政府提供。这一观点得到了马斯格雷夫[②]的认可，他也认为共用品是一种从内在本质上需要政府部门提供的物品。萨缪尔森与马斯格雷夫的观点得到了经济学界的普遍接受。于是学者们在研究共用品问题时，有意无意就将其等同于政府提供的产品或公共部门提供的产品。这种"约定俗成"使得后来大量的学者都将共用品的两大属性特征放置一旁，陷入到"政府应该提供共用品"，"政府提供的物品就是共用品"的误判之中。

实际上，共用品与政府提供的物品是完全不同的两个概念。前者是指具有非竞争性、非排他性的物品，用两大特征来界定。后者强调的则是提供主体为政府的物品。两者具有存在交集的地方，但也存在着更多的差异。具有非竞争性、非排他性的物品（共用品）并不一定由政府提供，可以由私人部门提供，如广播电视、电脑软件、诗歌乐曲等；政府部门也时常在提供具有竞争性与排他性的物品（私用品），如道路、公

[①] 在英语字典中，"公共"（public）一词往往被定义为与社会或团体相关（"of, related to, or serving the community"）。包括经济学家在内，许多人一听这个词语首先联想到的就是能够让所有公民享用的物品，或者是公共部门（或政府）提供的物品。

[②] Musgrave, Richard A. (1959). *The Theory of Public Finance: A Study in Public Economy*, McGraw-Hill.

园、住房等。从各国的支出来看,政府提供的许多物品都不是共用品,根本不具备非竞争性与非排他性这两个性质。

因此,一个物品是否是共用品,不取决于它由谁提供,也不依赖于谁拥有,更不依赖于是否存在明确的"价格",而是取决于它是否具有非竞争性与非排他性这两个性质。根据共用品的这两个特性,张五常教授认为翻译为"共用品"才恰当,这是因为无论是非竞争性还是非排他性都说明,大家可以共同享用,但谁也不会影响其他人的消费。①

(四) 对于传统教科书中一些例子的再思考

1. 消防与国防是不是共用品?

几乎所有的教科书都将国防列为共用品,但实际上却不一定。

首先以消防为例,乍一看,消防似乎是共用品,一个城市有一定的消防设施,不会因为多了一位居民而增加消防开支(具有非竞争性),同时想要进行排他使用也比较困难。然而,试想这个城市里的两个地方同时发生火灾,并超过其预设的抗灾能力,消防车与消防员到一个地方扑救,就无法到另一个地方,具有竞争性与排他性。

国防的例子也相似,一个国家不会因为多了一位公民而增加国防开支(具有非竞争性),让这个国家里某些公民不受国防保护也比较困难(非排他性)。然而,如果这个国家南北受敌,敌方力量强大,军队到北方就不能够到南方,此时也具有竞争性与排他性。

2. 教育是不是共用品?

不同类型的教育具有不同的性质,一些具有共用品的属性,另一些具有私用品的属性。例如,在一定范围内,老师上课,多增加一些学生不会影响其他学生对教育的消费(尤其在互联网上);一些学生更加认真地听课,不会影响其他同学对教育的消费,此时"教育"就是共用品。而有些教育,需要一对一地教,例如弹琴,老师要对学生的指法与音乐的理解进行讲解,此时就具有排他性和竞争性,属于私用品了。

---

① 张五常:《经济解释·第一卷·科学说需求》,花千树出版有限公司2001年版,第213页。

二、私用品与共用品的有效供给

（一）私用品的有效供给

要得到私用品的有效供给解，首先需要导出总需求曲线。每个人的需求曲线表示对一单位边际商品的支付意愿。保持价格 P 不变，把各人的需求量加总，得到总需求曲线。在经济学中称之为水平加总（Horizontal summation）。均衡在总供给曲线和总需求曲线的交点达到。每个人付相同的价格 P，消费不同的数量 Q，实现帕累托效率。见图 5-1。

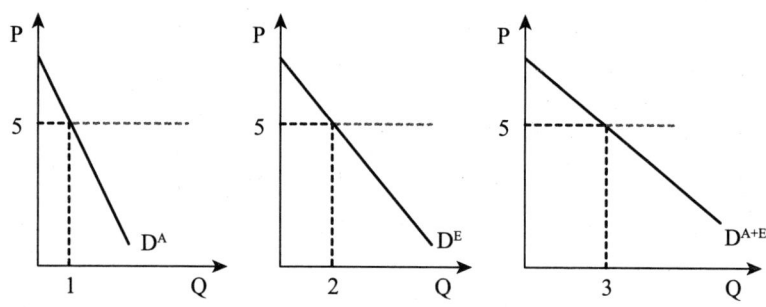

图 5-1　私用品的有效供给

（二）共用品的有效提供

与私用品相比，共用品因为其特殊性质，使得每个人的消费数量相同，但支付意愿不同。保持数量不变，把每个人的"支付意愿"相加可以得到价格 P，经济学称之为"垂直加总"（Vertical summation）。见图 5-2。

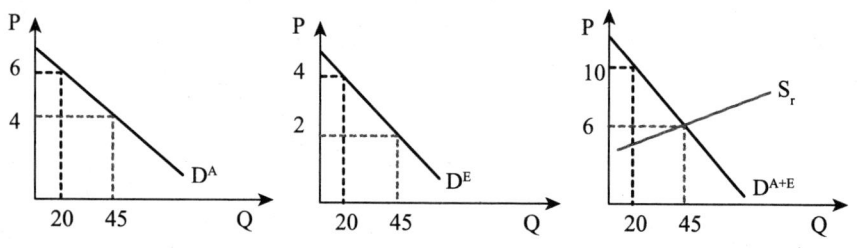

图 5-2　共用品的有效供给

垂直加总后的市场需求曲线与供给曲线相交，就能够得到均衡解，该均衡解同时也是帕累托效率解。

在求私用品的有效解与共用品的有效解时，两者是不一样的。对于私用品而言，市场中的人们面对的是相同的价格，根据这个价格以及自己的边际用值，确定自己的消费数量。把市场中每个人在特定价格下、不同的消费量相加，从而得到市场的需求曲线，即水平加总。对于共用品而言，市场中的人们消费相同数量的商品，但是每个人的边际用值不相等。把市场中每个人在特定数量下、不同边际用值相加，从而得到市场的需求曲线，即垂直加总。

传统经济学认为，对于共用品而言，垂直加总后的市场需求曲线与供给曲线相交的均衡点（帕累托效率点）是无法达到的，存在市场失效，原因是存在搭便车（Free Rider Problem）的问题。

三、政府提供共用品的理由一：搭便车问题

（一）传统的搭便车问题分析

共用品的基本特征之一——非排他性决定了人们在消费这类物品时，往往都会有不付费的动机，倾向成为免费搭乘者（free-rider）。因为即使不付费，只要有人提供了共用品，就很难将自己排除在外。共用品的非竞争性特征也使免费搭乘者一般不会受到其他人的反对，因为他的消费并不会影响其他人的消费，也不会带来额外的成本负担。共用品的两个基本特征是"搭便车"问题产生的根源。

传统经济学认为，"搭便车"问题的存在使私人企业如果提供这种物品会无法收回成本。因为大家都试图掩盖自己的真实偏好，所以共用品的个人消费"量"变得不确定，而卖方又无法排除不付费的人，这就会导致价格机制不能有效发挥作用，最终使竞争市场无法在帕累托效率水平上提供该物品。竞争市场不可能达到共用品供给的帕累托效率，即市场出现了失灵，因此需要政府的介入，用税收手段筹集资金，由政府提供这些产品。这一传统分析的逻辑推演过程如下图

所示①：

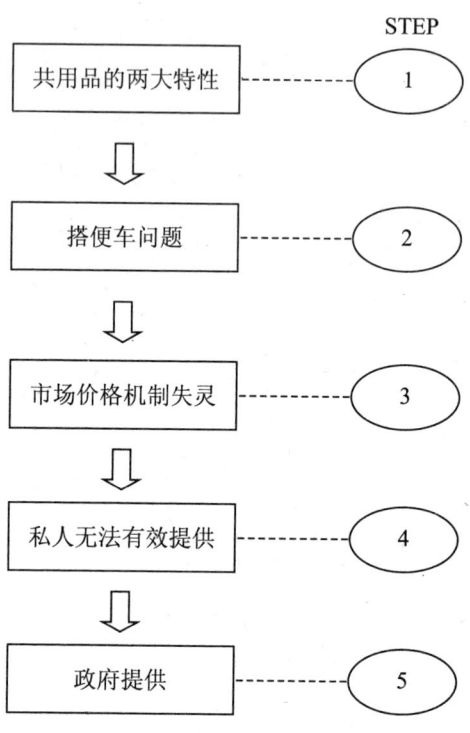

图 5-3 共用品的推导逻辑

以焰火为例，假设一个社会有 n 个人，一旦焰火被提供，任何人均无法被排除在外（非排他性），同时他们的消费也不会互相影响（非竞争性）。此时假设一人真实表露偏好，那么其他人都可以成为免费搭乘者，共同享受他提供的焰火。此时，这个人的需求曲线就成为了整个社会的需求曲线，而真正的需求曲线应该是所有人需求曲线的垂直加总。被低估的需求曲线与供应曲线相交，最终导致焰火的供应量偏低，达不到帕

---

① 该过程图展示了政府提供共用品的逻辑推演。不难看出，其中的第 2 步到第 3 步、第 4 步是后来学者们研究的重点，即研究私人市场是如何解决"搭便车"问题的。如果私人市场能够解决，那么最后第 5 步的结论就不成立了。另外，从第 4 步到第 5 部也存在问题，私人市场无法有效提供，并不能推导出政府能够有效提供，政府可能一样无法解决私人市场上面临的问题，甚至比私人市场的效率更低，而且还会带来新的问题。

累托效率水平。所以传统的经济学认为,应该由政府以税收的形式筹集资金并提供该类产品。

(二) 搭便车问题的错误:以灯塔为例

乔治·斯蒂格勒关于市场失效无法推出政府供给的论点在上一章已经有了清楚的解释,在此不再赘述。让政府或国家收税,通过税收实现共用品提供的困难在此也不进行探讨。① 下文重点讨论:市场是否真的无法解决"搭便车问题"? 为什么在真实世界中,私人部门提供共用品的情况随处可见:如广播、电脑软件,甚至是"灯塔"? 我们将以经济学中的经典——灯塔为例,看看科斯与张五常对传统分析的批驳与发展。

1. 科斯:经济学中的灯塔②

1848 年,J. S. 穆勒提出了灯塔的例子,后来有众多经济学名家参与讨论,包括瑟域克(H. Sidgwick, 1883)、兰度尔(E. R. Lindahl, 1919)、庇古(A. C. Pigou, 1938)、萨缪尔森(P. A. Samuelson, 1954)等。米尔认为,对海上船只大有好处的灯塔存在收费的困难,因为在黑夜中,船只以灯塔的指引而避开礁石,随后便可不付费而逃之夭夭了。于是他认为

---

① 例如,如何确定应收多少税,如何在不同的共用品之间进行分配,以及成本应该如何划分等。

② Coase, R. H., 1974, "The Lighthouse in Economics," *Journal of Law and Economics*, University of Chicago Press, 17 (2), pp. 357–376.

私人建造灯塔无利可图,需要政府协助强行收费。瑟域克与庇古也认为灯塔应由政府建造,免费供船只使用。

然而,事实究竟是不是这样呢?科斯彻底查阅了英国早期的灯塔制度。他发现17世纪之前,灯塔在英国是没有记载的。在17世纪初期,领港公会(Trinity House)建造了两座灯塔。在1610年至1675年之间,领港公会一个新灯塔也没有建造,但在同一时期,私人却投资建造了10个灯塔。

私人建造的灯塔是否存在难以收费,船只搭便车的行为呢?答案是否定的。当时私营的投资者向政府申请特权,准许他们向船只收费。然后根据船只的大小及航程上经过的灯塔数来确定费用。一旦船只驶入了港口,靠岸停泊,就按照船只的行程、经过的灯塔数量进行收费。不同航程、不同灯塔的费用有别,详细地印在小册子上。

罗纳德·哈里·科斯(Ronald H. Coase),1991年诺贝尔经济学奖得主。

值得注意的是,1820年英国共有46个灯塔,其中34个由私人建造。1820年后政府开始收购,1842年私营灯塔消失。灯塔是否无利可图呢?从政府收购灯塔的价格可以看出,灯塔不但有利可图,而且价格高昂。当时每一座灯塔的价格是由它所在的地点和租约年期而定。最高收购价的4座灯塔由125000英镑至445000英镑不等。这些都是天文数字,因为当年的1英镑约相当于现在的80英镑,800元人民币。① 换言之,一座灯塔的价格可高达4亿元人民币。正是庞大的利益最终促使政府想自己经营,进行收购。

2. 张五常:专利制度可解决搭便车问题

从上述科斯的调查中不难发现,一般经济学家认为私营灯塔(共用品)无从收费或无利可图的观点是错误的。在上述灯塔的例子中,有一个非同小可的细节,那就是私营者获得了政府的授权许可。张五常教授认为,"搭便车"的行为而产生的收费困难,可用发明专利权(Patent Right)的办法解决。②

换言之,向私营者提供某种制度保障,他们完全可以避免搭便车的问题,有效提供共用品。其实更为常见的例子就是思想(idea)。思想是典型的共用品,具有非竞争性与非排他性。思想产生之后,边际成本为零而且排他的费用很高,例如牛顿发明了三大定律,这是一个思想,非竞争性意味着你用三大定律不会影响我用,非排他性意味着我想不让你用的费用非常高。正因如此,搭便车的问题就在所难免——我等你产出"思想"后,直接用,不需要付出自己的劳动。为了避免搭便车的问题,是否思想也应该由政府生产呢?答案显然不是。在现实生活中,政府制订思想的保障制度,如专利制度、版权制度、商标制度等,它们均是保护思想与创意的。有了这种制度保障,让市场发挥作用,完全可以达到有效率的结果。实际上,正是因为有了专利制度,比尔·盖茨因为售卖共用品——软件程序而成为了世界上最富有的人!

科斯与张五常的研究让我们知道,真实世界的现象推翻了私人部门无法提供共用品的经济学推理,政府提供某种制度安排,不必自行生产,而是交给市场生产交易,这就可以避免搭便车问题。

---

① 1841年,一个纺织厂女工的周薪是10先令2便士,一个月就是大约4英镑不到,当时标准的四磅面包的价格在8.5先令,当时的1英镑约相当于现在的80英镑,800元人民币左右。

② 张五常:《新卖桔者言》,中信出版社2010年版,第55页。

四、政府提供共用品的理由二：边际成本问题

（一）萨缪尔森的边际成本问题

除了"搭便车"问题外，萨缪尔森还提出了另外一个观点。他认为即使共用品不会带来搭便车的问题，能够收费，也是不应该收的。因为共用品一旦被提供，非竞争性意味着多一位消费者的边际成本为零，即多一位消费者并不会使共用品提供的成本增加，也不会使原有消费者的消费量减少。在这种情况下，收费会使得一些消费者放弃选择该物品。既然边际费用为零，消费者选择不消费该物品对社会整体而言有害无益，不收费才更具效率，所以共用品应该由政府提供。

在1958年的文章中，萨缪尔森这样论述：

> 最近有一个例子。联邦通信委员会（Federal Communications Commission）准备试行收费电视。你可能会认为，电视节目在空气中传播，任何拥有电视机的人都可以接收，这是一个绝佳的共用品的例子。从某点上来看，的确是这样。然而，你可能会错误地认为：从本质上来讲，广播不能够拒绝任何希望得到服务的人，但在这个例子①中，通过倒频器，可以从技术上把一部分消费者排除在任何特殊群体之外。因此你会说：倒频器可以将共用品变成私用品（private good）。允许它的使用将会解决集体支出替代自由价格机制的问题。
>
> 这种观点是错误的。限制人们的消费并不能够使共用品变为真正的私用品。多一个家庭接收节目是否会带来边际成本呢？答案是边际成本为零。既然这些家庭获得的快乐为正数，那么为什么还要阻止他们加入接收的行列呢？经过思考后，你会意识到经济学中著名的最大化原则要求物品的价格应等于它的边际成本，但在收费电视的分析过程中你却忽略了这一点。为什么不呢？从更深层的意义上来看，也就是从它的本质特征而不是规模收益不变的角度来看，

---

① 收费电视。

这是个一般的成本下降的例子。只要回报在消费范围内不断增加，完全竞争就无法达到，市场行为也就不可能带来最优。①

（二）边际成本问题的错误

由政府提供共用品并不是不需要费用，税收就是费用。私人根据自己的偏好而出价的方式被政府的税收所取代，这是一种用政府替换市场的做法，最直接的结果便是市场（价格）机制不再起作用。价格机制不起作用又会带来一系列的效率问题，下文将以电脑软件与广播电视为例，进行详细说明。

1. 广播电视

广播电视是一种典型的共用品。一旦被提供，新增消费者不会影响原有消费者的消费，而且想排除其他人不接收也会十分困难。由于它具有典型的非竞争性与非排他性，所以引起了众多经济学家的关注，萨缪尔森②、布坎南③、德姆塞茨④等都曾撰文讨论过广播电视的供给问题。

萨缪尔森认为，电视节目一旦提供，多一个家庭的消费不会引起成本的增加，即边际成本为零。既然能够提升人们的福利水平而不必增加成本，因此应向他们免费提供。而且根据利益最大化原则，厂家的生产条件应该满足边际成本等于边际收益，电视节目如果收费就破坏了这一原则，使市场无法达到效率最大化，因此广播电视应免费向消费者提供。

然而米那桑⑤指出，萨缪尔森的分析是错误的，问题出在对效率的理解上。在经济学中，效率最大化指的是帕累托效率，必须保证其他人境况不变坏的情况下使得某些人的境况变好。而在广播电视的例子中，每一个新观众的进入，都意味着新机会成本的产生，即用来生产电视节目

---

① Samuelson, P. A., 1958, "Aspects of Public Expenditure Theories", *Review of Economics & Statistics*, 40 (4), pp. 332–338.

② Ibid.

③ Buchanan, J. M, 1967, Public finance in democratic process: fiscal institutions and individual choice, *Economic Journal*, 78 (311): 693.

④ Demsetz, H. The Private Production of Public Goods, *Journal of law and Economics*, vol. 13, 1970, pp. 293–306.

⑤ Minasian, Jora R. *Television Pricing and the Theory of Public Goods*, Journal of Law and Economics, vol. 7, 1964, pp. 71–80.

的资源其使用有可能发生变化,用来生产更有价值的节目。这也就意味着,电视节目的边际成本为零并不代表能够使新增观众的境况变好,而其他人的境况不变差。"免费"会使观众们无法通过价格机制来表达自己对哪些节目更加喜爱,因而也就不存在一个机制让厂家去决定生产什么样的节目,生产的数量是多少。

实际上,如果广播电视允许私营,厂家可以通过两种方法来确定最优产量。第一是广告。电视节目商根据广告收入而获取收益。广告商则希望在电视上为自己的产品作宣传,提高销售量。他们会根据边际广告支出与收益来确定广告的数量。其中,广告的边际收益是由观众的规模所决定的,因此观众规模是广播电视的方程。由于观众的群体特征千差万别,如儿童、成年人、女性等,在市场竞争的前提条件下,广告商会据此向电视节目商支付广告费。对于电视节目商而言,他们则要考虑制作一个节目会带来哪些观众,这些观众群体又会带来什么样的广告收入。在这一过程中,不同节目的资源配置最终得以完成。观众观看电视节目并非免费,他们必须同时观看一定数量的广告,这就是他们支付的价格。他们通过观看节目与广告表达了他们的真实偏好。另一种方法就是收费电视。节目制作商根据观众愿意缴纳的费用来确定资源在不同节目中的最终分配。付费才能观看广播电视,这实际上是通过市场的价格机制在传播资源配置的信号,它最终也能够使资源得到有效配置。

由此可见,不管是广告的方式还是收费的方式,或者是二者的合并,观众都向电视节目商支付了费用从而表达他们对节目的偏好,这一过程通过市场机制最终完成节目制作的资源分配,而这一分配过程是有效率的。如果由政府免费提供电视节目,资源将不再根据价格信号进行配置,而是根据另一个机制进行配置——政府。由政府配置资源,非但不能够解决效率的问题,最终还会带来许多新问题。在计划经济时期,我国的电视节目由政府制作,其结果就是绝大多数时间都是"雪花点"。

2. 电脑软件(Software)

电脑软件[①]也是典型的共用品,具有非竞争性与非排他性。一旦程序

---

① 这里的电脑软件指的是软件的程序(program),而不是光盘本身。程序是共用品,光盘不是共用品。

（program）写出来，多一个人使用该程序不会给已经使用的人带来额外的成本负担，具有非竞争性。同时，想让别人不要拷贝或传播也是十分困难的，即满足非排他性。比尔·盖茨因为售卖这样的共用品而成为了世界上最富有的人，这一案例曾在20世纪90年代引起过许多学者的关注。电脑软件是共用品，电脑是私用品，在同样的竞争市场上，共用品（软件）的利润远比私用品（电脑）的利润高得多。相信没有人会认为，如果由政府以税收的形式来提供电脑软件会比私人市场做得更好。私人市场的确成功而且有效率地提供了共用品。

在这个例子中，由于电脑软件具有非竞争性，多增加一位消费者的边际成本为零。按照萨缪尔森的第二个理由，不为零的价格将不付费的人排除在外会损害全社会的效率。然而，与广播电视的分析相类似，此时价格却起到了很好的指引作用，使人们知道哪些软件更受市场的青睐、更具价值，因而带来更有效率的生产。对于电脑软件，"搭便车"问题通过法律排他的方法得到了解决。各国出台的知识产权法，使用盗版软件将会受到法律的制裁，就是一种排他的机制。这使生产者获得了应有的收益，为他们下一步进行创新提供了动力。软件市场的成功运作提供了另一个由私人部门提供共用品的典型案例。

其实萨缪尔森本人写的《经济学》是畅销书之一，里面凝聚的经济学思想，也是典型的共用品，多一个人使用的边际费用为零，为什么萨缪尔森不向政府建议由政府提供呢？

保罗·安东尼·萨缪尔森（Paul Anthony Samuelson，1915年—2009年），著名经济学家，1970年诺贝尔经济学奖得主。

五、共用品问题的正确研究方向

从上述研究可以看出,传统的公共经济学理论无法推出"政府应该提供共用品"的结论。然而,共用品这类具有特殊性质的物品又是切实存在的,我们应如何进行分析呢?其实,要客观地分析共用品问题,首先要跳出"为政府收支找理由"的约束,即把"规范问题"放在一边,去解释与这类问题相关的事实现象。2010年张五常教授终于就共用品问题给出了正确答案。①

(一)共用品问题的实质是交易费用问题

1. 隔离的费用

从上述烟花的例子我们可以看出,因为共用品存在着非竞争性与非排他性,共用品的收费存在特殊的困难,换言之,存在着将不付费之人隔离在外的困难。这一点与私用品是不一样的。例如我吃一个苹果,你无法吃我正在吃的苹果。苹果之类的私用品,天生的隔离不设自存。

共用品的特殊性质所带来的"隔离费用"是搭便车问题产生的根源,也是共用品提供困难的所在。而这种隔离"不付费者"的费用属于交易费用的一种。

2. 价格分歧的费用

我们重新以一个最简单的共用品实例入手——广播电视。假设有一个电视节目,我愿意出2元观看,你愿意出3元观看,我们俩人各自的边际用值相加是5元。电视台不清楚我们的边际用值。

如果电视台收费2元,其总收入是4元。

如果电视台收费3元,你看我不看,其总收入只得3元。

如果要鼓励电视节目的生产,电视台最好用价格分歧的办法:收我2元,收你3元,进行价格分歧。然而,价格分歧的费用奇高,因为电视台不知道你和我的边际用值。

---

① 张五常:《经济解释》(2014年合订本),中信出版社2014年版,第205页。

六、公共品悲剧

公共品悲剧（The Tragedy of Commons）其实与共用品问题没有什么关系，然而，因为对共用品概念的把握不到位，许多人将这两类问题混为一谈。

公共品悲剧问题最早是哥顿[1]在分析公海捕鱼中过渡捕鱼现象提出的，尽管他并没有明确提出"公共品悲剧"。假设一块大湖，内有鱼虾无数，每个钓鱼者的钓鱼边际成本为零，那么在"自利"的假设下，钓鱼者自由进入，每个人竞相捕鱼，最终导致"鱼虾"资源的滥用。后来，哈丁[2]把"公海"变成了"草地"，从公共草地过渡放牧的例子明确提出"公共品悲剧"问题。给定一块没有私产的公共草地，虽然在一定的限度里，每个人放羊并不影响其他人同时放羊，然而一旦放羊的头数大于公共草地所能容纳的头数，最后的结局只能是公共草地被滥用，青草枯竭，大家都放不成羊。

于是经济学家们总结：对于公共品（the commons），如公共鱼塘、公共草地、飞机航线、电波频率这样一些自然给定的资源而言，由于其所具有的共用品特征，可能会存在资源被滥用的问题。经济学上把这种情形称作公共品悲剧。

这一判断显然是错的，因为无论是公共鱼塘、公共草地、飞机航线还是电波频率都不属于共用品，都不具有非竞争性。我多钓鱼，剩下给你的鱼就少了，我在草地上多放牧，留下给你的草就少了，飞机航线与音波频率在同一时刻、同一地点不能够让多架飞机或者人员使用，这些都是竞争性的表现。因此，赫舒拉发曾特地指出，海洋捕鱼可能不受限制，但鱼并不是共用品——鲭鱼给一个人吃掉了，其他人就不能再吃。

---

[1] Gordon, H. Scott., 1954, "The Economic Theory of a Common-Property Resource: The Fishery", *Journal of Political Economy*, University of Chicago Press, 62 (2), pp. 124 – 142.

[2] Hardin, Garrett., 1968, "The Tragedy of the Commons Science 162", *Journal of Natural Resources Policy Research*, 162 (13), pp. 243 – 253.

"公共品的悲剧"是由于使用不受限制而引起的,"公共品"实际上意味着**产权没有得到清晰界定的产品**,任何人都可以占有它、使用它,且不能阻止别人的使用。产权没有得到界定的物品,必定会产生租值消散。例如,一个鱼塘,如果产权得到界定,它的所有者就会考虑如何放鱼苗、如何维护、如何收费,从而使这个鱼塘的租值达到最大。但是如果这个鱼塘的产权没有得到界定,所有人都可以去钓鱼,在边际成本较低(一支渔杆),而边际收益较大(捕鱼所获)的情况下,大家都会尽量去钓,租值消散在所难免,于是鱼虾资源枯竭。

由此可见,公共品悲剧与共用品问题的实质并不相同。

第六章 外部性

一、传统的经济学分析

(一) 概念的界定

外部性问题在经济学中的讨论由来已久。传统的定义是：当一个人或企业以市场机制以外的方式直接影响了其他人的福利，则出现了外部性。

这个定义模糊不清，到底什么是"市场机制以外"的方式？什么是"其他人的福利"？均需要进一步解释与说明。外部性还有众多名称，例如外部效应（External Effect）、溢出效应（Spillover Effect）、邻里效应（Neighborhood Effect）、第三方效应（Third Party Effect）。传统的经济学家把外部性归结为市场失灵的一种体现，认为外部性源于市场不存在，或者市场价格不能够完全反映出一项商品的真实边际成本或边际收益。因此对于"外部性"最简洁明了的定义应该是：当私人成本与社会成本出现分离时，就出现了外部性问题。外部性问题也常常被称为社会成本问题。

举例而言，一个人驾车时，他考虑的是汽油与汽车的成本，以及驾车给自己带来的收益（方便性与舒适度等），由此决定是自己驾车还是使用其他交通工具。然而，他不会考虑因为驾车所导致的私人成本以外的成本——对空气的污染。这种污染会对社会上的其他人产生影响，于是私人成本（汽车、汽油等）与社会成本（汽车汽油＋空气污染）出现了分离，社会成本高于私人成本。这是负的外部性例子。

同样，当一个人决定去注射流感疫苗时，他只会根据疫苗的价格（成本）与减少自己患病的可能性（收益）来决定是否去注射。他不会考虑因为他注射了流感疫苗，会导致别人被他传染的可能性降低。这是正的外部性例子。私人成本与社会成本同样分离了。

外部性的问题不胜枚举，在我们身边比比皆是。最早讨论外部性问题而且影响最大的当属庇古（Arthur Cecil Pigou），而最精彩的论战当属米德与张五常。

（二）庇古的分析与政府干预

庇古（Arthur Cecil Pigou，1877 年—1959 年），英国经济学家。

1. 私人成本与社会成本分离的分析

庇古是在剑桥承继马歇尔的讲座教授者，1920 年出版的《福利经济学》(*The Economics of Welfare*) 享誉经济学界。庇古最有名的关于社会成本的例子是工厂污染邻居的例子。一家工厂生产只计算私人成本,即工厂本身需要支付的生产费用,然而工厂因为生产而对邻居产生污染,使其蒙受损失。社会成本是工厂生产的私人成本加上邻居的污染损失。在不用赔偿给邻居的情况下,社会成本高于工厂生产的私人成本。按照庇古的推理,工厂如果不赔偿给邻居,就需要政府干预,以抽税的形式使工厂的生产成本增加,从而降低产量,或者迫使工厂搬迁,并且由此衍生出庇古税、庇古补贴等一系列政府的干预措施。

私人成本与社会成本的分离可用以下几何图形进行分析:

假设一家钢铁厂 A 向河水中排污,对下游的渔业 B 产生影响。同时假设这是一个竞争市场,钢铁厂和养鱼厂的目标分别是各自利益的最大化。

MB = 钢铁厂的边际收益(marginal benefit to steel firm)

MPC = 钢铁厂的边际私人成本(marginal private cost to steel firm)

MD = 对渔厂的边际损害(marginal damage to fishery)

MSC = MPC + MD = 边际社会成本(marginal social cost)

对于钢铁厂 A 而言,厂商的最优选择应该是 Q,此时满足 MPC = MB。然而,对于整个社会而言,钢铁厂的最优产量却应该是 Q^*,而非 Q。因为对于整个社会而言,最优的钢铁产量应满足 MSC = MB,如图 6-1 所示:

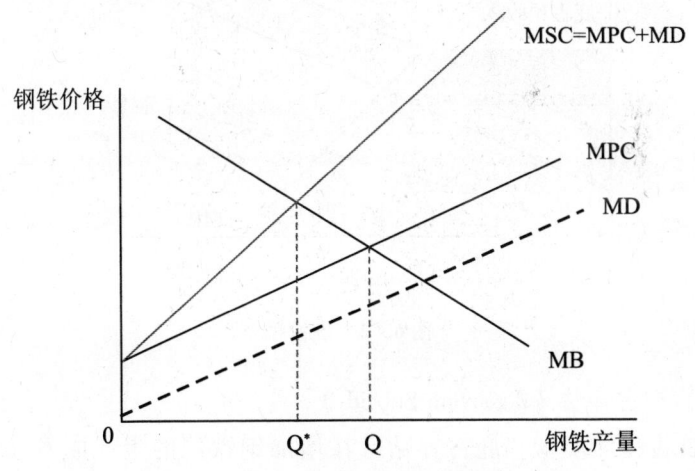

图 6-1 私人成本与社会成本分离图解

因为 Q 大于 Q^*，这意味着钢铁厂的产量太多了，偏离了社会最优水平，市场失效了。如何使得钢铁厂减少产量，达到 Q^* 呢？庇古的建议是：政府收税或补贴，即庇古税（Pigouvion Tax）与庇古补贴（Pigouvion Subsidy）。

2. 政府的对策——庇古税与庇古补贴

（1）庇古税（Pigouvion Tax）

庇古建议，对污染者每单位产量产品征税，其税额正好等于污染者在效率水平上造成的边际损害。如图 5-2，在效率产量水平 Q^* 上的边际损害，正是庇古税，cd。征税后，钢铁厂的新边际成本曲线是在每一产量水平上的 MPC 加 cd，即按垂直距离 cd 上移 MPC。利润最大化产量水平由 MB 与（MPC + cd）的交点决定。税收收入总额是阴影部分 cdij。见图 6-2

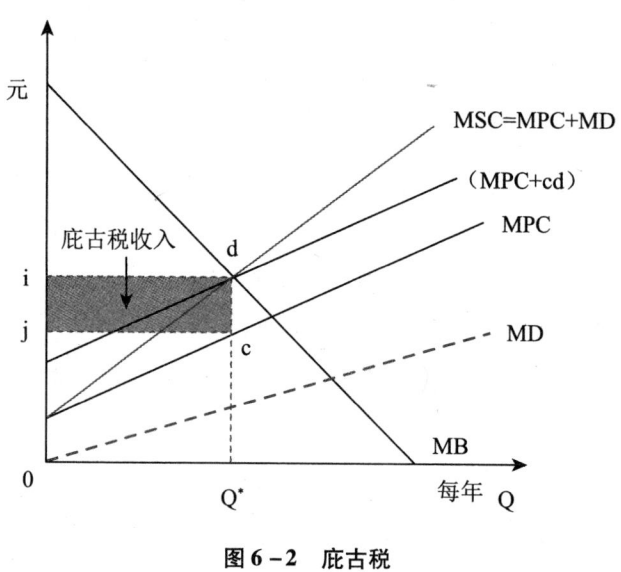

图 6-2 庇古税

（2）庇古补贴（Pigouvion Subsidy）

与庇古税相类似，庇古补贴旨在增加钢铁厂的生产成本（机会成本），即偏离社会最优产量则会失去政府的补贴。在图 6-3 中，钢铁厂商在产量为 Q_1 时的边际收益为 MB 与横轴之间的距离 ge。生产 Q_1 的边际成本由两部分构成,一部分是购买投入品的成本,另一部分是进行生产而放弃的补贴 cd。因此,钢铁厂的边际成本曲线是 MPC + cd。在产量为 Q_1 时,边际成本是 ek(等于 eg + gk),但 ek 大于边际收益 ge。只要产量为 Q_1 时边际成本大于边际收益,钢铁厂商就没有理由生产这最后一单位。相反,他会放弃该生产,接受补贴。同理,钢铁厂商不会生产超过 Q^* 产量的任何产品。

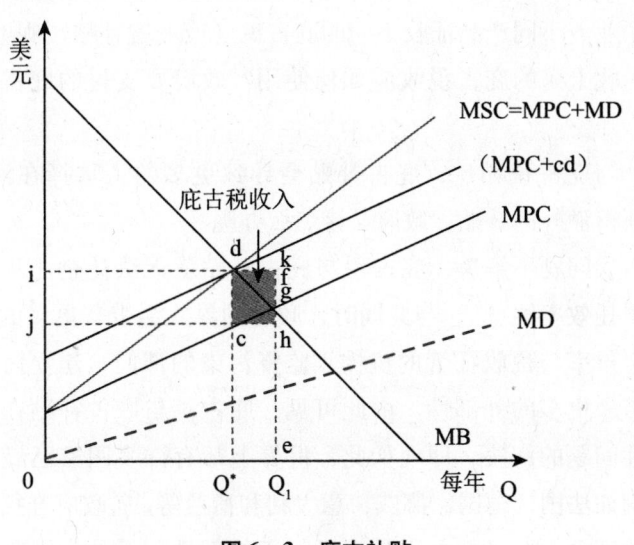

图 6-3 庇古补贴

(3) 庇古税与庇古补贴所面临的问题

这两大政策看似能够解决外部性的问题,政府政策纠正了市场失败,企业将产量调节到了帕累托最优水平 Q^*。因此,一听到企业污染的问题,首先人们想到的就是政府征税。然而,庇古税与庇古补贴真的能够解决外部性问题吗?在上述钢铁厂与渔业的例子中不难发现,现实世界很难计算出边际损害与税率的,即使能够计算出来,也无法实施。具体而言,这两种政策存在的问题如下:

第一,如何确定是哪种行为导致了污染?例如酸雨,很难断定是由工厂(甚至是哪一家工厂)还是自然界的植物活动所导致。

第二,如何区分不同污染物所带来的损害程度?有些研究认为酸雨的危害很小，甚至有些研究认为酸雨不利于虫害的生长，对植物是有益的。

第三，如何确定边际损害的价值？在上文的几何分析中，纵轴是价格，即损害的价格。许多污染都没有市场价格，这就难以确定边际损害价值 MD 了。

第四，如何确定税率？一条河流沿岸会有无数企业，每家企业生产的产品往往不止一种，各自的污染水平不同，造成的损害也不相同。如何就不同企业、不同产品征收不同的庇古税（或庇古补贴）呢？

第五，收上来的庇古税收应如何使用？政府要支付的庇古补贴又从何而来？

第六，与庇古税相比，庇古补贴会导致更多的人选择在河边建厂。因为能够获得额外的补贴。政府又该怎么办呢？

上述六大问题不解决，庇古税与庇古补贴就无法让企业的产量达到所谓的帕累托效率解 Q^*。与此同时，政府的界入会带来更多的问题，例如建立确定税率与税收征管的机构、监督污染的部门、建立污染的测定机构等，带来更多的外部性。由此可见，庇古税与庇古补贴在现实中无益于外部性问题的解决。即便如此，世界上却有许多国家已经在实践庇古税了，例如法国，德国，挪威，意大利和荷兰等。[①] 政府开征庇古税并没有充分的理由，其目的也不是为了纠正外部性，而是为了获得更多的资源。

3. 政府的其他对策

除了上述税收与补贴的方法外，各国政府常见的方法还包括创立污染权市场与政府管制。

（1）创立污染权市场

创立污染权市场是指由政府拍卖污染权，或者将污染权分配给企业，由企业自行转售。例如，政府先确定一条河流一年的污染量，然后转换成配额，拍卖或者分配给企业，由企业进行买卖，从而将社会成本内部

---

① Stavins, R. N., 1999, "Experience with Market-Based Environmental Policy Instruments", *Working Paper*, John F. Kennedy School of Government, Harvard University.

化。与庇古税相比，当不知道 MB、MPC，和 MD 时，采用污染权配额可以避免污染结果的不确定性。

克罗珀和奥茨认为这种方法优于征税。一方面，它降低了最终污染水平的不确定性；另一方面，当经济处于通货膨胀时期，污染权的市场价格会自动保持同步上涨，而改变税率则需要漫长的行政程序。[1] 米尔顿·弗里德曼也是这一方法的强大支持者。[2]

然而实践证明，由政府部门监管污染配额交易的权利，效率非常低下，企业需要承担大量费用，而且深受延误之苦。例如福斯特和哈恩研究了这种市场在洛杉矶地区的运作情况，指出美国南岸空气质量管理区只批准了不到 20% 的交易申请，余下约有半数被完全拒绝，另一半经修改后才批准。除了官僚主义的无效率之外，还存在着证明排放减少（出售的"商品"），以及确定量度减少量基准的各种技术困难。[3]

（2）政府管制

政府管制是指每个污染者都被告之要把污染降低到一定数量，否则将会受到法律的制裁。在本章的模型中，如果运用政府管制，则意味着政府强行要求钢铁厂将产量减少到 Q^*。然而在现实中，政府无法知道 Q^* 是什么。不同企业有着不同的成本与收益曲线，一家企业的不同产品也有着不同的成本与收益曲线。而且还涉及庞大的监管费用。正因如此，政府往往会进行"一刀切"的规制办法，无视企业与产品的差异性。例如，要求汽车安装相同的污染排放减少设备或者规定相同的排放标准。很明显，这种政策是无效率的。除此以外，政府管制还会带来巨大的费用。美国环保局估计，联邦环境规制的成本每年大约为 1350 亿美元。

---

[1] Cropper, M. L. and Oates, W. E., 1992, "Environmental Economics: A Survey", *Journal of Economic Literature*, 30, pp. 675-740.

[2] 污染曾是令市场失效的一项典型"外部效应"，传统上一直认为政府应进行干预。实践证明，污染权的交易市场能够极大地降低污染的成本，将令人头痛的"外部效应"内部化。政府的干预既无必要，也不会有效，因为政府要么没有充分信息，要么得到的大多为扭曲信息。政府可以和应该做的，是立法以明确污染权市场

[3] Foster, Vivien. and Hahn, Robert W., 1995, "Designing More Efficient Markets: Lessons from Los Angeles Smog Control", *The Journal of Law and Economics*, 38 (1), pp. 19-48.

4. 政府政策的成本与效果

在美国，有关控制污染的联邦法律主要是1963年的《清洁空气法》及其修正案。对于该项法令，波特尼①的研究表明，由于《清洁空气法》在1990年追加了许多条款，到2005年，美国在污染控制上的支出将增加300亿美元左右，收益却只有60—250亿美元。②

效果如何呢？事实表明，《清洁空气法》的效果难以估算。第一，空气是否得到了改进，在指标上难以确定。因为某种空气污染物，如氧化氮增加了；而另一些空气污染物，如颗粒物、氧化硫和一氧化碳减少了。空气是改进了还是没有呢？第二，即使武断地确定污染物标准，一些学者的研究表明，"污染"减少是经济变量造成的，与政府管制无关。例如，麦卡沃伊认为，环境改善的原因是工业部门的衰落所引起的工业活动的减少，而不是环保局的功劳。③第三，环保政策的出台往往是各种利益集团角逐的结果。环保政策一旦出台，上千亿的政府支出势必带来利益集团。与此同时，在这些不计成本的政策下，环保局命令造成污染的企业支付几百万美元，用于水源净化，等于强迫企业关闭。于是企业与居民又会组成利益集团进行反对。这些政策是否能够持续下去，往往取决于两种利益集团的力量对比。因此，在美国，环保政策被一些地方实施，而在另一些城市搁浅。

最近，中国一些城市因为雾霾的问题，一些学者主张学习美国的《清洁空气法》。然而从美国的经验不难看出以下几点：

第一，一旦该法出台意味着政府的巨大投入，增加税收在所难免。例如2014年北京市市长王安顺说，北京市实施垃圾、污水三年行动计划，要投入848亿元，治理PM2.5投入将高达7600亿元。④

第二，除了税收以外的成本巨大，"由谁负担"也是重要问题。例如

---

① Portney, Paul R., 1990, "Policy Watch: Economics and the Clean Air Act." *Journal of Economic Perspectives*, 4 (4), pp: 173 – 181.

② 哈维·罗森：《财政学》（第六版），中国人民大学出版社，2003年，第88页。

③ MacAvoy, Paul., 1992, *Industry Regulation and the Performance of the American Economy*, New York: Norton Press, pp. 102.

④ 《北京治霾：7600亿元花在哪》，载《瞭望东方周刊》，2014年3月17日。

北京在全国率先制定了新增产业的禁止和限制目录，2014年禁限比例达55%，城六区禁限比例达79%，全市不予办理的工商登记业务累计12300件。在雾霾红色预警下，河北停产限产50%，河南限产30%；在建工地停工、货柜车停运等。这些是成本，而且是低收入者负担的成本。货柜车停运，司机的收入谁来补偿？建筑工人往往按日收钱，他们又有什么着落？烧煤的企业都不会是高科技企业，而是附加值低的企业。换言之，就是用汗水换收入的边际企业。

第二，实际效果有限。如何判定空气质量上升是一个在技术上充满了争议的领域，PM2.5不是唯一指标。相关的利益团体可以选择对自己有利的指标使用。即使有了指标，如何综合衡量也存在大量问题。[①] 与此同时，难以区分自然界的气候变化、产业升级带来空气改进，还是政府政策使然。例如最近就有美国专家指出，中国的雾霾恶化与北极冰川的融化有关。[②]

第三，催生相关的环保利益团体。在许多国家，环保费用不是小数目。资金的使用更是无法监管。例如中国的治霾资金挪用情况突出，上亿资金被用来发工资、搞招待。[③] 而且将来空气质量无论提升与否[④]，这笔支出只会扩大，难以缩小。

（三）关于蜜蜂的论战

比起庇古的传统分析，关于蜜蜂的论战为经济学增添了诗意的一笔，也将外部性问题的讨论推向了另一个高峰。

---

① 例如无法通过以下数据了解北京的空气是否得到了改进。2015年，北京PM2.5年平均浓度为80.6微克/立方米，超过国家标准130%。空气质量达标天数186天，较2014年增14天。2015年重污染共46天，占13%，较2014年减少1天。为何感觉雾霾天数那么多？后俩月6次重污染拉高PM2.5，重污染天"以一抵十"。2015年全市以PM2.5为首要污染物的重污染天数共42天，但其中有22天都发生在11月和12月，占两月总天数的36%，同比增加15天。

② 美国《科学进展》杂志15日发表佐治亚理工学院研究人员的一项报告称，2013年1月，包括北京在内的中国东部持续近一个月的空气污染与2012年秋季北极海冰融化有关。——《美最新报告：中国雾霾恶化与北极冰川融化有关》，载《环球时报》，2017年3月17日。

③ 《治霾专项资金被挪用情况突出，上亿资金挪去发工资搞招待》，载《每日经济新闻》，2016年12月13日。

④ 如果空气质量提升，利益团体会说这是《清洁空气法》的功劳；如果空气质量下降，利益团体会说政府的投入还不够。因此，唯一的结局是政府继续增加该项支出。

1952年，英国经济学家米德（J. E. Meade）提出了蜜蜂的例子。① 养蜂人与苹果园的主人按照自己养蜂与种苹果的私人成本与收益确定养多少蜂，种植多少苹果树。然而，一方面果园主种植的苹果花有正的外部性：蜜蜂飞到苹果园采蜜，会使蜂蜜增产，却收不到养蜂人的回报，于是他所种的果树就会少于花蜜可以收费的情况。这是无效率，政府应该补贴果园，鼓励多植树。另一方面，蜜蜂采蜜也有正的外部性，蜜蜂无意间把花粉传播，使果花结子的数量增加。然而果园的主人没有给养蜂人钱，购买蜜蜂传播花粉的服务。这样，在边际上蜜蜂的饲养就过少了。从社会的角度看也是无效率，政府也应该补贴给养蜂者多饲养蜜蜂。米德之文没有什么新奇之处，只是庇古分析的延续，把负外部性的例子换成了正外部性，其结论与庇古一样，都是需要政府介入来纠正外部性的问题。

J. E. 米德（James Edward Meade，1907年—1995年），英国经济学家，1977年诺贝尔经济学奖得主。

然而，张五常教授1973年的一篇文章，却用精确的事实推翻了米德的结论。1972年，张五常在华盛顿州有世界苹果之都之称的韦纳奇市一带作了养蜂与果园的实地调查，并于1973年发表了《蜜蜂的神话》。② 他发现，

---

① Meade, J. E. 1952, "External Economies and Diseconomies in a Competitive Situation", *Economic Journal*, 62 (245), pp. 54–67.

② Cheung, Steven N. S., 1973, "The Fable of the Bees: An Economic Investigation," *Journal of Law and Economics*, 16 (1), pp. 11–33.

不仅蜂主与园主有花粉传播的服务合约与蜜蜂采花蜜的合约，而且价格界定的精确不亚于市场上的其他物品。他调查了不同的季节（春季需要花粉传播服务，夏季盛产花蜜）与不同的植物（服务的需求与花蜜的供应不同）。租用蜜蜂服务以每箱算，金钱租值是以花蜜回报少为高，花蜜回报多为低，而同一季节，不同用途的平均租值（服务收费加花蜜所值）大致一样。在夏天，不用服务但有花蜜回报的，租值是负值（蜂主要交租给园主，也是每箱算）。甚至连风向（蜜蜂是顺风还是逆风飞翔）对合约都有影响。

无疑，张五常对真实世界的调查给了传统观点一个重创，他让我们看到蜜浆的采集与蜜蜂的服务不仅有市场、有价格，而且对于蜜蜂、蜜浆、花粉等这些如此微不足道的资源，市场都处理得精细巧妙。如果将此重任交给政府，他们该如何确定果熟的先后、蜜浆的盛衰？如何处理"植物种类不同会带来蜜浆的存量不同与传播花粉的需求不同"这类问题？是否会像市场一样考虑到蜜蜂飞翔的习惯、风力的左右、蜂箱搬运的费用、杀虫药物的威胁等等各种影响外部性的因素呢？要获得这些信息与精确计量的费用何其高也！市场对外部性的定价，其精确程度让人瞠目结舌，而政府政策根本不可能达到这样的效果。《蜜蜂的神话》告诉我们，只要去调查真实世界，市场失败的神话终将不攻自破。

由前文的分析不难看出：第一，由于存在社会成本与私人成本的分离（外部性），钢铁厂的最优产量水平会高于社会最优产量水平，而由政府进行的各种干预措施根本无法达到社会最优产量水平，还会带来新的外部性；第二，经济学家模型中的市场失败，被真实世界无情地推翻，蜜蜂的例子警示着实地调查的重要性，也展示了市场的力量。传统的外部性分析遇到了重挫，可以说已经到了穷途末路的境地。那么外部性的问题应该怎样分析才对呢？科斯定理的提出，犹如黑夜中的一盏明灯，倏忽间照亮了外部性分析的另一条路——不是为政府干预经济找理由的路，而是运用科学理论对现象进行解释之路。

二、科斯定理

罗纳德·哈里·科斯（Ronald H. Coase），被称为新制度经济学的鼻祖，1991年诺贝尔经济学奖的获得者。科斯对经济学的贡献主要体现在他的两篇代表作《企业的性质》（1937）① 和《社会成本问题》（1960）②之中。在《企业的性质》这篇文章中，科斯创造性地提出通过"交易费用"来解释企业存在的原因以及企业的边界问题。当时他仅有20岁。这篇文章一石击起千层浪，众多经济学名家因而参与到了企业性质与企业边界的讨论中，交易费用这一约束条件开始被学界重视。在《社会成本问题》这篇文章中，科斯继续坚持对交易费用的强调，提出了著名的科斯定理（Coase theorem）。瑞典皇家科学委员会因此说一门新的科学——法律经济学应运而生。科斯定理所涉及的产权与交易费用分析，揭示了法庭判决的普遍规律与原则，比空洞的"公平""正义"等价值观概念更容易看清各种利益冲突及其解决的实质。

（一）科斯定理的核心内容

关于外部性的问题，我们应该怎样看才对呢？科斯提供了一个非常独特的视角，他认为，外部性导致无效率的根本原因是：缺乏产权界定（the absence of property rights）。一旦产权得到确定，而且交易费用为零，一方就会向另一方付费（bribe），从而达到社会效率的结果。效率解的达到与最初的产权如何划分没有关系。因此，外部性引起无效率的根本原因在于缺乏产权。

下文将延用钢铁厂—渔业的例子，用几何图形进行说明。

当清洁水的产权被界定给钢铁厂时，钢铁厂会选择产量Q，从而使自己的利益最大化。见图6-4。

此时，如果钢铁厂的产量减少，会蒙受损失，但是渔业会因此而获利。即当钢铁厂减产1单位，从Q到Q-1时，钢铁厂的损失等于MB和MPC曲线之间夹在Q到Q-1之间的部分。而渔厂的损失则会因为钢铁厂的减产而减少，渔场损失的减少等于MD曲线夹在Q到Q-1之间的部分。不难发现，在Q附近，MB和MPC十分接近，这意味着钢铁厂的损

---

① Coase, R.H., 1937, "The nature of the firm", *Economica*, 4 (3), pp. 386-405.
② Coase, R.H., 1960, "The problem of social cost", *Journal of Law and Economics*, 2 (1), pp. 1-44.

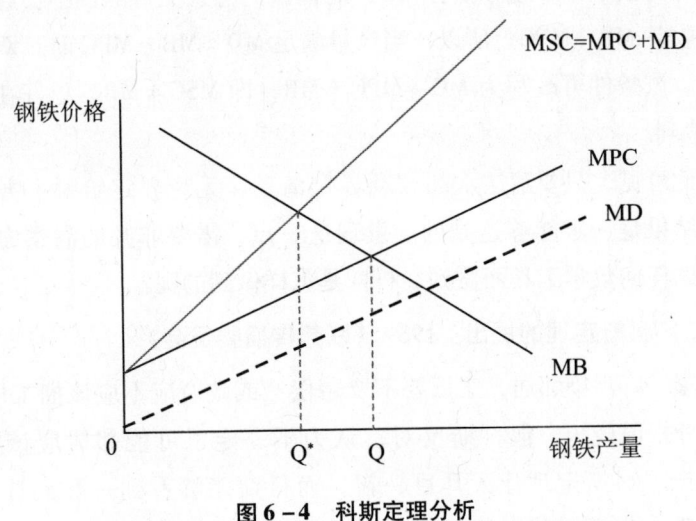

图 6-4 科斯定理分析

失很小，同时渔场获得的收益则较大。如果渔场向钢铁厂支付一笔钱（bribe）可以使得双方都得到改善。

因此渔场主会不断地向钢铁厂支付费用，让钢铁厂减产。直到何时渔场主会停止支付呢？当然是这种支付不会再给他带来任何好处时。换言之，在给定的产量下，渔场主愿意支付的钱不会超过边际损害 MD。同样钢铁厂也不会为了小于其单位产品净收益 MB－MPC 的收入而放弃一单位的产量。所以，当产量满足 MD＝MB－MPC 时，双方会停止这种交易。这一条件可以改写为 MD＋MPC＝MB，即 MSC＝MB。这恰恰就是社会效率点，正好在 Q^* 达到。

如果把清洁水的产权划归渔场主，Q^* 还能够达到吗？结论是一样的。如果把清洁水的产权划归渔场主，对于渔场主而言，钢铁厂最好一单位产品也不要生产 Q＝0，此时渔场的收益最大化。钢铁厂增加一单位钢铁产量会导致渔场的损失，该损失等于 MD 曲线在 Q＝1 的部分。而此时钢铁厂的收益却是 MB－MPC 夹在 Q＝1 的部分。当产量接近 0 时，渔场的损失较小，钢铁厂的收益较大。钢铁厂向渔场主进行支付（bribe），同样会使双方都得到改善。这种支付一直持续，直到何时钢铁厂会停止支付呢？同样，当支付不再会获得任何好处时。即在给定的产量下，渔场主愿意接受的钱不少于边际损害 MD，而钢铁厂愿意支付的钱不会超过单位产品净收益 MB − MPC。所以，当产量满足 MD = MB − MPC 时，双方会停止支付。该条件可改写为 MC + MPC = MB，即 MSC = MB，正好在会效率点 Q^* 达到。

由此可见，只要清洁水的权利界定清楚，无论界定给哪一方，社会效率的结果是一定能够达到的。发现这一点，需要非凡的洞察力，科斯没有借助任何数学工具而做到。科斯是怎样做到的呢？

（二）科斯定理的提出：1959《联邦传播委员会》①

一家工厂污染邻居，工厂要不要赔偿？或政府应不应该抽工厂的税？传统的分析说应该，但科斯反对，认为不一定，可能邻居应该赔偿给工厂减产。科斯定理让人耳目一新，而科斯能够看到一般人看不到的经济内容，其原因就在于他走出了成见，能够从一个客观的角度来看世界。在这里，不能不提的就是他1959年发表的文章《联邦传播委员会》。②

科斯出自伦敦经济学院，21岁到美国游学一年，后来回到英国任教，研究兴趣是垄断。1951年他回美国任教，开始研究广播垄断。在美国，管制广播权力最大的是"联邦传播委员会"。当时的科斯想知道这庞大的权力是怎样产生的。于是他追查历史，知道该委员会的前身是"电台传播委员会"。20世纪初，美国东岸波士顿一带的渔民出海捕鱼，一去数日，家里人通过无线电机与海上的渔船联络，报天气、问平安等。当有多艘渔船出海时，难免一些人会用到同一音波频率，在空中互相干扰。甚至有人乱用频率，报出不实的讯息。电台传播委员会的成立，是为了要管治这种混乱的情况。后来该委员会的权力不断扩张，最后演变为联邦传播委员会，管治美国的所有传媒。

在联邦传播委员会的档案中，科斯找到一段1958年的有趣对话。有一位议员在聆讯中质疑哥伦比亚广播系统的总裁，他问："广播的频率为

---

① 张五常：《经济解释》（2014年合订本），中信出版社2014年版，第740页。
② Coase, R. H., 1959, "The Federal Communications Commission", *Journal of Law and Economics*, 2 (1), pp. 1–40.

什么不公开竞投，价高者得，使纳税人多得利益？要是政府将一块土地给你畜牧，政府是会收费的，但为什么土地收费而频率不收费？使用空间收费为什么不合理？"该议员实际上是提出了应该清晰界定音波频率产权的问题。

音波频率的互相干扰，与工厂污染邻居的例子本质相同。音波频率没有界定产权，谁都可以用，于是带来混乱与互害；清洁水的权利也是没有界定，谁都可以用，同样带来混乱与互害。音波频率例子的好处是剔除了价值观，即没有好人与坏人之分，提供了一个客观的角度看世界。工厂污染邻居，工厂是坏人，邻居是无辜的。火车损害谷稻，火车坏，农民无辜。蜜蜂采蜜不付钱，园主好，蜂主坏。河流上游污染下游，上游坏，下游无辜。永远是一坏一好，坏的要赔偿给好的或无辜的。在音波频率的例子，是你干扰我，我也干扰你，没有好坏之分。不用考虑谁好谁坏、谁对谁错。我损害你，但同时你又损害我，应该由谁赔偿给谁呢？音波频率的例子将价值观与利益倾向剔除出了经济分析，满足了科学解释的前提条件，在社会科学研究中尤其难能可贵。

《联邦传播委员会》文内的另一个著名的例子是关于牛与麦的。科斯认为，如果一块地既用作种麦，又用作停车，就会出现混乱与互相侵扰，与音波频率在空中互损一样，两者的本质相同。既然音波频率的例子没有好人与坏人之分，车辆停在农地上，损害了农产品，也应没有好坏之分了。农地如果因为种麦而不准停车，是种麦者损害了停车的人。那么谁应该赔偿给谁呢？科斯的答案是要看产权谁属。要是农地是种麦者的私产，停车者可以付费给种麦者，付费够高就购买了损害种麦的权利。反过来，如果土地是停车者所有，那么要种麦的则给停车的一个租金，让他把车停到别处。科斯认为，停车与种麦的混乱，是因为土地的产权没有划分清楚。换言之，混乱与互害是因为产权没有被界定为谁属。只要产权界定了，市场的交易总会带来土地价值的最大化，即将种麦与养牛的土地面积明确划分，不会再有混乱的情况发生。在这例子之后科斯的一句结论铿锵有力、清楚而重要："权利界定是市场交易的一个必需的前奏。"(The delineation of right is an essential prelude to market transactions.) 这是科斯定理最核心的内容。

(三) 科斯定理的三个版本：贡献与错漏

"科斯定理"一词是 20 世纪 70 年代由斯蒂格勒提出的，然而科斯本人却说他没有提出什么定律（theorem）①，为什么会是这样呢？这要从三个版本的科斯定理谈起。

1. 科斯定理的第一个版本——交易的前提

科斯定理的第一个版本是科斯在《联邦传播委员会》中提出的——"权利界定是市场交易的必要前提"。从科学方法的角度看，这是一个定律（theorem），但严格地说，这定律不是科斯始创的。因为远在 19 世纪后期，新古典经济学就有了交易定律（Theorem of Exchange）。然而，这个传统的交易定律不仅不完善，而且还忽略了交易的局限条件，暗地里假设交易的物品是私产。科斯认为，物品的交易不要从物品本身看，而是要从物品有什么使用权利及权利所属的角度看。换言之，科斯认为传统的交易定律忘记了一个重要的条件：市场交易不是物品交换那么简单，而是权利的买卖。如果这些权利没有界定，物品或资产不能在市场成交。② 因此可以说，科斯的重要贡献就在于把传统的交易定律加上一个不可或缺的局限条件：权利属谁要有界定，即私有产权。在这个意义上，科斯定律应该称为"科斯条件"，因为它交待清楚了交易的前提条件。

2. 科斯定理的第二个版本——帕累托效率的新阐释

第二个版本的科斯定理是："权利的界定与市场没有交易费用的运作会满足帕累托至善点。"③

这个版本是个定义，而非定理。在第三章介绍帕累托效率这一概念时已经提到，如果所有的局限条件都考虑到，违反帕累托效率是不可能的。无效率出现的原因是忽略了一些与假说无关的局限条件。在自利人的假设之下，人的一切行为必定都已经达到局限条件下的最优。即使没有权利界定、没有市场、交易费用不为零，资产的使用也必定达到在其所处约束条件下的帕累托效率点。哪怕此时的资产因为没有权利界定而

---

① 张五常：《经济解释》（2014 年合订本），中信出版社 2014 年版，第 740 页。
② 张五常：《经济解释》（2014 年合订本），中信出版社 2014 年版，第 744 页。
③ 张五常：《经济解释》（2014 年合订本），中信出版社 2014 年版，第 744 页。

发生租值消散，其价值下降为零，它依然是最高的，因为可以下降为负值。

"权利没有得到明确界定"是一种局限条件。为什么不界定呢？那一定是界定的费用高于界定后所减少的租值消散，否则自利人是不可能不选择界定的。明确界定权利、通过市场交易来使用资产所带来的资产价值，高于不界定权利、不通过市场交易来使用资产所带来的资产价值，看起来后者是无效率，是浪费。然而，这是因为忽略了界定权利、进行市场交易的交易费用。考虑了所有约束条件，帕累托效率点不可能达不到，也就不可能出现所谓的"无效率"或"浪费"。

科斯考查了大量法庭档案，列举了各种侵犯（tort）案件的例子。对于不同"外部性"带来的社会成本问题，法庭的处理不尽相同。法庭会权衡轻重，不同情况下解除纠纷的交易费用不同，考虑的是社会整体利益最大化。因此，这个版本的科斯定理是定义性的，这一定义启发我们对帕累托效率有更加深刻的认识，也提醒我们考查约束条件的重要性。

3. 科斯定理的第三个版本——不变定理（Invariance Theorem）

科斯定理的第三个版本最广为人知，被众多教科书中提及。在《社会成本问题》中科斯提到：权利只要明确地界定为私有产权，而不管是界定给谁，在交易费用为零的条件下，市场交易的结果最后都是一样的。这一版本又被称为"不变定理"。换言之，不管产权最初界定给谁，通过市场交易，最后的帕累托效率结果都不变。上文中，本书已经用几何的方法证明过。

其实这也不是个定律，因为它的逻辑是错误的。科斯不应该假设交易费用为零。私有产权（清楚的权利界定）与市场是一种制度，法庭也是一种制度，而这些制度的存在是由交易费用决定的。如果交易费用真的为零，根本不需要有私有产权，不需要有市场交易。一个免费的仲裁者可以知道每个人的专业生产成本、品味，可以知道土地或任何其他资产的适当用途，可以知道每种生产要素的边际产值，也可以知道怎样按边际产值分配等等。这样下来，资产（包括劳力）的使用确定了，分配大家同意了，每个人言而有信，不反悔、不偷懒、不卸责、不欺骗，中央指令与分配神乎其技，不需要有私产，也不需要有市场。①

因此，科斯假设有产权界定即有市场交易，与他假设的没有交易费用是有冲突的，两者不能共存。换言之，没有交易费用，就不会有产权界定或市场。因此，问题的关键在于哪些交易费用会促使产权界定（私产制度）与市场制度的存在？② 哪些交易费用又会促成法庭这一制度的出现？

科斯定理虽然在逻辑上存在问题，然而并不影响这一定理的深远影响，也丝毫不影响经济学后辈对科斯本人的敬仰。科斯定理错得精彩，也错得开天辟地。因为在这一定理的影响下，一条通往科学解释道路的交易费用与产权理论已经隐约可见。

三、外部性问题分析的新层面

（一）对科斯定理的发展：交易费用方向

1. 交易费用不需要假设为零

许多经济学家认为科斯假设的交易费用为零存在着问题，他们认为交易费用不需要为零，只要足够低，就不会阻碍人们的谈判。因此，一些教科书将科斯定理中的"交易费用为零"改为"交易费用足够低"。然而，什么是"足够低"呢？这又带来了理论上的模糊性。本书认为，这些经济学家是舍本逐末了。问题的关键是上文提及的逻辑问题——"产权界定和市场"不能够与"交易费用为零"同时并存，而不是交易费用是否低到不影响谈判。前者是用交易费用来解释外部性问题的科学解释之路，后者则是如何解决外部性问题的技术之路，失之毫厘谬以千里。③

交易费用不为零，那应该如何处理才能够使科斯定理更完备、具有更强的解释力呢？我们需要从交易费用为零与交易费用无穷大的两个极

---

① 张五常：《经济解释·第三卷·制度的选择》，花千树出版有限公司2002年版，第54页。
② 产权界定（私产制度）与市场是为了减低交易费用而产生的。
③ 这也就不难理解，为什么现有的教科书，即使是全球著名的哈维·罗森的《财政学》，居然对重要的科斯定理一笔带过。因为从技术的角度看，科斯定理的确帮不上多大的忙，但是在科学解释的道路上，科斯定理必不可少。

端往中间靠拢来看。试想一下，在一个极端的社会里，没有产权界定且交易费用为零，那么不需要有市场，一个万能的指挥者完全能够将资源配置到效率最高的地方，根本不需要有市场来进行交换。然而，在真实世界中，交易费用不为零。这也就意味着，指挥者不再万能，他要受到讯息费用、监管费用、政治费用等各种交易或制度费用的约束。与市场机制相比，这些费用要高得多。这是因为在市场机制中，每个人运用自己的讯息，自己"监管"自己，由市场价格传递讯息。市场机制能够节省的讯息费用、监管费用、政治费用等交易费用非常大，所以在某些政治费用容许的情况下人们就会选择市场机制（产权界定的制度）。

有了产权界定的制度（市场机制）之后，市场的运作主要是看订价费用，即科斯定律所需要的局限条件。换言之，在科斯"牛吃麦的案例"[①] 中，如果要以市场来决定边际利益与损害相等的"栏杆"位置，只要加上交易费用不会影响边际的假设，即交易费用不会影响牛肉和麦子的边际收益与边际成本。由此，张五常教授提出了另一个、修正了科斯定律的定律：市场的相对价格不变，不管产权谁属，交易费用不变栏杆的位置不变。[②] 这意味着交易费用不必假设为零，由交易费用来决定栏杆的位置：当交易费用无穷大时，产权得不到界定，栏杆摇摆不定，此时不会用市场的处理方式，代之以法庭进行裁决，确定栏杆位置；交易费用从无穷大开始不断减少，减到一定程度 α，牛主与麦主将会采用市场的方式进行解决；交易费用继续下降，当它等于 β 时，栏杆的位置会在边际牛肉产出与边际麦子损害的那个位置（即传统经济学中的社会最优解也是帕累托至善解）；当交易费用介于 α 到 β 时，不同的交易费用将会

[①] 科斯首先假设养牛人对麦的损害要负责（即种麦人拥有不让牛吃麦的权利），须以市价赔偿麦主的损失。牛吃麦造成损害，但牛肉的产量会增加。如果肉的升值高于麦的损失，牛主会愿意赔偿。不管两个地主的土地划分的界线在哪里，栏杆的建造，会落在牛多吃麦的边际收益等于麦的边际损害那个位置上。只要在边际上肉的升值高于麦的损害，肉与麦皆有市价指引，麦主会乐于多种麦给牛吃。这是一个普通的例子，科斯的伟大在于他接着把这个例子反了过来——假设牛群有吃麦的权利，不需要赔偿（即养牛人拥有让牛吃麦的权利）。如果在边际上麦的损害高于肉的升值，麦主会给牛主钱，以栏杆约束牛群的走动。栏杆建造之处，还是牛肉的边际升值等于麦的边际损害的那个位置。因此不管将产权划分给谁，其结果完全一样。

[②] 张五常：《经济解释》（2014 年合订本），中信出版社 2014 年版，第 745 页。

决定栏杆不同的位置。如果考虑了交易费用约束，这不同的栏杆位置都是社会最优的，是不同交易费用约束下的帕累托至善解。交易费用继续下降为零，采用哪种方式——市场还是非市场，其结果都一样，都是传统教科书中的社会最优解。

这一分析实际上交易费用起了三次作用：第一次决定是市场还是非市场；第二次是在使用市场的前提下确定一个交易费用的值，这个值一旦确定，则牛肉与麦子的边际值得以确定；第三是这个交易费用的量将决定栏杆的位置。

2. 交易费用决定市场与非市场方式解决外部性问题

在一个社会中，要达到科斯所讲的界定产权（市场机制），其实并非易事。要付出"费用"才能够用"市场"，而这一"费用"就是交易费用。钢铁厂污染河流的案例常常是交由法庭裁决，而不是去界定清洁水的权利，其原因就是界定产权的交易费用远高于法庭的裁决，即非市场的方式比市场的方式能够以更低的交易费用解决外部性问题。

不同的侵犯行为有不同的交易费用，权利的界定若由甲方转到乙方，交易费用可能会转变。以工厂污染邻居为例，一家工厂排出的废气污染了周边的邻居，邻居要**工厂赔偿**或减产的费用会远低于工厂要**邻居赔偿**而减产的费用。这是因为邻居的人数比较多，要洽谈出一个让所有人都满意的、赔偿给工厂的赔偿额，着实不易。但如果让工厂赔偿给邻居，则会容易许多，即由工厂赔付的交易费用低于邻居赔付的交易费用。法官的判决往往会是让工厂赔偿给邻居，这便是交易费用最低的选择了。科斯曾经指出，法庭对侵犯官司的判案，往往反映出法官是意识到交易费用问题的。法庭不会像市场那样精细，不会考虑边际上的利益与损失，但甲与乙之间的权利划分，哪方面对社会的利益比较大[①]，法庭是考虑的。市场是一种制度，法庭裁决是另一个制度。有私产，有市场，但各种侵犯毒害的案件层出不穷，可见市场也不是那样神通广大。法庭的裁决考虑社会的整体而不考虑边际的益损，是交易费用较低的选择，或依照历史案例裁决。换言之，法庭可以代替市场，也可以协助市场的运作。

---

① 能够节省交易费用就是对社会更有利了。

法庭的存在与市场的存在一样：用来降低交易费用的。①

除了市场、法庭还有一个制度不可忽视，那就是传统风俗了。有许多外部性的问题既不需要市场，也不需要法庭，而是通过传统风俗或道德规范来解决的。

例1 各个国家的风俗中都不倡导乱丢垃圾的行为，为什么呢？

对于一个人而言，随时随地丢垃圾的行为比起找垃圾筒丢垃圾的行为成本更低，自利人会选择随手丢垃圾。然而，这种行为会带来外部性，例如香蕉皮，别人踩上会摔跤。如果大家都选择这样的行为，社会上就会有更多的疾病传播，出行也会更加不易。于是出现了传统风俗或道德规范的制度来约束这种行为。违反传统风俗与道德规范的行为会受到舆论谴责，这就增加了此类行为的成本，将私人成本与社会成本的分离减少了。

例2 为什么我们撞到别人要说"对不起"？

世界上没有哪个国家或地方的风俗会鼓励人们撞到别人时说"你活该"。一个人会根据自己的成本与收益来决定走路的速度，但不会考虑速度太快时会增加撞人的风险，以及撞到人时给别人带来的损失。"说对不起"则意味着理亏与认错，"认错"则是要对这种行为负责了（支付成本），这样，通过"说对不起"的风俗习惯将外部性内部化为私人成本了。

从更深层次看，道路是稀缺资源，你用我也可以用，相互竞争、干扰在所难免。如果选择市场制度，去界定每条路的产权，世上之路何其多也，界定的费用太高，于是许多道路的产权就不被界定了。如果选择法庭制度，我撞到你之后，到法庭去让法官判决"谁对谁错"，法院会天天人满为患，得不偿失。如果选择文化制度，"说'对不起'"的实质是将道路的权利界定给被撞方，由撞人的一方向被撞方"道歉"。这种制度能够增加"不专心走路"②的成本（道歉），从最大限度上减少道路上撞

---

① 张五常：《经济解释·第三卷·制度的选择》，花千树出版有限公司2002年版，第60页。

② 其实产权没有界定，人们想怎么走路就怎么走路，专心与不专心仅仅是程度问题，即道路资源的使用问题。

人的可能性，道路租值消散最小。试想在完全相反的文化制度下，每个人撞到别人都不是说"对不起"，而是理直气壮地说"你活该"（把道路的产权界定给撞人者），道路上撞人的事件会无止无休，道路（方便人们行走）的租值会消散殆尽。

例3 从小我们被教导"路不拾遗"是美德，为什么？

一个人捡到别人的财物时有两种选择，一是"占为己有"，二是还给失主"路不拾遗"。如果没有传统风俗的约束，自利人将其占为己有，其结果是财物的主人蒙受损失。当道德风俗将"路不拾遗"视为美德时，这就增加了"占为己有"这种选择的成本，同时增加了"路不拾遗"这一行为选择的收益，例如受到舆论的肯定，甚至有奖金、奖状等等，从而增加了"路不拾遗"这一选择的可能性。

几乎所有的社会与宗教都崇尚"己所不欲，勿施于人"，并被视为社会行为准则的金科玉律，这是非常有道理的。通过传统风俗与道德规范来缩小私人成本与社会成本的分离，解决外部性的问题。

综上所述，交易费用不必假定为零，它在两个方面起作用：第一，它将决定哪种组织形式将被采用。市场、法庭与道德是三种不同的制度，哪种制度、何时采用是由交易费用定的。例如撞到人这么小的事情不需要动用到市场，界定"谁有权利去撞人"的产权交易费用太高；也不需要用到法庭（重伤另计），裁决的交易费用太高，于是就由社会风俗来起作用了。第二，不同组织形式所带来的交易费用不同。市场是朝着减少租值消散的方向去减少外部性的行为，法庭与传统风俗也是朝着降低交易费用（对社会整体有利）的方向来处理外部性的问题，例如前文中法庭判决工厂赔偿邻居而不是相反。除非有特定的约束条件，政府可以降低交易费用（见第7章），否则像庇古那样，不清楚交易费用约束，冒然提出政府干预，只会带来更多的交易费用，对社会有害无利。

（二）对科斯定理的发展：权利界定方向

科斯定理强调了界定产权的重要性，没有产权的界定就没有市场，也就谈不上市场交易了。因此，科斯定理的另一大贡献就是提醒人们要从权利的角度来看交易，而不是从实物本身来看。市场的任何物品，**交易的是一个约束了的权利的组合**。例如你买一个苹果，买回来的是"观看"或"吃"的权利,但你不能把苹果掷到别人的脸上,或把吃剩的扔到邻家去。①

这一点,对于分析现象尤其重要,因为如果不从权利的角度看交易,会错过许多重要的内容。举例而言,一家日本企业将一项技术以许可证的形式卖给一家中国企业。如果不从权利的角度来看,我们根本不知道这项交易的真正内容。日本企业是出让该项技术使用权、收入权、转让权、还是某两项或三项的合并?即中国企业是只能够自己用这项技术还是可以授权给其他企业用?如果可以授权给其他企业,中国企业的获利又该如何与日本企业划分?中国企业在用这项技术的同时,日本企业是否还能够用?在多长时间内转让?如果在使用过程中中国企业改进了该项技术,那是否需要反馈给日本企业?是否允许日本企业使用改进的技术?其中的价格该如何计算?等等。只有了解了交易的权利、交易权利出让的程度等问题,才能够真正弄清楚交易的内容究竟是什么。

中国的改革开放让我们更加深刻地了解了科斯定理,了解产权界定。众所周知,1978 年邓小平的改革是以推行联产承包责任制开始。而鲜为人知的是,联产承包合同就是一纸界定产权的合同。安徽小岗村的 18 位村民,他们在合约中写下的固定租约(交足给国家的,剩下的归自己),实际上是划分了土地的使用权与收入权。他们可以自由决定分给自己的田地用来种什么(使用权),交一个固定税额给国家,剩下的归自己(收入权)。科斯定理告诉我们,产权一旦界定清楚,接下来市场便可发挥作用了,到达帕累托至善点。市场机制(采用价格作为竞争准则)是唯一没有租值消散的制度,它开启了震惊世界的中国经济奇迹。中国人没有发明科斯定理,但是用实践证明了科斯定理。②

(三) 从合约的角度看外部性问题

1. 交易费用对传统外部性理论的补充

在传统的经济分析中,完善的市场会是这样:每个人无论做什么,

---

① 张五常:《经济解释·第三卷·制度的选择》,花千树出版有限公司,2002 年,第 60 页。
② 周燕:《科斯定理与中国经济改革—从"产权—交易费用"的视角进行解释》,载《学术研究》,2015 年第 2 期。

凡对外人有影响的都有价，每项影响都在市场成交，有利的收费，有害的付款。而且每项价格的厘定皆向边际成本看齐，此时外部性问题不复存在。例如钢铁厂污染了河流，影响了渔业，他需要向渔业支付损害的价格；或者渔业捕鱼的行为要求钢铁厂减少污染，钢铁厂受损，渔业支付损害钢铁厂的价格。这是负的外部性。正的外部性也一样，例如我打了感冒疫苗，社会上的其他人因而减少了患感冒的可能性，受益了，他们需要向我的这种正外部性行为付费。此时完全不存在外部性所带来的问题，所有的行为与影响都被一一定价。然而，这个传统分析却是一个乌托邦，因为它忽略了一个重要的约束条件——交易费用。真实世界有交易费用，如何让社会成员为我注射感冒疫苗的行为付费呢？付多少呢？谁该付呢？传统经济学中的"完善"根本就不存在。

加入了交易费用这一约束条件后，不难发现，人的行为不一定每项影响都有价，不是每项都以价成交，而价格的厘定也不一定向边际成本看齐。交易费用的大小将会决定人们是否选择使用市场；一旦使用市场（产权界定），交易费用又将决定市场以何种方式、何种价格进行成交。这便是合约分析了。

2. 从交易费用到合约分析——摒弃"外部性"

人并非生活在鲁宾逊的荒岛上，每一种行为选择都难免会对别人造成影响。这些影响有大有小，有利有害，交易费用将会决定这些影响是否用市场来处理。与此同时，即使有市场，往往也并非一目了然。如果没有对真实世界的考察，没有非凡的洞察力，或者研究者先入为主，怀抱政府干预的"美好愿望"时，很容易就会忽略市场的处理方式与非市场的处理方式（如法庭、风俗等），贸然地提出需要政府干预。以下真实世界中的例子清楚地说明这一问题：

例1　火车与麦田[①]

火车从稻田中穿过，其火花损害了稻谷。铁路负责人是根据成本与收益决定火车的行驶距离与频率，而不考虑对农田的损害。这与钢铁厂

[①] 张五常：《经济解释·第三卷·制度的选择》，花千树出版有限公司2002年版，第30页。

和渔业的例子如出一辙，私人成本与社会成本分离，是负的外部性。按照庇古的逻辑，铁路理应赔偿种麦的农民。然而，1969 年 Stigler 与 Alchain 到日本旅游，坐火车穿过稻田，他们询问火车上的管理员，想了解火车轨道附近的农地是否比其他农地的价格低（因为有火车的损害）？火车管理员的回应大大出乎他们的预料：车轨附近的地价较高，因为火车的声浪把偷吃稻谷的小鸟吓跑了。

火车对稻田有负的外部性（火花损害稻谷），同时却也有正的外部性（赶走飞鸟，保护稻谷）。从地价的上升来看，显然正的外部性大于负的外部性。那些呼吁政府干预的人，只看到了负的外部性，没有看的外部性。如果真如他们所言，让政府介入，政府能够准确计算出哪种外部性更大吗？

例 2　飞机场的噪音 & 邻居[①]

飞机升降的噪音很大，会对附近居民产生不良影响。飞机场根据自己的成本与收益确定飞机的航班与频率，而不会考虑其噪音对邻居的损害。这又与钢铁厂和渔业的例子一样，私人成本与社会成本分离了。然而，虽然有噪音，但是新机场的兴建会带来客流与物流，从而使机场附近的物业升值。

飞机场对附近居民有负的外部性（噪音），也有正的外部性（物业的商业价值增加）。一般而言，后者往往高于前者，于是机场附近的物业价格不降反升。这与火车和麦田的例子本质又是一样的。由此可见，机场的建设对于附近居民而言是利大于弊的。不满噪音的人们可以高价卖掉物业，另谋居所。有趣的是，凡有新机场的建造，邻近的业主必定联群反对，要求政府补贴，那又是为什么呢？答案非常简单：居民们既要机场带来的物业升值，也要政府对噪音进行补偿，利益最大化所在是也。

例 3　狗吠的有害之声在市场成交[②]

饲养宠物常常会给邻里带来不便，噪音（如狗吠之声）便是其中之

[①] 张五常：《经济解释·第三卷·制度的选择》，花千树出版有限公司 2002 年版，第 79 页。

[②] 同上，第 79 页。

一。养狗人根据自己的成本与收益决定是否养狗,养多少只。但他不会考虑狗吠之声给邻里带来的损害。私人养狗的成本与社会成本(养狗成本+噪音损害)发生了偏离。这与钢铁厂和渔业的例子也是一样的。对于这种外部性,市场是否没有办法处理了呢?有谁见过狗吠之声的"市场价格"呢?按照庇古的逻辑,我们依然只能够得出政府干预,对养狗人征税的解决办法。其实不然。你去买或租用公寓,较好的公寓与小区一般都不允许养狗。你要养狗,就要找独立的房子居住或者较差的公寓与小区。不允许养狗与允许养狗公寓之间的差价便包括了狗吠之价。市场以难以觉察的方式为"狗吠之声"定了价。

在国外,甚至有些公寓或社区是不允许有小孩的(no kids allowed),因为小孩的哭闹声会影响邻里的休息,或者小孩的奔跑有可能撞伤邻居,这些都是负的外部性。当然,这类公寓的价格不菲。

这样,私人在购买或租用房屋时就已经为自己宠物所带来的外部性(噪音)支付了价款,私人成本与社会成本没有分离,自然也就不存在什么"外部性"的问题了。

上述各例显示了各种各样的正、负外部性,真实世界精彩纷呈,市场的力量无处不在,却丝毫找不到需要政府干预的踪影。在社会中,一个人的行为总会对他人造成影响,换句话说,差不多所有的行为对外人都会有效应。"外部效应"、"外部性"等都是模糊不清的概念,只会引起对真实世界认识的混淆。因此,一旦看到私人成本与社会成本偏离,即"外部性"问题时,不应该马上想到的是政府介入(这是庇古的思路),而是应该另寻他径——科学解释之路,问问"为什么是这样处理?"。

科学解释要求我们在遇到外部性问题(私人成本与社会成本分离)时,必须能够清楚地回答以下三个问题:[1]

第一,是不是没有界定产权,所以没有市场合约。没有界定产权的原因是什么?替代市场的制度是哪些(如法庭或风俗)?

---

[1] 张五常:《经济解释·第三卷·制度的选择》,花千树出版有限公司2002年版,第104页。

第二，是不是有合约，但使用条款不够齐备？是哪些交易费用使得条款不齐备？

第三，是不是有齐备的合约条款，但某些资源使用的利益与损失在边际上不相等？原因是什么？是不是还存在着我们没有看到的"价格"，需要对真实世界进行进一步的考察？

实际上，如果把以上三个问题都弄清楚，也就弄清了交易的实质——价与量，根本不再需要"外部性"这一术语，而是直接可以运用需求定律进行分析了。价与量在合约中会有所体现，合约的种类五花八门：有明确的，也有暗含的，有口头的，也约定俗成的。换言之，我们完全可以摒弃"外部性"，而代之以更加准确与详尽的合约分析。值得注意的是，此时的"价"除了价格、代价外，还包括了交易费用这一重要约束条件。

四、所在皆是外部性

在真实世界里，人与人之间的竞争与影响无处不在，交易费用必不为零。所谓的外部性理论不是什么深奥的理论，只不过告诉我们，人与人的竞争会产生相互间的影响。这些影响通常有很多方面——有益的与有害的。由于存在交易费用，如果要计算每项影响的成本收益，则无法计算。这时，不是市场失灵了，而是在交易费用的约束下，有时用市场，有时不用。同样因为存在交易费用，即使在市场里，交易也变化多端——有时定价、有时不定价、有时明确定价、有时不明确定价。由此我们看见了千变万化的合约形式与条款。

因此，当市场不存在时，我们要问："是什么交易费用导致人们选择了非市场方式，如宗教、风俗或礼仪"。当市场不定价或定价不充分时，我们要问："是不是有些价格被忽略了？合约的结构是什么？是什么交易费用决定了现在我们看到的不充分定价？是什么交易费用决定了现有的合约结构？"

传统的教科书动辄说"外部性是市场失败，需要政府干预"，这与科学解释无关。真实世界的有趣现象无数，经济学可以问的只是"为什么"

而已。一旦考虑了交易费用，无效率之说不攻自破，市场失败也就荡然无存。外部性问题的分析把我们的目光重新又锁定到了需求定律上，而这次，因为明确了交易费用这一重要的约束条件，也明确了合约分析的方向，需求定律的威力显然增强了。

第七章 "政府"的合约本质与交易费用分析

从前面几章中不难发现，传统的公共经济学从两个方面给出了政府存在的理由：一是福利经济学从公平的理由出发，提出需要政府干预，然而对公平的准则却没有一个像帕累托效率一样既清晰又客观的定义；二是从市场失败的角度，提出需要政府提供共用品，以及干预外部性。考虑了交易费用约束后，无法得出市场失败的结论，也推导不出政府的干预。因此到目前为止，传统公共经济学给出政府存在以及收支的理由并不可靠。那么，是不是就不需要政府了呢？答案否定。古今中外都存在"政府"这种组织，为什么会有政府这一现象的出现呢？这是一个科学问题。为了准确以及清晰地回答这一问题，本书将引入交易费用理论对此进行解释。虽然这一理论的解释至今无法在当前流行的公共经济问题研究中找到，但本书认为这是迄今为止惟一能够为政府存在与政府支出提供有力依据的理论。

本书首先定位"为什么会有政府"这一问题属于经济学的哪个范畴，然后再有针对性地运用相关理论进行解释，因此有必要回顾一下经济学的三个范畴。

一、经济学的三个范畴

经济学是解释人类行为的科学，可以分为三个范畴：①

（一）范畴1：由游戏规则推断竞争准则

知道有关的局限条件（constraints）或游戏规则的情况下，可以推断所用的竞争准则是什么。举例而言，在田径比赛中，游戏规则是：（1）所有运动员都站在同一起跑线上；（2）听到枪响同时出发；（3）距离相等；（4）时间最短的胜出；（5）不得服用兴奋剂等等。从这个游戏规则我们推断的竞争准则是什么呢？答案是速度。换言之，田径比赛的竞争准则是速度。

因为人是自私的，而资源是稀缺的，所以竞争无法避免。采用不同的竞争准则，胜出的人会完全不同。对一个社会的观察，或者一个经济现象的观察，了解其内在的竞争准则十分重要。因为人的行为是由竞争准则所决定的。竞争准则多种多样，由科斯定理可知，当我们要以价格作为竞争准则时，界定产权是必要的游戏规则。②

（二）范畴2：由竞争准则推断人的行为选择

有了竞争准则，经济学可以推断人会怎样选择（行为），资源会怎样使用，财富或收入会怎样分配。例如，当竞争准则是"弱肉强食"时，人们会竞相提高战斗力；当竞争准则是"先到先得"时，人们会排队；当竞争准则是"价高者得"时，人们会努力挣钱。当前经济学的主流教科书都有一个不成文的假定，就是以"价高者得"作为竞争准则，然后推断消费者行为与厂商行为。然而，经济学的精彩，往往就在竞争准则发生变化时，人的行为会跟着发生改变。例如，高速公路是稀缺资源，使用的价格由需求和供给决定，当政府管制高速公路收费时（如节假日

---

① 张五常：《经济解释·第一卷·科学说需求》，花千树出版有限公司2001年版，第101页。

② 值得注意的是，产权界定不一定带来价高者得的竞争准则，但是如果要采用价格准则，产权界定是必需的前提条件。

不收费），实际上就是放弃了价格准则。高速公路的稀缺性依旧存在，需求也依旧存在，这时会有什么样的竞争准则被采用呢？如果是先到先得作为竞争准则，那么能够推断"节日大堵车"（排队）的现象必将出现。这是有趣的调查，但主流经济学往往忽视这些，只把经济学限定在价格准则下，对各种"非价格现象"熟视无睹，这就使得经济学的解释力十分有限，甚至变成一门沉闷的学科。

(三) 范畴3：解释游戏规则（制度）的形成

经济学的第三个范畴是解释游戏规则是怎样形成的。不同的约束条件会产生不同的游戏规则，例如：1978年改革开放之前中国是计划经济，1978年之后中国是市场经济，是什么约束条件发生了变化，使得中国从计划经济转向市场经济？为什么世界上各个国家会有不同的制度？不同的产权制度是怎样形成的？什么是国家？为什么有国家？什么是政府？为什么有政府？什么是宪法？什么是企业？企业经营为何有时采用独资，有时采用合资，有时并购，有时联盟？等等。从经济学的角度看，游戏规则等同于制度。而要解释制度问题，关键的约束条件是"交易费用"。交易费用是决定制度选择（合约选择）最重要的约束条件。下文将以科斯1937年《企业的性质》一文为起点，论证交易费用在解释制度、组织问题中的重要作用。

从以上三个范畴不难发现，要解释为什么有政府，进而解释为什么要有政府收支，实际上属于经济学的第三个范畴，其中交易费用分析是重点。

二、交易费用理论

(一) 交易费用的重要性

传统的经济学分析中是没有交易费用这一概念的。因为忽略交易费用，造成了各种难以自圆其说的结论。举例而言，一些经济学家指出，人有时是"非理性"的，其中一种表现便是股市中的追涨杀跌——股票价格越涨越买，越跌越不买。且不论这种"非理性"言论在科学方法论上是否能够站得住脚①，这种论调最大的错误，就是忽略了交易费用。为什么人们看到股票价格往上涨还会买呢？是非理性吗？显然不是，而是人们在做决策的时候受到信息费用（交易费用中的一种）的约束，看到牛市，自利人预期股价还会涨，于是想在低价位买入、高价位卖出。看到熊市，自利人预期股价还会跌，于是想在高位卖出，而不是等跌了再卖。何来非理性？至于决策错误，赔了钱，那只是信息费用太高，对股市作出了错误判断。②人在信息费用约束下作出错误判断，并不等同于"人是非理性"。再比如，我花30元买了一个劣质杯，回到宿舍发现同学才花了20元买了一个乐扣乐扣（Lock&Lock）的优质杯。我买杯子的行为是非理性吗？显然也不是，我要是早知道20元能够买到一个乐扣乐扣（Lock&Lock）的优质杯，绝不会花30元去买那个劣质杯。这个"早知道"指的就是信息费用了。由此可见，如果忽略了交易费用，经济学其实连自私、理性都无法自圆其说，③只能前后矛盾地用"非理性"。

传统经济学教科书在介绍生产者理论时，告诉我们总成本是固定成本（Fixed Cost，F）与可变成本（Variable Cost，V）之和。④

那你要问：什么是固定成本呢？

教科书说：计划周期越长，成本的可变程度就越高，固定程度就越低。⑤

接着你肯定还要问：什么是"短期"（short-run）？什么是"长期"（long-run）？

教科书又说："长期"是指所有成本都可变，"短期"指的是部分成本是固定的。⑥

---

① 如果经济学不坚持自利人假设（也被称为理性人假设），同意人有时是非自私或非理性的，那么就无法推出"可能被事实推翻的假说"，从而不可能成为科学。
② 李俊慧：《经济学讲义》（上），中信出版社2012年版，第110页。
③ 李俊慧：《经济学讲义》（上），中信出版社2012年版，第241页。
④ [美] 杰克·赫舒拉发（Jack Hirshleifer），阿米亥·格雷泽（Amihai Glazer），大卫·赫舒拉发（David Hirshleifer）：《价格理论及其应用：决策、市场与信息》（第7版），机械工业出版社2009年版，第147页。
⑤ 同上，第155页。
⑥ 同上，第155页。

不难看出，教科书或传统经济学在固定成本与可变成本这两个概念上存在着循环论证的逻辑问题（Tautology），而且含糊不清。究其原因就是没有引入交易费用的概念。如果引入交易费用，这类问题就迎刃而解了：因为存在着交易费用，使得某些生产要素比其它另一些更难以随产量的变动而立即变动，这些交易费用就是选择改变的成本。在制造业企业中，可变程度最高的成本是电力、原材料和劳动力的支出。而固定程度最高的成本是与房地产、机器的购置或租赁有关的成本。假设一台机器发生故障，停产一小时。这时除了可以节省部分电力外，其它别的投入都无法改变；对于这种产出决策而言，几乎所有成本都是固定的。如果停产的时间长达一天，则可以把临时工人解雇。停产长达一个月时，企业会解雇更多工人（他们的工资就变成可变成本），也可以归还一些租赁的设备（如卡车）。最后，如果企业计划永久性地减产，它会卖掉机器，减少房地产的租用。

为什么企业要承担不必要的"固定"成本？为什么不把它们卖掉，等到需要的时候再买回来呢？这是因为搜寻、谈判和执行复杂的合约很困难，使得人们不可能把厂房或机器卖掉一小时后又再买回来，即存在着交易费用。[①] 如果交易费用不存在，根本就不用区分长期和短期，哪怕停产 1 小时，也可以顺利卖出再买回。传统经济学中的"短期"与"长期"的概念是马歇尔发明的，他隐约感觉到了交易费用的存在，但却发明"短期"与"长期"将其回避。交易费用的真正提出，要等到 1937 年科斯发表《企业的性质》。

交易费用的提出是里程碑式的，如果没有这一概念，新古典经济学的解释力严重不足，甚至早就已经土崩瓦解，溃不成军。交易费用就像物理学里的摩擦力一样无处不在，约束着人们的行为。那么究竟什么是交易费用，它是怎样被提出？又怎样被发展的呢？

（二）交易费用的提出：科斯

虽然与交易费用相关的概念早在康芒斯（John Rogers Commons）与托尔斯坦·凡勃仑（Thorstein Veblen）的著作中早有提及，但是将其清晰提出并用来解释企业现象的人却是科斯（Ronald H. Coase）。科斯 1937 年

---

① 李俊慧：《经济学讲义：颠覆传统经济学 26 讲》，中信出版社 2016 年版，第 218 页。

发表的《企业的性质》一石激起千层浪，引起经济学界的广泛关注，之后众多大师级人物参与其中，探讨究竟什么是企业，企业的边界在哪里？

在传统经济学的生产者理论（Theory of the firm）中，企业是一个"黑匣"，生产要素进入这个"黑匣"，生产出产成品，其本质是"投入一产出理论"。没有人关心这个"黑匣"是什么。然而，科斯却像孩子一样地发问："企业是什么呢？"为什么有时候人们不通过市场的价格指引，而是要到企业中听从"指令"呢？换言之，在市场上人们通过价格来决定生产什么，生产多少；但在企业中，人们按照企业家或经理交待的事项进行生产，"无形之手"被"有形之手"替代，这究竟是为什么呢？

科斯认为，这是因为使用市场（价格机制）是有费用的，而通过成立一个组织、允许某一权力（企业主）指导资源配置，可以节省这些费用。举例而言，秘书的服务[①]包括复印、冲咖啡等，而这些服务完全可以在市场上购买，市场上有众多的复印店与咖啡店提供这些服务。然而，在市场上购买需要每次付费，每一次交易都暗含着一个订约过程，甚至对不同质量的产品与服务还需讨价还价。这些就是使用市场的交易费用。如果聘请一位秘书，同样是提供这些服务，但不需要每次订约，只需订立一份（计时）雇佣合约[②]，这就大大节省了使用市场的费用。毫无疑问，当企业主聘请一位秘书时，这意味着秘书听命于他，成立了一个组织——企业。此时，企业能够比市场节省的费用就是交易费用。

科斯接着问，如果企业组织可以节省交易费用，为什么还会有市场交易呢？即为什么不在一个大企业内进行所有的生产活动呢？他认为，那是因为存在着组织的费用（Costs of Organizing），随着组织交易的增加，企业主会面临监管等管理费用。举例而言，当企业家只有一位工人时，监管是比较容易的，但是当企业家有几百上千个工人时，监管就会难得多。因此，企业的扩张会直到在企业内组织一项交易的费用等于通过市场进行同一交易的费用时为止。边际上一增、一减的费用就是决定企业与市场边界的交易费用。

在科斯的这篇文章里没有明确提出交易费用，"交易费用"这一概念

[①] 李俊慧：《经济学讲义》（上），中信出版社2012年版，第244页。
[②] 在这里需要强调的是计时工资合约。如果是计件工资合约，例如冲一杯咖啡多少钱，复印一张纸多少钱的话，就跟在市场上购买是一样的。时间工资是企业合约的一个标志。

是后人从他的文章里提炼出来的,并将"市场交易的费用"与"组织的费用"统一为"交易费用",因为这两种费用在本质上没有区别。在这篇里程碑式的文章里,科斯遗留了一个重要问题:市场通过价格来引导资源配置(其中也包括人力资源),而企业则是通过老板或经理的指令来配置资源。从表面上看,市场上的交易是自愿的,企业内则是服从。但是企业之外还是市场,老板给员工的薪金并非随心所欲,而是由市场竞争决定。购买员工的服务,老板不会盲目开价,而是会根据市场的行情来定价;员工也会根据收入的高低来选择企业。所以新的问题就出现了:企业内部依旧是根据外部的价格在指引着资源的配置(包括人力资源),企业与市场的边界真的能够明确划清吗?既然价格仍然是决定资源配置的要素,人们为什么依然会选择进入企业工作,"像奴隶一样地听命于老板,而不选择自由自在的市场呢"?①

1937 年以后,大量学者参与到企业性质与企业边界的讨论中。有的通过企业间合作来质疑科斯的观点②。有的通过团队合作、测度偷懒与生育索取权等证明交易费用的存在③,还有的通过资产专用性、机会主义行为等来说明并测量交易费用④⑤。然而他们终究没有触及到科斯文章中上述最核心的遗留问题。如今反观,名满天下的《企业的性质》一文,基本上是个套套逻辑(Tautology,也译为"同义反复,恒真命题"):为什么人们有时选择企业而不选择市场?因为有交易费用;为什么人们有时却选择市场而不是企业?同样因为有交易费用。直到 1983 年,张五常⑥继续发展科斯的结论,运用合约理论,才回答了这个遗留的问题。

---

① 张五常:《罗纳德·哈里·科斯》,科斯追悼会发言稿,2013 年 9 月 10 日。
② Richardson, G. B., 1972, "The Organization of Industry", *Economic Journal*, Vol. 82, pp. 883 – 896.
③ Alchian, A., and Demsetz, H., 1972, "Production, Information Costs, and Economic Organization", *American Economic Review*, Vol. 62, pp. 777 – 795.
④ Klein, Benjamin., Crawford, Robert., Alchian, Armen., 1978, "Vertical Integration, Appropriable Rents, and the Competitive Contracting Process", *Journal of law and Economics*, Vol. 21, pp. 297 – 326.
⑤ Williamson, Oliver E., 1985, "The Economic Institutions of Capitalism: Firms, Markets and Relational Contracting", New York: The Free Press.
⑥ 张五常, 1983, "The contractual nature of the firm", *Journal of Law and Economics*, Vol. 26, pp. 1 – 22.

(三) 交易费用理论的发展：张五常

1. 从"企业—市场分析"到"合约分析"

试想一位刚刚毕业的大学生，他可以选择自己当老板，生产一些简单的手工艺品，然后拿到市场上去卖。他也可以选择加入一个企业，签订一份雇佣合同，朝九晚五上下班。这两种选择有什么不同吗？大学生出售的均为自己的劳动力。两者唯一不同的地方就在于他签订的合约不同。到市场上卖物品，他签订的是市场的销售合约，如果物品是论件卖的话，他签订的就是一种件工合约；而到企业工作，他签订的是一份时间合约。为什么有的人会签订件工合约，而有的人会签订时间合约呢？关键看度量劳动力的费用（交易费用）是什么。如果件工合约的度量费用低，人们会采用件工的形式；如果件工合约度量的费用高，那么人们就会采用时间合约，例如秘书服务。[①] 时间本身是毫无意义的，一个员工可以坐在那里发呆八小时，老板买的不是他的时间，而是他的劳动。

市场与企业的区别仅仅是出售物品（如劳动力）的合约方式不同，而何时何地采用何种合约形式，关键在于交易费用是什么、有多大。对于穿珠子这样的工作，是容易按件工算的，而秘书服务则难得多，所以我们看到了形形色色的合约形式，有时是两者的合并。例如快递服务，有些快递员既要与公司签订一份雇佣合约，有基本工资，又要按投递的数量来获取服务费；有些快递员只有按投递量计算的计件工资；还有些快递员同时送几家快递公司的快递。这是公司还是市场？是一家企业还是多家企业呢？我们无法说清楚。能够说清楚的是：这是时间工资与计件工资两种合约的合并。

合约的形式多种多样，可以是明确地写下来的明文合约，也可以是约定俗成的惯例共识，有按件算的买卖合约、以时间为委托量的时间合约，也有国家的宪法，甚至社会的道德风俗等等。因此张五常教授认为，合约可以小到两个人，大到包含整个社会。[②] 从合约的角度来看，所谓不同的组织形式，或不同的制度安排，其实是不同的合约安排，拥有不同

---

① 论件算秘书复印了多少页纸、冲了多少杯咖啡的费用非常高，而算时间则容易得多，于是雇佣合约就采用委托量的办法，计算月薪与年薪。

② Cheng, Steven. N. S., 1983, "The Contractual Nature of the Firm", *Journal of Law and Economics*, 26 (1), pp. 1–26.

的合约条款。把企业"黑匣"打开后，看到的是一连串合约，这就是著名的"企业无界说"。

为什么人们会签订不同的合约条款呢？因为存在交易费用。举例而言，一个劳动力可以签件工工资合约，也可以签时间工资合约。如果他的产出是容易计算的，可以直接厘定其劳动力价格（如穿珠子、装修房子时帮人铺了多少平方米的木地板、收发了多少份快递、送了多少桶纯净水等），那么就会采用按件算的合约形式。但如果他的工作是类似于人力资源管理、秘书这类工作时，他的劳动力就难以衡量了。是按他写文件的字数来衡量？按复印的张数来衡量？按冲咖啡的杯数吗？换言之，衡量劳动力的费用太高时，人们会转而采用时间这一委托之量，时间工资这种合约形式就会被采用。时间工资合约的好处是可以减少度量费用，但因为是间接度量，所以被量度的人会倾向于徒有虚表地履行合约，例如每天上班都不迟到早退，但是工作心不在焉。对于买方（老板）而言，就需要付出更高的监管费用。常见的监控电话、安装摄像头等等都是公司为了避免员工在工作时间内打私人电话、办私事而采用的监管手段。老板与员工这两位自利人会两厢权衡，选择费用最小的合约形式。科斯所说的以企业取代市场，其实是以一组合约（生产要素购买或租用的时间合约）取代另一组合约（产品按件销售合约），并不是人们选择听命于老板还是市场交易，而是人们在交易费用的约束条件下，选择不同的合约形式。

2. 从交易费用到制度费用

交易费用这一概念是后来的学者们从科斯的文章中提炼出来的，在字面上带有很大的误导性，似乎不使用市场、没有市场交易就没有交易费用。从上文的合约分析不难看出，市场只是一种合约的形式，其他的合约形式还有很多，如法律、道德风俗，即使在市场中也存在着形形色色的合约。

那么合约究竟是什么呢？合约是用来约束竞争的条款。例如，我到市场上买一斤苹果。苹果是一种稀缺资源，是经济物品，人们需要竞争才能够获得。当竞争准则是"先到先得"时，我得赶早去排队；当竞争准则是"弱肉强食"时，需要与人打架，赢了才能够获得这斤苹果；当竞争准则是"价高者得"时，则需要付出价格。如何保障"价高者得"这一竞争准则的实施呢？我在购买苹果时，实际上与卖方签订了一个口头合约——我付出苹果的价格给他，他给我苹果。他不可以收了钱不给货，我也不可以不付费去抢他的苹果。因此，这份非明文的买卖合约实际上是用来约束苹果这一资源的竞争的。

宪法也是一纸合约。当你加入一国国籍时，意味着你签订了宪法这一合约，你交税，换取这国政府的服务。风俗习惯也一样，"入乡随俗"就是这个道理。如果你违反当地风俗，也就意味着你违约，没有按照当地的竞争准则来竞争资源，势必会受到当地人的惩罚与排斥。①

制度从本质上看就是合约安排，市场是一种制度，企业也是一种制度，而除了市场与企业之外，这世界上还有别的组织形式，如家庭、团体、国家、非政府组织等等。不同的制度暗含着不同的合约安排，不同的制度具体界定了不同的竞争准则，约束人们竞争行为。因此，张五常教授认为交易费用应该称为制度费用（Institutional Costs），他在《新帕尔格雷夫经济学大词典》中对"交易费用"词条给出了如下定义：

> 在最广泛的意义上，交易费用包括所有那些不可能存在于没有产权、没有交易、没有任何一种经济组织的鲁宾逊·克鲁索（Robinson Crusoe）经济中的费用。交易费用的定义这么宽广很有必要，因为各种类型的费用经常无法区分。这样定义，交易费用就可以看作是一系列制度费用，包括信息费用、谈判费用、拟定和实施契约的费用、界定和控制产权的费用、监督管理的费用和制度结构变化的费用。简言之，包括一切不直接发生在物质生产过程中的费用。

> 历久以来，经济分析都集中在资源（生产要素）配置（Resource Allocation）与收入分配（Income Distribution）这两个大话题上，对更为精彩的现象却视若无睹。这后者包括制度的形成、结构的组织、合约的选择、价格的安排，等等。这些现象是新制度经济学的范畴，以我之见，都是由交易费用促成的。在最广泛的意义上，所有不是

---

① 1995年我来到广州上大学的时候，有一个奇怪的现象，去买水果，如果讲粤语会比讲普通话便宜0.5元，当时只觉得广州人排外，现在想来，讲同一语言，意味着更了解当地的竞争准则，合约执行的费用是下降的。

由市场看不见的手指导的生产和交换活动，都是有组织的活动。当把交易费用定义为一切在克鲁索经济中没有的成本，组织被同样广义地定义为任何要求有看得见的手服务的活动安排时，就出现一个推论：所有的组织费用都是交易费用，反之亦然。

这就是为什么过去 20 年间，经济学家总是竭力用变化的交易费用来解释各种组织结构形式的原因。传统的经济分析局限于资源配置和收入分配。在这种传统中，契约安排作为一类现象一直受到轻视。在一个由交易费用复杂化了的世界里，这种忽略不仅使无数有趣的现象无法解释，而且实际上模糊了对资源配置和收入分配的理解。在传统分析中，组织或制度经济学或各种经济体制的运行，从来没有被放到适当的位置上。几代学生都被告知，各种'不完全性'，导致了一些似乎是神秘莫测的现象：政策被'误导了'，或反垄断专家们攻错了目标。"

——张五常：《经济组织与交易费用》

3. 从交易费用到租值消散

不同制度的确立、运作与维护都必然需要花费不同的费用。例如 1978 年改革开放之前，我国采用的是计划经济制度，在这一制度下，资源按照等级排列进行配置，由此需要建立起非常复杂的等级制，有 30 个级别的行政级、18 个级别的技术级等等。1978 年改革开放之后，我国采用市场这一制度，按照价格机制来配置资源，这也就意味着首先必须要界定产权。界定与维护产权需要付出很大的费用，要建立起与之配套的法律法规，甚至要改变某些传统风俗。两种不同的制度意味着不同的费用。为什么在计划经济下我国贫穷落后，而在市场经济下繁荣富强起来了呢？

有一个简单的例子可以帮助我们理解这一复杂的问题：有一块土地，种植银杏树的租值与放牧的租值大不相同，种植银杏树的租值要远高于放牧。当人们在某种约束条件下选择放牧时，放弃了种植银杏树所能够带来的租值，这就意味着租值消散掉了。为什么人们不选择租值最大的银杏树呢？也许是因为不知道，用经济学的术语来讲就是存在着信息费用。当信息费用降低时，人们才会选择种植银杏树。这一降（交易费用）

一升(租值)意味着交易费用(此例中是信息费用)与租值消散是一枚硬币的两面,是同一回事。中国改革开放的故事与此类同:在计划经济下租值低,在市场经济下租值高,当邓小平进行改革开放后,交易费用下降①,租值增加,以前在计划经济下消散的租值又重新出现,所以我们看到了财富的迅速增长,就像那块土地选择种植银杏树会减少租值消散,带来财富的大幅增加一样。

4. 小结

交易费用(Transaction Costs)是鲁宾逊一人世界不可能有的费用。一人世界没有交易费用,这些费用是在多人的社会才出现的。多人社会存在人与人之间的竞争,要决定竞争的胜负准则,组织与制度(合约)就会出现。交易费用将决定哪种制度(合约)会被采用。具体而言,交易费用表现为签约费用、讯息费用、量度费用、保障费用、执行费用、议价费用、政治费用等等。在一人世界中不可能有商人、律师、法庭、银行、公安、经纪、经理、公务员等。这些行业都是因为交易费用的存在而存在,因此这些行业的收入都是交易费用。一些地方,百分之七十以上的国民收入是交易费用,这是毫不夸张的。②

从以上分析不难看出,我们可以从以下几个角度来理解交易费用:

第一,交易费用是合约费用;

第二,交易费用是制度费用;

第三,交易费用是约束竞争的费用;

第四,交易费用是租值消散。

三、政府的性质

(一)政府的合约性质

要知道什么是政府,为何要有政府及其收支,首先必须了解什么是

---

① 邓小平具体降低了哪些交易费用,可参考 Cheung, Steven. N. S., 1982, "Will China go 'capitalist'?", London, Institute of Economic Affairs.

② 张五常:《世界经济学》,花千树出版有限公司2004年版,第107页。

国家。无论在政治学还是经济学中，都不缺乏国家理论（Theory of the State）。本书不探讨孰优孰劣，而是要自始至终、逻辑无误地贯彻一个理论——经济学的价格理论（加上交易费用这一约束条件）。从经济学的三大范畴不难看出，对国家与政府的探讨属于第三个范畴——解释游戏规则的形成，其核心是交易费用。

国家是什么？政府又是什么？按照"交易费用—合约理论"，其实质都是"合约"。科斯曾经指出，列宁认为一个国家就是一家大公司，并表示认同。① 国家这家公司与一般的生产企业不同，要提供的产品与服务是企业无法提供的。而政府就是为了提供这些产品和服务进行具体决策与管理的组织机构。有哪些产品与服务是由国家提供而生产企业无法提供的呢？从上述交易费用理论来看，当市场提供某些物品的交易费用太高，而由政府（以特定合约形式）提供能够降低该交易费用时，这类物品就会由政府提供。换言之，**当政府能够比市场以更低的交易费用提供某些物品时，政府这一组织（合约）形式便出现了。**

先以一间公寓、一栋大厦为例，再延伸到一个国家。②

在国外留学的学生，为了节省开销往往会多人租用一套公寓（house）。除了房间自己负责打理外，还有许多公共的地方与设施需要轮流使用与维护，如客厅、电视、厨房、洗手间等。这些公众的地方如何使用与管理呢？有两种办法，一种是让房东独自决定（独裁），建立一个公寓使用手则，大家遵照执行。另一种办法则是由住户开会，共同商讨一个大家都满意的轮流使用与清洁的方法，当意见出现分歧时，投票解决，决策的原则是少数服从多数（民主）。

将这个公寓扩大到一栋大厦。除了住户各自拥有的房间外，大厦还存在着保安、清洁、公共楼道、电梯、外墙，甚至游泳池等事务。这些公众的事项如何处理呢？依然有两种办法，一是由一个大家公认的、德高望众的元老来决定（独裁），大家遵照执行；另一种办法则是由住户们

---

① Coase, R., 1960, "The Problem of Social Cost", *Journal of Law and Economics*, 3 (1), pp. 1–44.

② 这一例子受到张五常教授旧版《经济解释》的启发，并参考了李俊慧的《经济学讲义》。张五常：《制度的选择》，花千树出版社2002年版，第247页。

共同商讨，投票决定（直接民主）。一栋大厦往往会涉及到上百户人家，共同商讨某些事项会异常困难，于是由这种共同商讨的模式引申出另一种模式——就是让住户推选一些代表，组成业主委员会，由委员会来进行决策（代议制民主）。

实际上，每户每平方米每月要交一个管理费，这与一个国家中的"税"是十分类似的，而负责制定规则的独裁者与委员会就类似于一个国家中的政府。由他们制订的"大厦管理条例"或"管理公约"就像一个国家的宪法，每个人只要住进该大厦就需要签订（或默认）并执行该合约。

由公寓与大厦的例子不难看出，本质上政府的出现，无论是独裁制还是民主制，其目的是为了进行决策，提供一些在市场价格机制下无法提供的物品。为什么价格机制会无法提供呢？因为交易费用太高，所以由政府提供的某种合约形式取代了市场的销售合约。举例而言，对于大厦外墙翻新或加装电梯这类公共事宜，每位住户会有不同的偏好（边际用值不同），如果采用市场的价格机制，那意味着采用价高者得的竞争准则。人们会显示自己的偏好从而出价吗？不会。大家都希望别人出价翻新外墙，而自己充当"搭便车者"获益。这也就意味着，了解每个人边际用值的交易费用庞大，使用市场的交易费用很高。[①] 此时，委员会（类似于政府）决策可以降低该费用。成立与维护委员会的费用远低于了解每个人偏好的信息费用。对于委员会而言，当委员人数（或实际决策者）为1时是独裁制，委员数（或决策者）为全体住户时是全民公投（直接民主制）。

我们继续将大厦扩大到一个城市、一个国家，其本质没有区别，公众场所、清洁、消防等依然不变，只是保安变成了国防，增加了法庭等其他的公共事务。国家是一个由合约链条连接而成的组织，而政府是这个组织中的一个组织机构，专门负责交易费用过高、市场无法处理的公共事务。它所管理的公共事务（提供的产品）可以由个人来进行决策

---

① 如果是私用品就不一样了，例如苹果。因为不存在搭便车的问题，每个人会根据苹果的价格来决定购买数量，使得自己购买最后一单位苹果的边际用值与价格相等。这就是在市场中通过出价的形式来表达自己对苹果的偏好。

(独裁),也可以是由一群人来决策(民主),不管是哪种决策模式,最关键的是,它(政府)能够大幅降低使用市场(价格机制)的交易费用。

由此可见,政府的性质与企业的性质一样——**合约的组合**;政府存在的理由与企业存在的理由一样——**节省交易费用**。当政府处理某些事项,或者提供某些物品的交易费用比市场更低时,就由一个国家的公民纳税(支付价格),由政府提供。因此,政府的作用仅仅体现在比市场交易费用低的领域,公民所纳税收与物品(或服务)购买的合约应该十分明确,即合约的条款应尽量详尽,与在市场上购买物品的合约一样,这样才能够避免政府官员从中浑水摸鱼。否则,政府会以各种名义增加税收,模糊支出,其行为远远超过应有的范围,染指各种由他管理会高于市场交易费用的领域,最终大大增加整个社会的交易费用,带来巨大的租值消散。由此一个交易费用解释政府边界的理论框架如下图所示:

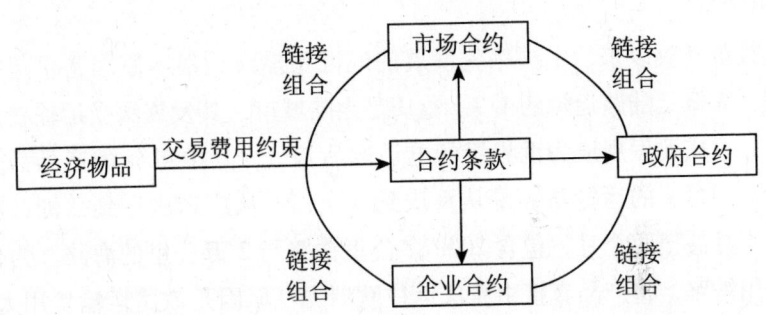

图7-1 "交易费用—合约理论"对政府边界的解释框架

(二)政府与市场的边界

从上述政府经济治理的"交易费用—合约"分析框架中不难发现,市场、企业与政府的边界实际上无法明确划清。在现实生活中,政府提供的许多物品也常常外包给市场或企业,由它们提供,其中的合约分析是关键。该理论不但打开了"企业黑匣",也打开了"政府黑匣",从最微观的角度去研究合约链条。在传统中,人们只有空洞的"守夜人"、

"裁判员与运动员"观点，遇到具体问题时往往无法清晰分辨"何时才该守夜"、"守到什么程度"、"何时该是裁判员"、"判到什么水平"。有了"交易费用—合约理论"，市场、企业、政府究竟"应该做什么"、"不应该做什么"，均可以明确地以交易费用为参照。同样的物品或服务，市场提供、企业提供与政府提供的交易费用各自是什么，孰大孰小、合约的条款与形式怎样，可以逐一进行比较。这样就能够寻找到最低交易费用的合约组合模式，并且确定该合约由谁来签订执行。① 在中国经济高速发展的30年间（1978—2008年），出现过许多成功与失败的案例，为学界分析政府边界提供了大量素材。下文选取了其中几个典型案例，示范"交易费用—合约分析"。

1. 交通运输领域

运输是企业由生产转入销售的重要环节，它所产生的费用将直接影响企业的成本与收益，尤其是国际贸易中的重要成本。重庆渝新欧铁路建设是一个非常成功的政府介入从而大幅降低企业运输成本的案例。②

改革开放以来，中国率先发展的地区是沿海，根本原因是水运费用低廉，大概是陆路运输的1/7。重庆是内陆城市，其发展深受运输费用的制约。重庆要发展成为世界级的电子产品基地，其中40%的产品需要运往欧洲，过去的运输路线是从重庆到广东，再从广东水运到欧洲，耗时一个半月甚至两个月，包含2000多公里铁路与2万公里的海路。为什么不使用铁路，将产品直接由重庆运往欧洲呢？原因是铁路运输费用太高。欧亚铁路运输有三大困难：第一，沿线途经六七个国家，每个国家海关都需要进行关检，手续繁琐，时间很长。第二，每个国家的铁路运输都有一个运行时刻表，编外是慢车。从重庆出发的火车属于编外车，开到欧洲需要25天。第三，每个国家铁路运输价格不同，例如哈萨克斯坦一

---

① 需要注意的是，在这里从实证分析跨越到了规范分析，即"为什么会有政府"跨越到了"政府应该做什么"，加入的价值判断是"降低交易费用是好的"，从而得出"政府应该降低交易费用"。

② 黄奇帆：《关于重庆的五个故事》，http://www.360doc.com/content/16/0126/11/2730734_530638016.shtml。

个集装箱一公里 0.6 美元，中国 0.8 美元，俄罗斯 1 美元，价格难以协调。

2010 年重庆市政府邀请了欧亚铁路沿途的 6 个国家海关管理层，以及中俄两国的总理到重庆，召开多次会议。在各国政府的协商下，6 国海关签订了一卡通协定——渝新欧自由贸易海关协议。其主要内容是针对上述的运输困难，降低铁路运输费用：第一，关检互认，6 个国家海关不再重复关检。第二，五定班列，起点在重庆，定终点在德国杜伊斯堡，沿线的 1.1 万公里只停 12 个车站；每小时 120 公里，16 天就可到达欧洲。第三，统一价格，由十几个部长出面商谈，一个集装箱一公里的价格降到 0.55 美元。这一协定的签订使得渝新欧铁路的综合运价甚至低于海运，大大降低了重庆产品运往欧洲的费用。

从这个案例不难发现，运输费用不仅仅是一种物理费用，人为的因素可以占相当大的比例。即运输费用里会有很高比例的交易费用，其中包括关检费用、铁路服务费用、价格协商费用等。重庆的例子表明，通过政府谈判，这些费用可以大幅降低。从边际上看，政府与市场中的个人或企业相比，进行协商谈判的费用要低得多（见图 7-2）。换言之，在降低运输费用中的交易费用方面，政府比市场的交易费用更低，效率更高。这是我国地方政府顺应市场有所作为，为企业生产经营降低成本的一个典型案例。

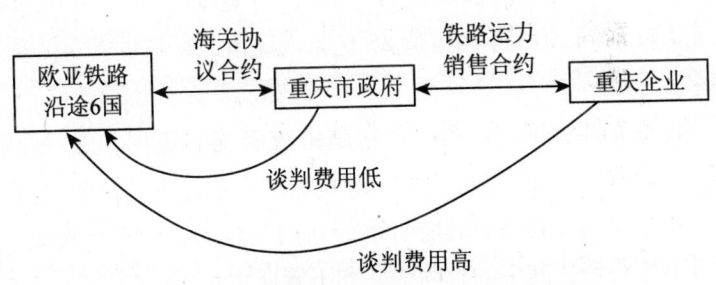

图 7-2　重庆渝新欧项目中的合约与交易费用

2. 投资领域

许多学者都认为政府不应插手投资领域，投资是私人市场的事情。

然而也有学者认为，政府应该投资基础设施等领域。那么究竟哪些领域应由政府投资？其界限在哪里呢？根据上文提出的"交易费用—合约理论"，关键在于比较市场投资与政府投资的交易费用大小。在中国，存在大量政府与市场合作投资的案例，其中的合约组合相互连接，取得了很高的投资回报率。

（1）宽窄巷子

成都的宽窄巷子①是成都市委市政府的投资工程，2008年全面竣工。与以往的旧城改造不同，它不是推倒重来，而是为了再现老成都的历史文化风貌而进行的保护性改造。它占地面积近300亩，分为两大部分：一是核心保护区，一是环境协调区。核心区内本着"只迁不拆"的实施原则，采用产权买断、调换等方式，获取该区域内所有房屋产权，并外迁原所有人和使用人。该区域内保留了近40%的建筑，由成都文化旅游发展集团有限公司按照原有的特征进行修复，并完善内部设施。剩下近60%的建筑在保持原有建筑风貌的基础上进行改建。而在环境协调区内，原有的大部分建筑予以拆除，纳入到重新开发建设范围内，新开发的建筑是独立仿古宅院式别墅，其风格、尺度与材料与核心保护区保持一致。改造后的宽窄巷子，由成都文化旅游发展集团有限公司（市属国有独资企业）出租给企业或个人，由单一的居民住宅转变为商业旅游中心。到目前为止，已拥有大量的高档餐饮、宅院酒店、娱乐休闲、特色策展、民俗生活体验等，成为成都旅游的"名片"。宽窄巷子从2007年政府投资5亿元人民币到2013年的市值25亿元人民币，远超世界众多私人投资的回报率。

这项投资有两大特点：第一，它是由政府统一规划、统一建设的项目；第二，政府（市属国企）建设完成后出租给市场中的企业或个人经营。换言之，这项投资是由政府与市场共同完成的，既牵涉到政府合约，也牵涉到市场合约。其中的合约链条如下图所示：

---

① 此例受张五常教授《从成都学得的创作定律》启发。张五常：《重寻无处》，中信出版社2010年版，第117页。

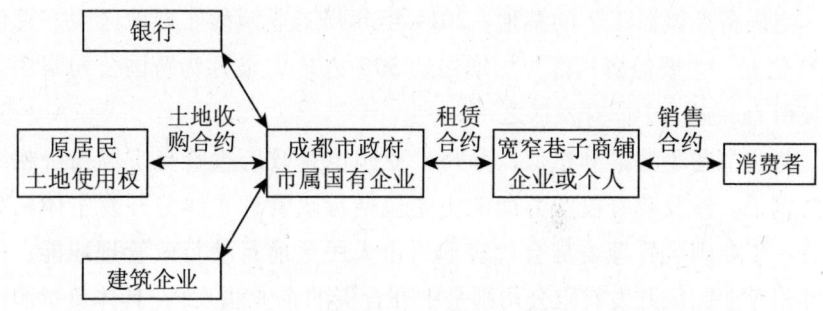

图7-3 宽窄巷子的投资运营合约分析

这项投资成功的原因就在于政府与市场的边界清晰，各自降低了相关的交易费用。在上图中的"土地收购合约"中，从边际上看，政府（成都市政府）比市场在回收土地、统一设计与建设上的交易费用低。而市场（宽窄巷子商铺）则在"销售合约"环节，即商品买卖方面具有更低的信息费用（了解消费者偏好的费用）。政府与市场之间，通过租赁合约进行连接，明确各自的使用权与收入权。两者结合，带来了巨大价值。宽窄巷子这项投资究竟是"私人投资领域"还是"公共投资领域"呢？我们无法界定。如果仅靠市场，不可能完成这个项目，众多新老房子的回购、拆迁与补偿，其交易费用之高，企业难以承担。而日常的经营管理与对市场信息的准确把握，市场又比政府的费用更低。总而言之，政府在统一规划与建设方面比市场的交易费用低，而市场在经营与管理方面交易费用低。政府统一规划建设后出租给企业或个人，企业或个人根据消费者的需求供应产品与服务，政府与市场在这一合约链条中，各自发挥了降低交易费用的作用。

这是一个政府与市场合作的典型投资案例。当然，不一定政府与市场在各自低的交易费用领域内就能够确保项目一定成功。一个项目的成功取决于许多因素，尤其是市场的信息费用。我们只能得出结论：在这种模式下，可以降低交易费用，项目成功的可能性提高了。这个案例也让我们知道，政府与市场的关系，用单纯的"守夜人"、"裁判员"是无法划定清楚的。

（2）苏州工业园

苏州工业园区于1994年开始建设，当时还是一片"烂地泥塘路草荒，空房宿鸟鼠嚣张"的荒地。2014年苏州工业园区实现地区生产总值2000亿元，主要经济指标年均增幅达30%左右，被评为跨国公司眼中综合吸引力最强的中国开发区之一。

与宽窄巷子的案例相似，苏州工业园也是政府投资与市场投资相结合的例子。涉及政府投资方面的主要包括行政管理主体与开发主体两大部分：工业园区管理委员会代表苏州市人民政府行使行政管理职能；中新苏州工业园区开发有限公司则是中外合资的企业法人①，具体负责园区内的基础设施建设、招商引资、物业管理等开发事项。苏州政府将开发建设所需用地向中新合作的开发公司"空产出让"，即所涉地块上的农户和企、事业单位全部向外动迁。由政府出面做好动迁农民和企、事业单位的安置工作，为离开土地的农民办理农业户口转为城镇户口（简称"农转非"）的手续。镇征地动迁办公室负责拆除旧房，并由园区管委会、镇政府实施动迁安置房的工程建设。

获得土地后，由中新苏州工业园区开发有限公司进行开发。当年的苏州城东地势低洼，湖泊连片，鱼塘纵横。为了改变低洼问题，由中新苏州工业园区开发有限公司将中新合作区平均垫高了95厘米（另一说法是1.2米），电、气、热、供水、排污等各种管道同时铺设，每平方公里的基础建设投资高达3.8亿元，建设初期就实现了"九通一平"。进行了完善的基础设施投资之后，中新苏州工业园区开发有限公司开始进行综合开发、招商引资、出租物业等工作。因为基础设施完备、投资环境良好，包括世界500强众多企业在内的国内外公司选择入驻，并且根据自己所拥有的市场信息进行生产与研发。到2008年，各企业累计上缴各种税收就已经超过千亿元。

在这一案例中，政府发挥了两大作用，一是由园区管委会进行征地拆迁，二是政府国企（苏州工业园区股份有限公司）入股开发公司（中

---

① 中新苏州工业园区开发有限公司的前身是"苏州工业园区开发有限公司"。1994年由中国苏州工业园区股份有限公司（中方财团）和新加坡—苏州园区开发私人有限公司（新方财团）合资组建。公司成立时投资总额为1亿美元，注册资本为5000万美元，其中新方财团出资3250万美元，占65%；中方财团出资1750万美元，占35%。1999年中方财团的股权比例由35%调整为65%，新方财团的股权比例由65%调整为35%。苏州工业园区股份有限公司（中方财团）是由中央、省、市十四家国有大企业组建的股份制公司。

新苏州工业园区开发有限公司),而后者所提供的产品主要是园区的规划设计、基础设施建设、招商引资等。在征地拆迁与安置居民方面,政府比市场拥有更低的交易费用;将整片土地进行整体规划方面,政府的效率高于市场。而在"销售合约"环节,跨国公司对商品买卖拥有更低的信息费用(了解消费者偏好的费用)。政府与市场各司其职,以最低的交易费用完成了该开发区的建设与运营。其中的合约关系如下图所示:

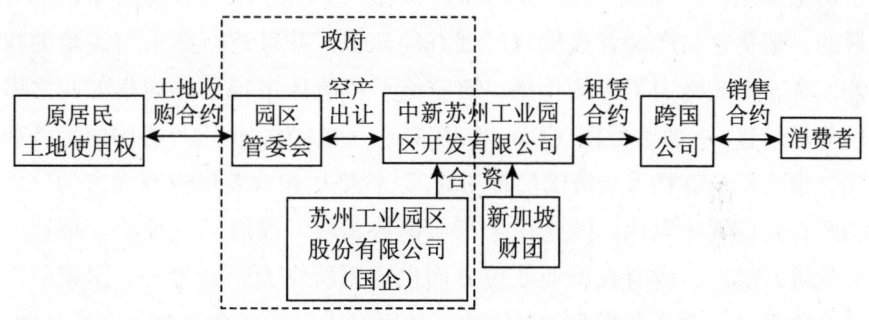

图7-4 苏州工业园的投资运营合约分析

值得一提的是,类似于苏州工业园的产业园在中国比比皆是,并且因为政府的统一招商,最终促成了世界独有的产业集群(Industrial Cluster)现象。同一产业中的不同企业集中于某一园区,能够降低了合作生产与运输的费用,成本大幅下降,增强了中国产品在国际市场上的竞争力。正是在这样一种"政府投资+市场投资"的模式下,中国的许多产业园、开发区获得了成功。这种模式不仅降低了交易费用,还降低了企业的生产成本。由一个地区无数家企业形成的产业集群与国外的个别厂商进行竞争,比较成本优势突出。① 可以说,中国经济发展的第二阶段(1993—

---

① 一位东莞的企业家表示:"在这个地区,我的企业是别人的,别人的企业又是我的。我接到的订单做不完,会分包给当地的其他企业;其他企业的订单做不完,也会分包给我。"这些企业为"竞争与合作"赋予了新的涵义。因为不需要因订单的多寡频繁调节机器设备与工人,生产成本是大幅下降了。

2008年),这种投资模式是创造经济奇迹的主要原因。① 上述两个政府投资案例的回报率,私人部门都难以做到。由此可见,在投资领域,当政府与市场各自在擅长的事项上发挥作用时,即交易费用较低的事项上,给社会带来的财富增长十分可观。

3. 生产领域

传统经济学认为,政府是不应该染指生产领域的,尤其是芝加哥学派更是将市场的作用推到了至高的地位。这种认识的基础,主要是来自于信息费用。哈耶克(F. A. Hayek)认为,市场运作所需要的知识是分散的,消费者与产出者提供自己拥有的知识,并且进行需求与供给的权衡取舍,由此确定了市场价格,政府绝不可能像市场那样搜集如此之多的分散信息。② 加里贝克(Gary S. Becker)也认为,全世界各国的经济起飞,没有不是靠私人经济部门带动的。③ 价格里包含着买方与卖方的巨大信息,政府无法取代,因此在生产与销售领域,政府不应染指。把这一结论进行推广,政府在产业政策方面也应无所作为。因为一个国家的产业结构是由一个个微观企业个体的产品所组成。每一个企业对产品品种、生产数量的选择行为,最终形成了一个国家的产业结构。既然政府在生产领域的信息费用巨大,那么如何能够知道产业的发展方向,从而制订产业政策呢?张维迎认为,"30年前没有人预见到今天的主导产业(互联网、新能源、生物制药等)。今天也预测不了30年后","产业政策代替了计划指标,是穿着马甲的计划经济"。④

然而中国的经济发展,尤其是产业集群的出现,颠覆了芝加哥学派的传统理论。正是因为政府的参与,制订了产业政策与规划,才诞生了举世瞩目的产业集群。世界上曾经有90%的圣诞灯饰在温州生产,70%

---

① 周燕:《科斯定理与中国经济改革——从"产权—交易费用"的视角进行解释》,载《学术研究》,2015年第2期。

② Hayek, F. A., 1945, "The Use of Knowledge in Society," *The American Economic Review*, 35(4), pp. 519–530.

③ Becker, Gary S., 2010, "Higher Education and Technological Advances as Countries Develop". http://www.becker-posner-blog.com/2010/09/index.html.

④ 《林毅夫张维迎激辩:产业政策到底是好是坏?》,http://www.guancha.cn/economy/2016_11_09_379985_s.shtml.

的皮具在南海生产，几千家类似的企业在义乌销售袜子、打火机等等。地方政府根据当地的资源优势选择产业，并由此制订相关的产业政策，如地价减免、税收优惠、基本建设项目收费减免、政府担保融资倾斜等，甚至成立专门的"某某产业基地建设领导组"，提供"一站式、保姆式服务"。政府的参与是如何降低生产领域的成本呢？这里有两组合约链条值得注意（见图7-5）：

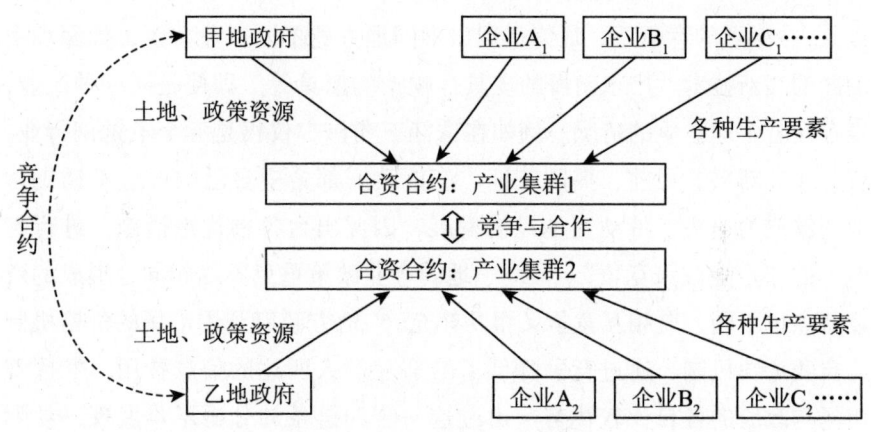

图7-5 产业集群的合约链条

第一种是合资合约。地方政府可以看作是合资一方①，以地价优惠（甚至零地价）与税收减免入股，提供土地、税收优惠、服务等生产要素，由企业进行生产，最终进行分成。政府一方的收益包括所得税、17%的增值税、外部性带来的其他经济收益等。对于官员个人而言还有政绩与升迁。正是政府与企业的"合资"，造就了产业集群。很显然，政府挑选企业入驻当地，形成上下游产业链等措施，可以大幅降低企业的生产成本。在这一合约链条中，提供土地与政策服务等生产要素时，政府显然比企业的交易费用更低。地方政府的产业政策并不盲目，往往是以某些成功的企业为背景（即由市场选择出了一些优质企业），地方政府

---

① 这一点与合资企业非常相似，合资各方以不同生产要素入股，进行风险与利益分成。

再因势利导，发展与该企业相关的产业政策与配套设施。①

第二种是市场竞争合约。② 在中国经济奇迹的第二阶段，中国发明了"县际竞争"这一特殊的制度创新。在这一制度下，实际上地方政府已经成为了企业。管理一个县其实是管理一盘生意③。每个地方政府都想发展所谓利润高、成本低的绿色产业（如高科技产业），但是每个地方的比较优势各不相同，一旦政府选择错误，要付出代价，会受到市场的惩罚，与企业选择错了产品或技术的后果是一样的。全国有2862个县（或县级），在激烈的竞争下，最终呈现出不同地方的不同产业特色，如深圳南山区的高新技术、广东南海的皮具、顺德的家具等。即使是同一种产业，也存在着多地竞争的情况。例如在珠江三角洲，仅仅是五金不锈钢行业，就存在着新兴、司前、揭阳三地。三地政府都希望自己的五金不锈钢行业能够成为龙头，带动当地经济发展，因此出台各种优惠措施，进行着激烈的"产业政策竞争"。最终三地的产业政策重点不尽相同，形成的产业特点也不同，既相互竞争又相互补充。④ 地方政府利用市场的价格机制与自我惩罚机制，通过竞争降低了哈耶克等人所述的信息费用，发挥着市场与政府的各自比较优势。通过这一合约链条的分析不难发现，县际政府竞争未来所面临的挑战就是当政府提供的生产要素——土地资源变

---

① 例如，广东司前镇五金不锈钢的起源，就始于村民汤德钧。他从1968年开始，就带着一群想要靠努力勤奋致富的农民在生产队的作坊里做起了五金制品，主要生产小五金产品，有缝纫机线芯、自行车曲球、内衣扣、鞋扣等。经济效益较好，据知情人士回忆"那时别的村一个人一天只能挣4分钱的公分，而我们爱处坊（生产队）已经达到1块钱了"。1979年，汤德钧和司前村委会合作主持司前五金厂的工作，发明了一种铝制饭盒获得了国家专利，长期脱销。据汤德钧孙女称"当时一个药企将饭盒全买了，作为药品的包装盒，结果很多人就冲着那个饭盒去买药"。见赵淑珍：《地方政府促进产业升级的政策与效果研究——以司前镇为例》，中山大学MPA论文。

② 竞争合约也是指竞争制度，在中国政府竞争与企业竞争的本质一致。县级政府拥有土地的使用权，界定清楚产权后，使用"价高者得"作为竞争准则。见周燕：《科斯定理与中国经济改革——从"产权—交易费用"的视角进行解释》，载《学术研究》，2015年第2期。

③ 张五常：《中国的经济制度》，中信出版社2009年版，第161页。

④ 新兴的产业政策重点在龙头企业，主要瞄准国外市场、高档市场；司前镇则侧重于中小企业合作，多元化及专业化共存，打造整体产业链，瞄准的是中档市场；揭阳则以小企业为主，进行专业化细耕，每间企业只生产产品的其中一个环节，例如中德产业园聚焦于五金不锈钢行业中的电镀。见赵淑珍：《地方政府促进产业升级的政策与效果研究——以司前镇为例》，中山大学MPA论文。

得越来越稀缺时，合约本身会发生哪些变化，而合约链条的效率如何，这将决定未来的经济增长。

中国的经验让我们看到，政府本身可以具有企业性质，也可以通过合约链条参与到企业的生产中，与企业的合约连接在一起。这恰恰反映了交易费用—合约理论中的"企业无界说"。合约的形式（包括政府与企业）可以多种多样，哪种交易费用低就采用哪种。

4. 土地使用领域

中国的土地制度与西方非常不同，并不是将土地的产权完全地划给私人。例如，农民对自己拥有的农业用地有"转让权"，但转让后不可以用做非农。如果要用作非农，必须由政府批准，或者补偿地价。一般而言，都是由政府统一征地，确定征地用途，支付补偿款。例如一块农田，政府征地用作汽车站或者桥梁，报批后按照国家的规定对这块农田的拥有者进行补偿。根据用途不同、地点不同，征地补偿也不相同。例如政府用作商业住宅，补偿款会高于用作汽车站。这种土地制度受到许多人的批评，主要是从"对农民不公平"的角度进行诟病，认为中国的土地没有像西方实施彻底的私有化。撇开"学习西方"的价值观，从经济学的角度看，中国土地（尤其是农业用地）制度有个性鲜明的特征，是跟当今世界任何一个国家都不同的。

农村土地的产权包括使用权、收入权与转让权。然而，现在农村土地的转让权是有限的，即可以流转，但只能在农业领域流转，不可能将农业用地改为工业用地。要使农业用地变为工业用地，必须经过政府的批准。在实际操作中，则是政府去征地，然后建工业园等。由此一来，对于农民而言，转让权与使用权就是不完备的，局限于农业。如果让产权完备，农民想怎么使用、怎么转让都可以，会出现什么结果呢？会出现当今发达国家与台湾地区的情况——土地分散，无法进行统一规划。例如台北到处都是破烂房子，没有人维护，因为是私人拥有，所以政府也无可奈何。在中国大陆，北京、上海、广州等城市都比台北漂亮，房价也高得多，即土地租值是远远高于台北的。其中一个重要的原因，就是政府的统一规划，让城市的各种管道、公园、道路、景观更加合理，提升了当地的地租。这样做的前提条件就是：土地的部分产权归政府，而不是完全划归私人（农民）。

从理论层面上来看,科斯的经历使他看到了"私有产权界定"的重要性,但因为没有看到过中国的土地使用实例,所以并不完善。中国城市发展的奇迹,不是仅仅将土地产权划归私有这么简单,而是分两步走:第一步,部分产权归私人,部分产权归政府;第二步,统一规划,建设城市(或工业园)再将这两部分产权界定给投资者。

科斯定理告诉我们划分产权的重要性,而中国的经验则告诉我们,如何划分产权将决定资源使用的最终效率。在农村土地转让权的领域,中国的产权界定方法也是独树一帜的——部分归私人,部分归政府。所以我们看到了蔚为壮观的城市化进程与城市化成绩。因此,"市场化改革"其实并不是中国的发展道路,"市场与政府边界的准确划定"才是中国经济奇迹的根本原因。

还有一种观点认为,因为政府才有权力决定是否能够将农业用地转为工业或其他,其实质是政府拥有土地的垄断权,这是导致中国高地价、以至于高房价的罪魁祸首。赵燕菁认为这种观点是错的。① 从某个市来看,土地是垄断供应的,地价却是竞争性的。例如厦门如果要提高地价,人们就不会去厦门投资,而去与厦门相似的地方投资,这导致厦门政府无法将地价提高。政府有时甚至为了吸引投资,会出台零地价,甚至负地价。例如2012年年初,三星在中国投资建厂得到了韩国政府的审批,总投资约为300亿美元。此后,中国国内大量一线城市加入了争夺此项目的行列。最终西安脱颖而出。为了赢得投资方的青睐,西安高新区对此项目表现出极大的诚意——相比其他城市而言"更多的财政和行政支持",包括对项目进行巨额财政补贴、"10免10减半"所得税优惠、项目运行补贴、土地及建筑无偿提供,并为项目修建高速公路、地铁等交通设施和生活配套等。西安高新区付出的财政补贴应在100亿元以上。② 从这一例子不难看出,政府垄断土地从而抬高地价的观点根本就不成立。中国的经验表明,具有中国特色的土地制度,使得地方政府有动力将辖

---

① 赵燕菁:《城市化模式与选择》,http://v.youku.com/v_show/id_XNzA0Nzg2Nzg4.html?from=s1.8-1-1.2。

② 《西安获三星300亿美元芯片项目巨额补贴遭质疑》,载《经济观察报》,2012年4月14日。

区的土地租值最大化。

5. 产品质量监管领域

许多人以为,监管是政府的职责,是政府与市场的边界。近年来,一旦出现食品或药品质量问题,大众也是直指政府监管不力。然而,无论政府怎样提升行业标准,如何加大监管力度,"产品质量问题"依然是层出不穷。希望通过加强监管来提升产品质量,仅仅是一种价值观。在美国,许多实证表明,监管只会带来高昂的成本而毫无收益可言(Stigler[1],Benston[2],Benston[3])。我国学者也证明,政府认证的3C产品比市场上无认证的产品质量更差;[4] 由政府认可的事务所,其审计质量并不被市场认为更可信[5];加强监管无法降低三聚氰胺污染风险[6]。为什么加强监管无法提升产品质量呢?其根本原因就在于,在监管产品质量方面,市场比政府的信息费用(交易费用)更低。

与政府不同,市场拥有自己的监管方式——价格与品牌。高质量产品的需求大,因此价格高,而低质量产品需求小,价格低。在竞争压力下,在无数买方与卖方信息汇聚的市场中,价格成为了市场区分与监管产品质量的方式。因此,我们在市场上会看到15元/条的牛仔裤,也可以看到几千元/条的牛仔裤;看得到1元/瓶的纯净水,也看得到100元/瓶的矿泉水。如果厂商提高价格却没有提升质量,在竞争之下,市场的"自我惩罚机制"(self punishment mechanism)会让他损失惨重,甚至被

---

[1] Stigler, George., 1964, "A Theory of Oligopoly", *Journal of Political Economy*, 72 (1), pp. 44 – 61.

[2] Benston, G. J., 1969, "The Effectiveness and Effects of the SEC's Accounting Disclosure Requirements", in Henry G. Manne, ed., *Economic Policy and the Regulation of Corporate Securities*, Washington, DC, pp. 23 – 79.

[3] Benston, G. J., 1973, "Required Disclosure and the Stock Market: An Evaluation of the Securities Exchange Act of 1934", *American Economic Review*, 63, pp. 132 – 155.

[4] 周燕:《政府监管的负效应研究——以强制性产品认证为例》,载《管理世界》,2010年第3期。

[5] 张奇峰:《政府管制提高会计师事务所声誉吗?——来自中国证券市场的经验证据》,载《管理世界》,2005年第12期。

[6] 刘呈庆、孙曰瑶、龙文军、白杨:《竞争、管理与规制:乳制品企业三聚氰胺污染影响因素的实证分析》,载《管理世界》,2009年第12期。

市场淘汰。以瓶装水为例，市场上从1元一瓶的怡宝水到5元的昆仑山，再到12元一瓶的依云水，随处可见。水资源是稀缺的，优质水资源更加稀缺，市场用价格配置着它，用品牌监督着它、认证着它，价高往往代表的是质优。消费者不需要拥有关于纯净水的专业知识（如小分子水的直径、PH值、离子浓度、对细胞壁的影响等等），但是可以肯定，价格高的水，其质量一定更佳。在这一分析框架下，我们看不到中国产品的"质量问题"，因为高价对高质，低价对低质，任何产品都有不同的质量等级，对应于不同的价格水平。忽视"高质对高价"的一极，只盯住低质的一极，而忽视其低价，这会使得"中国产品质量问题"广泛存在于各行各业中。换言之，价格与产品质量相匹配，这是竞争市场中的规律所在。

在监管产品质量的问题上，政府与市场相比，存在三个方面的信息费用（交易费用）劣势：第一，政府不是切身利益的相关者，他们没有动力去进行监管，而且监管成本高昂。在市场中，甲是乙的供应商，没有人会比乙更加关心甲所提供产品的质量。如果供应商甲的产品出了问题，必将影响乙的声誉与收入。① 试问政府会比乙公司更加关心原材料的品质吗？政府会有比乙更多的人手与方法去检查与监督原材料的品质吗？一个企业也许只需要面对一个或几个供应商②，而政府所面对的企业何止千万③？第二，政府部门里不可能拥有每个产业、每件产品、每个环节的专门知识。每种产品、每个环节的专业知识（信息）都是非常令人惊讶的④。亚当·斯密让我们知道，对于这些专业知识的收集，不是出于人们

---

① 例如"上海福喜过期肉事件"曝光后，一天之内肯德基母公司百胜集团股价大跌4.25%，市值蒸发近15亿美元；两天之内麦当劳市值蒸发了26亿多美元，这还不包括因为雇客减少，以及销毁原材料等损失在内。

② 即使只需面对少量的供应商，有些企业仍然会将原材料质量的检测外包给第三方，目的是节省成本。

③ 例如，在实施商事登记改革之前，工商局实行"巡查监管责任制"，即一位"段管员"负责监管一个区域。"段管员"属于基层工商所的巡查人员。广州市某区的一位段管员表示："一人一个区域，监管2000多家企业，一年都跑不完。有些小吃店检查不合格，刚被封了店，段管员一离开，他们又自行拆了封条，继续营业。"

④ 例如，仅仅在"原奶收购环节"中，就涉及到如何甄别还原奶和有抗奶，区分在原奶中加入豆浆、水和淀粉，以及在劣质奶中加入防腐剂、中和剂等监督环节。

的良心，而是出于自利与竞争的压力。任何一个环节的生产者只要在这种专业知识的竞争中落败，也就意味着他会付出比别人更高的成本或者得到更差的质量，那么他就会在市场的"自我惩罚机制"中被淘汰出局。第三，政府无法拥有消费者的偏好信息。以牛奶为例，每个人的体质不同，对牛奶成分的需要也不尽相同：有些人需要全脂，有些人需要低脂；有些牛奶一般人喝了没有事，而另一些人喝了就会过敏。政府的行业标准该如何制订呢？如果"任君选择"就不一样了，消费者在选择产品的过程中，将自己偏好的信息与对牛奶的专门知识传递给供应者。产业链上的供应者也将自己的专门知识传递到不同生产环节上。在竞争的约束下，只有产品受到消费者的青睐，企业才能够不被市场淘汰，继续生存。

正是因为政府在产品质量监管领域的信息费用无法比市场更低，因此在监管领域也就乏善可陈。加强政府监管的结果，除了增长监管成本外，容易促成"三聚氰胺事件"[①]之类的食品安全问题，或者是生产者利用监管标准对竞争对手进行打压，催生更多的利益集团[②]，加剧租值消散[③]，消费者不得不面对更高的价格与更少的选择。[④]

[①] 中国牛奶的供应链是奶农——奶站——牛奶公司，这三个环节之间因为竞争而产生监督。如果有奶农掺入有害物质，奶站会低价或拒绝收购该牛奶，在竞争下收购其他奶农的产品。如果奶站掺入有害物质，牛奶公司会对其进行识别，并对不同质量的牛奶差别定价。每一个供应链环节上都存在竞争，使得不同的牛奶因其质量不同具有不同的价格。2008 年，政府提高蛋白质指标要求，商贩便在蛋白质含量低的鲜奶中添加尿素来提高其质量分数，以通过检测。尿素不稳定，在受热情况下生成三聚氰胺。

[②] 例如国有特殊股管理。国家新闻出版广电总局以国资"特殊股"形式对视频网站加强监管。国资"特殊股"管理指的是视频网站需要引入国有单位股东，而该国有单位股东对视频网站享有超出股权比例的管理权，甚至对视频网站的内容生产、合作、运营具有审核权或一票否决权。国家新闻出版广电总局建议视频网站拿出 1%—10% 的股权给国有单位股东。初步拟定的国有单位股东有五家，包括中央人民广播电台、中国国际广播电台、北京广播电视台、湖南广播电视台和上海东方明珠新媒体股份公司。见《监管部门拟对视频网站进行国资特殊股管理》，财新网，2016 年 5 月 21 日。

[③] 例如职业打假。原本"打假英雄"能够协助监管部门发现产品质量问题是好事。然而他们却占据了日常工作中大量的行政资源，甚至影响了普通消费者的正常维权申诉。有资料显示，97% 行政复议案由职业打假人提起，质监部门不回应还告到纪委。他们的利益根源来自于《消费者权益保护法》。2014 年该法规定，"退一赔三，保底 500 元"。这是一笔不小的收入，实际上职业打假人的年收入高达百万，这些都是社会租值的消散。职业打假人先到企业勒索，勒索不成再到质监局去告发。

[④] 周燕：《政府监管与市场监管孰优孰劣?》，载《学术研究》，2016 年第 3 期。

6. 小结

在真实世界中，合约无处不在，每个人都在"合资合约"下生活、生产：通过宪法这一合约，获得安全与保障；通过销售合约获得食物与衣服；通过与父母的合约来健康成长；通过婚姻合约来传递基因……只要我们生活在多人社会中，合约链条就会将每个人连接在一起。经济学关心的问题是：为什么这些合约会多种多样？在什么约束条件下，哪一种合约会出现？"交易费用—合约理论"提供给我们一个完整的理论体系，去认识世界上的种种组织与制度安排，其中一种组织就是政府。

使用市场（价格机制）是要付出成本与代价的，用准确的经济学术语来表达，就是使用市场需要付出交易费用。当交易费用太高时就会有其他组织形式（或曰合约形式）出现，取而代之。这就是政府出现的原因。政府的本质与公司的本质一样，都是合约链条连接而成的组织，都可以降低市场的交易费用。何时采用何种合约形式与条款，是人们在交易费用约束下的最优选择。

中国的案例挑战着西方的传统理论，在交通运输领域、投资领域、生产领域这些看似应由市场发挥作用的领域，政府大有可为，而且成绩不菲；而在监管领域，政府却乏善可陈。为什么会有政府？政府究竟应该做什么，边界在哪里？除了交易费用—合约理论，经济学至今还没有找到更加可靠的理论依据。

四、政府的（决策）形式

（一）什么是民主

民主（democracy）一般被定义为：选择要以人民的意向为主，让人民有自由选择的权利。这个定义至少有两点含糊不清：第一，什么是自由选择的权利？经济学让我们知道，每个人的选择都要受到约束条件的制约，世界上没有不受约束的选择，否则就会出现宇宙之王（the king of the universe）或者世界之王（the king of the world）。第二，什么是"人民的意向"？"人民"是由多人组成的，当人民中的甲与乙意向相悖时，究竟谁才是"人民",究竟以谁的意向为主呢?例如一块土地,甲希望建公园,乙希望建图书馆,究竟按照谁的意向来建设呢?

对于民主的定义,如果剔除含糊不清的成分,比较可信的定义是:**民主就是投票,以少数服从多数作为准则,通过投票进行决策**。举例而言,有一堆苹果(稀缺资源),这堆苹果怎样进行分配呢?可以弱肉强食,由武力解决,打赢者得到苹果;可以由市场来分配,价高者得,出得起价钱的人获得;当然也可以由一个独裁者来决定苹果的分配;还可以由大家投票决定分配的方案,这最后一种便是民主了。

民主有两种,直接民主与间接民主。直接民主是指在公共事务的决定中,所有公民都可以表达意见,又称全民公决。间接民主则是指公民个人投票选举代表,再由这些代表对公共事务进行表决,又称代议制。无论哪种民主,其核心都是投票决策,以少数服从多数作为准则。

(二)民主制的弊端

1. 难以比较"少数人的受损"与"多数人的获益"

民主制采用投票的方法进行决策,以少数服从多数作为准则,即多数原则(Majority Rule),又称"多数统治"。它是指群体在处理事务时,依照多数派的意见而为之。从表面上看,民主投票能够保障社会上绝大多数人的利益,然而,实际上少数人的受损与多数人的获益是难以比较的,有时甚至是少数人的受损可能远高于多数人的获益。在经济学中,没有可靠的理论可以提供人与人之间的效用比较。[1]

例子:大学里投票换数学老师

我上大学时,有位著名的数学家来给我们上数学课,据说是当时世界数学界的 500 名人之一。老先生上课时很有意思,没有什么板书,而是念数学书,同学们一个个听得东倒西歪。而细心的我却发现,老教授念书念得不一般,当他念的地方与书上有出入,或者多加了几句时,这几句却有着醍醐灌顶之效,让人眼界大开,感受到峰回路转的数学魅力。几星期后,全班联名要求换数学老师,我拒绝在上面签名加入他们的行

---

[1] 因为效用是序数而非基数,人与人之间的效用无法比较。见第三章"福利经济学"。

列。后来班主任找来包括我在内的三位尖子生谈话（因为只有我们三个人没有签字），问我们对这位数学老师的看法，我们非常一致地认为这是平生遇见过的最好的数学老师，于是班主任（独裁地）决定不更换老师。

在这个例子中，如果按照多数票原则，更换数学老师，那么我们三位尖子生的受损是否就一定小于全班大多数人的获益呢？是数学思想重要还是多会解几道题重要呢？少数人的受损与多数人的获益该如何衡量？这些问题均难以找到明确的答案。然而，有一点是可以肯定的，"少数服从多数"的做法绝无（帕累托）效率可言，因为只要有人受损，就不符合帕累托改进。

2. 民主投票损害私有产权

由科斯定理可知，界定与保护私有产权是市场运作的前提，而市场是唯一没有租值消散的制度。然而，许多人不知道，民主投票制度打着保护权利的幌子，却是破坏私有产权的。从以下几个例子，我们可以清晰地看到这一点。

例子1：美国的公立学校[①]

教育是一种经济物品，与其他经济物品一样，在市场中按照"价高者得"进行配置。付出不同的价格，所获得的教育资源会不一样，就如同在市场上花1元买到的怡宝水与12元买到的依云水质量不同。市场根据价格的指引配置教育资源。如果不采用市场，由政府提供会怎样呢？这就是公立学校。公立学校的设立，不是以价格作为指引，而是由政府抽税建造及运作，向学生只收取很少的费用，甚至不收取费用。政府取代了市场，价格机制不再被使用，效率低下是非常明显的。世界上最好的学校都是私立学校，公立学校的投入比私立大，但是教学效果（产出）却比私立差很多。

为什么强烈信奉市场的美国会出现公立学校呢？这是因为公立学校是投票的产物。"穷人家的孩子没有钱交学费呀，让我们投票决定应不应该帮助穷人吧。"穷人多，公立学校于是被投出来了。然而，社会上有三

---

① 张五常：《经济解释·第三卷·制度的选择》，花千树出版有限公司2002年版，第249页。

类人，他们不需要公立学校却要为此付费：甲富有，送孩子到私立学校去；乙贫穷，但还是省吃俭用送孩子到私立去；丙没有孩子，不需要学校。这三类人因为是少数，所以投票投输了，但他们还要支付税收给政府，维持公立学校的运转。付出价格，却没有获得相应的收益，他们的（私有财产）权利于是被投票侵害了。在实际生活中，面对不同的利益分配，每个人都会是某些事项的少数派，这就使得"广泛地侵害产权"在民主制度下将无法避免。

例子2：德国的房产调控措施

几年前中国政府对房地产实施调控，一些人主张学习德国经验。在德国，对那些买了房，不卖不租也不住的闲置空房，政府会进行行政干预："3年闲置，房产税翻番；5年闲置，政府组织流浪汉入住；闲置7年以上的，收为国家所有。"一个人购买房屋后，就拥有了该房屋的产权，其中包括使用权。无论是自用、出租还是闲置都是使用权的表现。政府凭什么干预呢？政府的借口是"为了减少浪费"，照此逻辑，人们空置在家里的衣服、鞋子、书本是否也应该由政府干预使用、减少浪费呢？这种调控措施从逻辑上推演下去，一定是从各个方位侵犯私有产权。

为什么政府会干预房地产市场呢？从表面上看，似乎是为了防止价格上涨，然而，根据需求定律，只有价格上涨，才会刺激供给，才会有更多的房屋投向市场。因此，更深层次的原因恐怕是政府中的利益集团为了从房屋的管制措施中从中获益，一旦收归国有，则意味着产权不清，利益集团便可混水摸鱼了。

例子3：英美等发达国家的高速公路

许多人都认为，我国应学习英美等发达国家高速公路不收费。高速公路收费是采用市场机制，价高者得。如果不收费，那么其建设与维护就要由全体公民负担，这也就意味着没有使用高速公路的人也要为此付费，私有产权被侵犯了。在中国，如果高速公路不收费，其建设不可能有如此成就[1]，就如同人民公社时期吃饭不用钱，最后是大家都没有饭

---

[1] 到2012年底，中国高速路通车总里程达到9.6万公里，已超过美国跃居世界第一。2011年底我从英国回国，为中国的高速公路感动不已，不但处处都有，出行方便，而且马路的舒适度是英国无法比拟的。在高速公路的问题上，中国比英美有更好的产权保护。

吃。不要忘记，市场是唯一没有租值消散的制度，换用其他配置资源的方式，租值的巨大消散有时是非常可怕的，20世纪六七十年代饿殍遍野、民不聊生的日子老一辈中国人依然记忆犹新。那么，在西方国家，高速公路不收费是如何得以实施的呢？原因与公立学校相类似，也是投票的结果。

这些侵犯产权的政府管制在民主国家层出不穷，其深层次原因就是管制能使利益集团获利，而利益集团又会影响选举。让美国经济兴起的真正原因是《权利法案》（*Bill of Rights*），而使得美国经济衰落的原因恰恰就在于民主投票制。前者保护私有产权，后者则损害私有产权。当民主制度结合起利益集团时，经济的衰落将难以逆转。中国在学习西方时，如果不去伪存真，那么终将放弃我们做得好的一面，重蹈发达国家覆辙，也踏上经济衰退的不归路。

3. 投票悖论与阿罗不可能定理

除了侵犯私有产权外，民主制度还带有与生俱来的缺陷，那就是投票悖论与"非一致性"问题。

（1）投票悖论

假设有甲、乙、丙三个人，面对A、B、C三个法案。

甲的偏好次序为 A > B > C；

乙的偏好次序为 C > B > A；

丙的偏好次序为 B > C > A。

此时，如果采用民主投票的方式进行决策，B方案会被采用，而且不论投票的顺序，这个解是唯一的。

如果乙的偏好次序发生改变，变为 C > A > B，那么投票的结果就不再是唯一的，而是可操纵的。三个法案两两比较的结果将是：

A vs B：A 赢 2 - 1

B vs C：B 赢 2 - 1

C vs A：C 赢 2 - 1

此时，只要控制投票的次序就可以让任何一个方案胜出。这种投票者偏好前后一致，但是总体不一致的情况被称为"投票悖论"（Voting Paradox）。正因如此，民主投票会带来投票循环（Cycling）与议程操纵（Agenda Setter；Agenda Manipulation）的问题。

这类问题在民主国家的政坛并不罕见。例如有学者指出,美国宪法第 17 条修正案提出要直接选举美国参议员。该修正案的通过"整整推迟了 10 年时间,原因是国会玩弄花招,出现了维持现状(即由州议会任命参议员)和两种修正案之间的投票循环。"[1]

(2) 阿罗不可能定理(Arrow's impossibility theorem)

1951 年肯尼斯·约瑟夫·阿罗(Kenneth J. Arrow)在《社会选择与个人价值》[2]一书中,采用数学的公理化方法,对通行的投票选举方式能否保证产生出合乎大多数人意愿的领导者,或者说"将每个个体表达的先后次序综合成整个群体的偏好次序"进行了研究。阿罗得出六大标准,这六大标准看似非常合理,社会的选择机制应合乎逻辑,应尊重个人偏好。然而,不幸的是,他的分析却得出了一个令人惊讶的结论:一般说来,要找到一个满足所有这些标准的规则是不可能的。不能指望一个民主社会作出前后一致的决策。

阿罗的结论无疑是颠覆性的,阿罗不可能定理使人们对民主制度的作用能力产生了怀疑。

阿罗(Kenneth Joseph Arrow,1921 年—2017 年),美国经济学家,1972 年诺贝尔经济学奖得主。

---

[1] Blair, Douglas H, and Robert A Plooak., 1983, "Rational Collective Choice", *Scientific American*, 249 (2), pp. 88 – 95.

[2] Schnepp, GJ and Arrow, K. J., 1951, "Social Choice and Individual Values", *American Catholic Sociological Review*, 12 (4), pp. 243.

4. 特殊利益集团（Special Interest Groups）

"特殊利益集团"是指一些有共同政治目的、经济利益、社会背景的团体和个人为了最大限度地实现其共同目的、利益而结成的同盟。特殊利益集团结成联盟进行竞选，发挥的威力可以远远超过其在人口中的比例。因此，在民主投票的制度中，利益集团扮演着举足轻重的角色。然而，利益集团是否能够通过增进集团的利益，进而增进整个国家的利益呢？答案是否定的。

（1）利益集团与财富再分配

奥尔森在《集体行动的逻辑》[①]一书中强调：各种社会组织采取集体行动的目标几乎无例外地都是争取重新分配财富，而不是为了增加总的产出。利益集团降低了社会的经济效率和总产出。

英瑟尔研究了美国的农业援助计划，[②]他想知道这些计划在多大程度上提高了生产效率，又在多大程度上进行了有利于特殊利益集团受益人的财富再分配。他的研究表明，占了补贴比重大头的四个计划在性质上主要都是再分配的。这意味着美国农业援助计划的主要目的是财富再分配。

表 7-1　美国政府的农业援助——促进生产还是再分配？[③]

	生产补贴的等价物（1982—1986 年的平均数）		
	总数	%生产性	%再分配
前 4 位			
糖	77.4	7.9%	92.1%
奶	53.9	7.8	92.2
米	45.0	6.4	93.6

---

① Olson, Mancur, 1971, "The Logic of Collective Action: Public Goods and the Theory of Groups"（Revised edition ed.）, Harvard University Press.

② Rausser, Gordon. C., 1992, "Predatory versus Productive Government: The case of U. S. Agricultural Policies", *Journal of Economic Perspectives*, 6 (3), pp. 133-157.

③ 表中把商品根据"生产者补贴的等价物"（Producer Subsidy Equivalents, PSEs）的顺序进行排列，其定义是农民从公共部门获得的金额占其总收入的比例。

(续表)

	生产补贴的等价物（1982—1986年的平均数）		
	总数	%生产性	%再分配
麦	36.5	13.5	86.5
后4位			
牛肉	8.7	55.5	44.5
大豆	8.5	74.3	25.7
家禽	8.3	65.0	35.0
猪肉	8.5	82.5	17.6

（2）利益集团与选票交易

利益集团之间的利益并非都是对立的，因为各自掌控不同的选票，因此在某些时候进行选票交易能够让双方获利。议员"买来"某些议题的选票，并以其它议题上的选票来进行"支付"。选票交易虽然不一定对一般的市民有好处，但是因为能让利益集团双方均获益，所以在民主投票的国家并不罕见。

费内中研究了美国的一个案例。[①] 20世纪60年代，美国的乡村利益集团和城市利益集团之间有非常大的利益分歧：乡村的利益集团不支持食品券计划，认为直接的补贴更好；而城市的利益集团则反对农业计划，因为它们会抬高食物价格和税收。1964年，众议院农业委员会否决了一项食品券的议案：5个民主党人加上所有14个共和党人站在同一阵线投了反对票。为了让食品券计划顺利通过，民主党领袖于是说服另一个委员会（法案委员会）阻止通过另一个完全不相干的议案（该议案是帮助烟草种植者的）。终于，在农业委员会上，那两位持反对立场的民主党人为了讨好烟草的生产者，放弃之前的立场，变成食品券计划的支持者。

---

① Ferejohn, John., 1986, "Logrolling in an Institutional Context: A Case Study of Food Stamp Legislation," in Gerald C. Wright, Leroy Rieselbach, and Lawrence Dodd (eds.), *Congress and Policy Change*, New York: Agathon Press.

如果食品券和农业补贴（烟草种植者）这两个计划是分别考虑并投票的，很可能都被否决。然而，这两个计划的支持者进行了协议合作，最终使他们想要的议案得以通过。这种策略十分有效，两个计划被捆绑成一揽子的"综合"议案。

5. 民主投票的金钱成本

民主投票制度除了有上述种种困难外，其成本还十分高昂。表7-2显示了美国总统选举的经费。表7-3则显示了2008年各参选人的选举经费。

表7-2 部分年份美国总统选举经费

年份	候选人	选举经费
1860	林肯	10万美元
1952	两党	共1100万美元
1996	两党	共9亿美元
2000	两党	共30亿美元
2004	两党	共50亿美元
2008	两党	共53亿美元

资源来源：Center for Responsive Politics
http://www.opensecrets.org/news/2008/10/us-election-will-cost-53-billi.html

表7-3 美国总统大选各参选人选举经费（2008年）

参选人	募集资金（美元）	花费资金（美元）	选票	平均每票花费（美元）
奥巴马	778642962	760370195	69498215	10.94
麦凯恩	379006485	346666422	59948240	5.78
纳德	4496180	4187628	738720	5.67
巴尔	1383681	1345202	523713	2.57
鲍尔温	261673	234309	199437	1.17
麦金妮	240130	238968	161680	1.48

注：不包括独立支出。
资源来源：Federal Election Commission

由以上两表不难发现，美国总统的选举经费在不断大幅上涨。随着时代的进步，候选人宣传的手法和方式越来越多样化，各种各样的宣传活动都需要投入更多的资金。各候选人为争取选票，到各地进行拉票、宣传、造势。为争取更多的曝光率，不惜巨资进行广告。于是巨大的选举经费源源不断地流入社会的各个生产部门，等同于一次社会收入的再分配。

候选人本身并不拥有如此之多的财富，经费从何而来呢？来自于各大利益集团。利益集团不会做"亏本生意"，他们的投入都是要获取回报的，而回报就是当他们支持的候选人掌控权力后，要通过对他们有利的法案，至于这些法案对整个社会是否有利，他们是不关心的。例如，欧洲的债务危机无法走出困境，实际上就源于这种制度。当经济不景气时，各种资源的价格将会下降，这实际上也就意味着成本的下降，能够使该国的产品重获国际竞争力。然而因为有工会这一利益团体的存在，他们阻止工资的下调与福利的减少，那么在众多生产要素中最重要的生产要素——劳动力价格将无法下降，产品重获竞争力遥遥无期，经济复苏也就近于不可能了。总统会下令解散工会吗？一般不会。因为他（她）的上台仰赖于工会，而且能否连任也在很大程度上取决于工会的选票。像里根和撒切尔夫人那样依靠工会上台，上台后拆解工会力量的总统是非常罕见的，所以他们才能够带来经济复苏。

6. 民主投票的社会成本

为了要赢得大选，每次选举不同党派之间都会互相指责揭短，甚至互爆丑闻与私生活。让社会为此付出沉重代价。例如2016年的美国大选，克鲁兹团队为了战胜特朗普，爆出特朗普夫人的"裸照"，制作成海报并配以字幕"如果不想让 Melania Trump 成为下一个第一夫人，那么周二请投票给克鲁兹"。为了反击对手，特朗普团队则将克鲁兹夫人的照片与特朗普夫人的照片放在一起（前者丑陋，后者美丽），进行宣传："两个形象胜过千言万语（The Images are Worth a Thousand Words）"。后来更是爆出，因为克鲁兹有八位情妇，导致其夫人深受精神方面的疾病困扰，形象才会如此沮丧。[①] 揭

---

① 陈力简：《克鲁兹深陷性丑闻 幕后黑手助特朗普再赢一局》，http://www.guancha.cn/Chenlijian/2016_03_27_355166_s.shtml。

露桃色事件是美国总统大选的杀手锏之一。这种大张旗鼓进行宣传的做法不知道给美国的儿童树立一个什么榜样？对社会道德的伤害又有多大？

大约两千年前，柏拉图、亚里士多德，以及居领导地位的希腊和罗马政治家厌恶多数之治（tyranny of the majority）。在古希腊号称最珍视人类言论自由、最民主的城邦雅典，柏拉图的老师苏格拉底就是由人民按合法程序，经过民主投票审判处死的。在美国经济兴起之前，民主一直都声名狼籍。即使在建国之初，当时美国的上流社会里，"民主"这个词也是充满暴力色彩，所以制宪会议代表中有很多人对民主没有好感，而且大多都大声挞伐民主的罪孽，他们声称制定制度的目的之一是为了限制民主。本杰明·富兰克林说，"我们都遭受过民主带来的迫害和不公正"。制宪会议的汉密尔顿指出，"对群众的要求让步，这是因为对民主精神出奇的暴烈和蛮横估计不足"，"民主是一种疾病，它给予包括分裂分子、敌对势力、邪教集团、野心家们执政夺权提供了合法的外衣。"美国《独立宣言》签名人拉什说："民主是恶魔之最，高喊民主的都是疯狗。"

亚当斯曾经指出："以往所有时代的经历表明，民主最不稳定、最波动、最短命。""记住，民主从不长久。它很快就浪费、消耗和谋杀自己。以前从未有民主不自杀掉的。"在现代社会，民主成为一种所谓的"普适价值"实际上是伴随着美国经济的发展并成为世界一极而被神化。随着中国经济的崛起，以及五千年的文明历史，人们终将更加客观中肯地看待这个所谓的"普适价值"。

（三）独裁制的好处

独裁（Autocracy），也译为专制、专政、权威制，是指由一个拥有无限权力的统治者，以个人意志来进行统治。这个具备无限权力的统治者，称为独裁者（Dictator）。以这种统治方式形成的政治制度，称为独裁政体（Dictatorship）。需要强调的是，在本书中，独裁不带有任何褒义或贬义，只是描述一种客观存在的政治制度，它与民主投票制度不同，不需要多人投票进行决策，决策的权力在独裁者一人手上。《诗经》曰："天无二日，民无二王"，中国古代朝代更迭的政治体制就是典型的独裁制。与民主制度相比，独裁制有其好处也有其坏处。这里的"好"与"坏"是价值判断，而这一价值判断的基础是以交易费用的增减为依据，即能够减少交易费用视为"好"，增加交易费用则为"坏"。

1. 降低交易费用

中国上千年的王朝更迭，实施的都是独裁制。在制度的优胜劣汰中，为什么从未出现过民主制？即使有尧舜禅让、周公辅政，也没有出现过民主制，哪怕是小范围民主制。究竟约束条件是什么？这是非常值得我们思考的。相较民主制，独裁制的最大好处就是能够降低交易费用。各种公众事项由独裁者一人决策，因此免去了投票的环节，与投票相关的各种选举与决策的费用也都相应降低。

另外，社会上对至高权力的争夺也相应减少。李俊慧认为，与民主国家四年一选总统的做法不同，中国古代帝王往往是终身制，继承人的挑选是帝王的家庭内部事务。因此，一方面，更换统治者的频率大大降低，另一方面，即使是权力交接转换，对整个社会的影响也降至最低。而在民主制度下，一到大选，会波及整个社会，可谓全民参与，甚至出现夫妻反目、家破人亡的景象。独裁制将整个社会的交易费用变为了一个家庭内部的交易费用，将社会全员对权力的角逐变为了妻妾子嗣之间的争斗，因而权力更替与交接对社会的影响较小。

值得注意的是，中国古代的独裁制度同时也是嫡长子继承制。[1] 撇开所谓公平的价值观不论，这一制度也在很大程度上降低了交易费用。皇帝在选择继承人时，面临着一大问题：选长还是选贤。其中选贤还包括选择贤能的儿子还是选择贤能的旁人（禅让[2]）。这个问题一直被后世的历史学家们争论不休。从交易费用的角度看，嫡长子继承制是费用最低的制度，与此相反，一旦选贤，费用将大幅上升，因为如何证明"贤能"

---

[1] 李俊慧：《经济学讲义：颠覆传统经济学26讲》，中信出版社2016年版，第560页。
[2] 对于"禅让"之说，早在战国时就有人提出了怀疑。《荀子·正论》说："夫曰尧舜禅让，是虚言也。是浅者之传，陋者之说也。"《韩非子·说疑》说："舜逼尧，禹逼舜，汤放桀，武王伐纣，此四王者，人臣弑其君者也，而天下誉之。"看来，韩非不但不承认有禅让这回事，而且把它说成是弑君夺位。据《战国策·燕策》记载，战国末年的燕国曾经进行过一次"禅让"试验。燕王哙在说客怂恿下，想得到让贤的美名，居然把王位让给宠臣子之。子之杀了反对自己的燕太子，国内大乱，齐国乘机伐燕，哙和子之都被杀，燕几乎覆灭。在纵横捭阖的战国史上，留下千古笑柄。

是一个庞大复杂的工作。清朝的九王夺嫡就是一个很好的例子。康熙四十七年，胤礽被废太子，引起众位阿哥对太子位置的觊觎。一旦不选长子，而是要选贤能的人，那么如何确定选贤的游戏规则呢？九个皇子均认为自己是贤能的人，皇帝又该如何判断呢？九王夺嫡给社会带来剧烈的动荡。嫡长子继承制则能够有效降低这些不安定因素。与此同时，为了要降低嫡长子成为昏君的可能性，中国古代推崇儒家思想，如勤政爱民、任人唯贤、和睦相处、以德服人的道德规范等，让皇子皇孙们从小就接受仁爱之治、以德治国的价值观。由此可见，中国的道德体制与政治体制是一脉相承的，能够在很大程度上减少社会的交易费用，同时又降低出现昏君的概率。①

中国具有五千年的农业文明历史，即使到了清朝末年，依然是全世界最富裕的国家。中国诸子百家的哲学思想，各种艺术绘画、石器雕刻所到达的层面领先于欧洲数世纪。虽然从鸦片战争至今的140年里，受到工业文明的冲击，农业文明效率较低，但是在历史的长河中，100多年是可以忽略不计的。中国的经济崛起显然已经带来了文化的复兴。然而可悲的是，140年的经济衰退让国人丧失了自信心，学习西方成为了主流价值观。近现代以来西方各种理论的冲击虽然打开了我们的视野，但学习往往只停留在价值观的层面，鲜有国人运用科学的方法审视自己的历史：为什么中国古代的制度会是这个样子？又何以延续几千年？这是一个科学的问题。

2. 开明专制是最好的制度

许多西方学者认为，由仁慈的独裁者（benevolent dictator）掌权的政治制度是最好的制度。对此，中国的历史证伪了这一论点。仁慈的君王不一定是好的君王，而明智的君王才是好的君王，由他带来的开明专制才是最好的制度。

举例而言，明宪宗纯皇帝朱见深（1447—1487）是明朝的第八位皇帝，十分仁慈，口碑极好。曾留下《一团和气图》《元宵行乐图》与《岁朝佳兆图》等名画。其中《岁朝佳兆图》更是国宝级的艺术珍品。明

---

① 李俊慧：《贸易的真相：重新理解国际贸易10讲》，中信出版社2015年版，第32页。

成化十七年（1481年），江浙、山东、四川等地连遭天灾，农田里颗粒无收，百姓相继出走逃难，流离失所。面对突如其来的灾难，宫殿里的朱见深心急如焚。此时，有大臣来报，驻扎在北方边境的蒙古族瓦剌部落屡次骚扰明朝，甚至逼近京师了。面对内忧外患，朱见深焦头烂额。此时正值岁首，他想不出什么退敌安邦之策，却走进书房画下了《岁朝佳兆图》，指望这幅画能保佑大明天下岁朝出现好兆头。这幅画的背景中隐约有一只蝙蝠，喻意福字当头，岁朝美好。主要人物是钟馗和小鬼，钟馗面似锅底，须髯如虬，破帽蓝袍，右手拿着一个如意，威武严峻，气势凛然。一个小鬼紧随左右，双手托盘高举，盘内放着柏枝和柿子，代表宪宗皇帝希望百事如意。不能说朱见深是一个好皇帝，作为一个仁慈的皇帝，他能做到的仅此而已。试想如果这种情况发生在唐太宗李世民身上，他一定会让尉迟敬德与李靖负责退敌，房玄龄和魏征负责赈灾，长孙无忌负责统筹与监督，平定内忧外患。

中国历史上有成就的帝王均非仁慈之人。例如带来贞观之治、开启大唐盛世的唐太宗李世民，在玄武门事变中，绝地反击、杀兄弑弟，终继大统，登基为皇。带来开元盛世的唐玄宗李隆基也是靠政变上台，诛杀太平公主及其党羽，毫不留情，上台后又贬逐功臣，干练果断。还有秦始皇嬴政、汉武帝刘彻、康熙、乾隆等等，他们并不仁慈，但是十分明智，知道怎样才能够选择合适的人，进行怎样的管理，让经济发展，百姓安居乐业。他们也必须知道大臣们的各种关系与利益，进行制衡，绝不牺牲国家的利益来成就利益集团。

许多人认为独裁者一定不管民意，这种理解是十分片面的。皇帝勤政的现象在中国历史上十分普遍。例如"传国玺"（又称"传国玉玺"）据说是中国历代皇帝相传之印玺，乃奉秦始皇之命所镌，被视为王朝正统的象征。上面篆刻的是"皇天景命，有德者昌"——这是历代帝王的座右铭，带有强烈的儒家道德制色彩。汉朝开国皇帝刘邦所建未央宫，其名字"未央"二字来自于《诗经·小雅·庭燎》①，是为了时刻提醒后

---

① "夜如何其？夜未央，庭燎之光。君子至止，鸾声将将。夜如何其？夜未艾，庭燎晰晰。君子至止，鸾声哕哕。夜如何其？夜乡晨，庭燎有辉。君子至止，言观其旂。"

世子孙像周宣王一样勤政。《资治通鉴》（卷196）曾经记述过唐太宗李世民的一段话："上曰：人主惟有一心，而攻之者甚众。或以勇力，或以辩口，或以谄谀，或以奸诈，或以嗜欲，辐凑攻之，各求自售，以取宠禄。人主少懈，而受其一，则危亡随之，此其所以难也。"这段话讲的是君主面对各种利益集团时，需要靠智慧时刻降低信息费用，否则危在旦夕。无独有偶，清朝雍正帝刻有多枚"为君难"的印章，他对臣下说："为君难，为臣不易，但知难诸事是矣。为君为臣原是一苦境，不过尽此天地父母所生之身，利益社稷苍生，造他日之福耳。"雍正帝"以勤先天下"，不巡幸，不游猎，日理政事，终年不息，现存雍正朝满汉文奏折合计总数为45005件。①

比起民主制度下的总统，一个明智的独裁者更有可能以国家大局为重，所谓普天之下莫非王土，率土之滨莫非王臣，锦衣玉食，后宫三千，他们什么都不缺，更不需要去讨好选民与利益集团，唯一需要的就是励精图治、名垂千古。因此，开明专制是迄今为止人类历史上交易费用最低、效率最高、最能够提升人们生活水平的制度。

（四）独裁制的弊端

独裁制度能够节省交易费用，在很多组织中都显示出其非凡的效率，例如军队组织、企业组织。② 既然政府也是一个组织，那么从管理的角度看，独裁与民主均是可选择的管理方式。关键要从边际上看，哪种费用更低、效率更高。

从中国的历史来看，独裁制的弊端主要是当遇到昏君时，更换的费用高昂，往往要依赖农民起义，通过战争来结束昏君的统治。而在这方面，民主制就有其优势了。民主制度选举出来的不一定是明智的总统，③

---

① 《雍正朝汉文朱批奏折汇编》一书从1989年开始分批陆续出版，全书共40册。《雍正朝满文朱批奏折全译》，中国第一历史档案馆译编，黄山书社1998年版。中国第一历史档案馆编：《雍正朝汉文朱批奏折汇编》，江苏古籍出版社，1989—1991年。

② 具有20世纪全球第一CEO之称的韦尔奇（Jack Welch）据说就是非常独断专行的人。他可以在几分钟之内否决下属备战几星期的可行性报告。

③ 希特勒就是在1932年德国总统选举中以1900万选票当选的。近年来美国的小布什与奥巴马也是非常平庸，2016年底选举出的总统特朗普更是被曝有精神病。

但是过一段时间后可以再选。因此，一旦出现昏君，民主制下更迭的交易费用会比独裁制更低。

从长远来看，这两种制度的成本在边际上我们可以这样比较：

第一，民主制下选举的成本，与爆发农民起义给社会带来的成本究竟孰高孰低？例如，假设农民起义发生的概率是 a%，发生一次给社会带来的平均成本是 C_m，民主制下的四年一选的平均成本是 C_d。以 n 年来看，

$$C_{独裁} = C_m \times n \times a\%$$

$$C_{民主} = \frac{n}{4} \times C_d$$

$C_{独裁}$ 与 $C_{民主}$ 究竟是孰高孰低呢？

第二，民主制度下选举出明智总统的概率 $P_{民主智}$ 与独裁世袭制下出现明君的概率 $P_{独裁智}$ 比较，以及民主制度下选举出蠢总统的概率 $P_{民主昏}$ 与独裁世袭制下出现昏君的概率 $P_{独裁昏}$ 比较。

从中国五千年的文明史来看，独裁不见得是个"坏"制度。从亚当斯密优胜劣汰的思想来看，即使我们还不清楚具体约束条件是什么，但是可以知道的是，这种制度肯定是"自然选择"的结果。自 1840 年开始，中国经济一蹶不振直至 1978 年。中国农业文明的衰败与科学有关，西方的科学带来了工业的发展。中国的改革开放，邓小平的务实作风，让中国经济再次崛起。然而，学术的发展却还停留在价值观层面，不少学者认为近代中国的落后与其政治体制有关，站在价值观的角度不断批评旧有制度，却没有用科学的方法来分析：为什么中国会有这种制度？为什么这种制度会存在这么长的时间？具体约束条件是什么？这种制度的正负交易费用究竟是什么？如果没有搞清楚这些问题，无视中国特定的约束条件，冒然学习西方的民主制度，其结果一定是水土不服，淮橘成枳。

五、总结：政府出现的原因

在交易费用的约束下，市场的价格机制无法提供某些物品。不使用

价格机制，必定会出现其他竞争准则。换言之，虽然在众多的竞争准则中，"价高者得"是唯一没有浪费、能够最准确反映消费者偏好（边际用值）的准则，然而，在交易费用的约束下，这一准则并非时刻都能使用。政府这一组织的出现，就是为了降低市场提供某些物品的交易费用。

政府的本质与公司的本质是一样的，都是某种合约链条连接而成的组织，都可以降低市场的交易费用。政府这一组织的形式既可以是民主制，也可以是独裁制。根据经济学的原理，采用哪种方式，是自利人争取局限条件下的最大化利益的结果。只要知道具体的交易费用约束，就可以推断哪种方式会被采用。这就是经济学中交易费用理论所提供的"政府出现的理由"。

政府的出现原本是为了降低市场的交易费用，然而它一旦建立，就会偏离这一准则，以各种借口扩大其收支，增加其利益。凯恩斯的国民收入理论、庇古的外部性理论等等能够大行其道，虽然一次次被证明为错，却一次次死灰复燃，就是因为它们能够为政府扩大开支寻找到借口。教育、医疗、保险等等各种物品，市场均能够比政府以更低交易费用提供，而如今无论在发达国家，还是发展中国家都由政府广泛供给。毫无疑问，社会的交易费用因此而上升。这也是西方发达国家近年来经济衰退的根本原因。

从一个更深层次的角度看，不同的交易费用约束 TC 会带来不同的制度（合约结构），而不同的制度又将决定不同的交易费用水平 TC′。值得注意的是，制度选择的交易费用约束 TC 一定是最小值（符合自利人假设），但它带来的结果 TC′ 却不一定是最小值，因为它是 TC 约束下的结果。从人类的发展过程来看，TC′ 增加的实例不胜枚举，[①] 它甚至可以大到使人类灭亡。[②] 具体而言，政府的出现是交易费用最小化的选择，然而，"政府组织"一旦出现，它所带来的交易费用却可能大到足以让经济崩溃、民不聊生。

---

① 例如在某些交易费用约束下，中国出现过计划经济，计划经济带来的交易费用巨大。当邓小平进行改革开放时，交易费用约束产生变化，价格机制得以运用，整个社会的交易费用因而下降。

② 张五常：《收入与成本》，中信出版社 2011 年版，第 245 页。

经济学的分析不允许有价值判断，因此本书客观分析了民主制度与独裁制度的各自的交易费用。民主制度随着美国经济的雀起而被各国仿效，然而迎来经济繁荣的国家却寥若晨星。美国经济的崛起与它的民主制度无关。由科斯定理可知，是《权利法案》中界定私有产权的相关条款带来了价格机制与经济发展，而民主制度内在的弊端，以及对私有产权的破坏是将它推向经济衰退的罪魁祸首。"胜者为王，败者为寇"是亘古不变的真理，只要中国经济继续过去三十年的发展速度，将来全世界都会像效仿美国一样地效仿中国，放弃所谓"民主"的普适价值观。中国人创造了五千年辉煌的农业文明，为什么从未出现过民主制？它所面临的特定交易费用究竟是什么？这些问题如果没有清楚解答，就无法得出我们需要学习民主选举制度的理由。

"政府"与"市场"是不同合约形式的选择，"民主制"与"独裁制"也是不同合约形式的选择，经济学的交易费用理论能够帮助我们看清这些选择的边际成本，从而得出准确的推断。

第八章 收入再分配

收入分配不公平是一个全世界都关心的问题。联合国开发计划署每年都会发表《人类发展报告》。以 2006 年 11 月 8 日发布的《2006 年人类发展报告》为例，数据显示，全球贫富差别仍在扩大，无论在国与国之间还是在一个国家内部都是如此。

- 人类发展指数排名第一的挪威比排名最后的尼日尔人均富裕程度高 40 倍；
- 全球最富裕的 500 个人的收入，超过了最贫穷的 4.16 亿人的总收入；
- 在波利维亚，最富裕的 20% 人口的人类发展指标与波兰一样，最贫穷的 20% 人口的人类发展指数只相当于巴基斯坦的水平，而这两个国家在全球人类发展指数排名中差距达 97 位；
- 在美国，差距也是惊人的。它最富裕的 20% 人口人类发展指数与世界最高的挪威一样，而最穷的 20% 人口只相当于排名第 50 的古巴。

当看到这些数据时，人们难免有一种劫富济贫的冲动，会认为这个世界太不公平了，应该进行收入再分配缩小收入差距。然而，科学的问题是：收入分配是如何形成的？为什么政府应该进行收入再分配？政府有哪些政策措施与收入再分配有关？其结果如何？本章将对这些问题进行逐一分析。

一、什么是收入分配

在经济学中，传统的收入或财富分配理论是以没有政府干预为前提的。而"再分配"则是指政府主导的、在市场分配的基础上进行的第二次分配了。

关于收入分配（Distribution of Income）理论，经济学历经了数代人的努力有了可观的成果，大致有三个阶段两次飞跃。收入分配理论始于冯·杜能提出的边际产量下降定律，后来经过马歇尔的发扬，成为了边际产出理论（marginal productivity theory）。该理论能够用来解释"不同生产要素的拥有者会怎样摊分合作产出的收入"。然而，马歇尔的理论没有考虑时间的代价。20世纪30年代利息理论的大师欧文·费雪弥补了上述理论的不足，实现了收入分配理论的第一次飞跃。费雪认为，利息是提前消费之价，也是投资在边际上的回报，与收入相关。而年金收入以利率折现就求得财富。利息的产生要有市场，即使没有交易费用，也一样存在利息。因此，人与人之间的收入分配与财富分配是同一个概念。换言之，马歇尔的边际产出理论与费雪的利息理论双管齐下地解释了人与人之间的收入分配与财富分配。

然而，上述研究均漠视了一个重要的约束条件——交易费用。张五常教授的《佃农理论》引入的交易费用约束，指出在权利界定相同的情况下，不同的交易费用将会决定人们选择不同的合约形式，虽然合约形式不同，却有大致相同的收入分配效果。交易费用的加入，让我们对收入分配有了更深刻的认识。

到此为止，经济学对收入分配已经有了比较圆满的解释。然而一些学者认为这是不足够的，对收入分配还应加入"价值判断"，即什么是"对的"、"好的"收入分配。一旦加入价值判断，政府便有了用武之地——市场完成的收入分配是"不好"的，应由政府进行收入再分配，使收入的分配更加"合理"。由此可见，要研究收入再分配，价值观的加入是无法避免的。传统经济学的实证问题("为什么市场完成的收入分配会是这个样子")变成了规范问题("合理的收入分配应该是什么样子")。因此一些经济学家提出置疑:经济学是不应该染指"收入再分配"话题的,因为科学无法对什么是"对的"提供理论依据(No scientific basis for the "right" distribution)。

即便如此,在公共经济学中收入分配还是被许多经济学家重视,他们计算收入分配差距的原因不是为了解释世界,而是为了政府可以有所作为。其潜台词是:"市场的收入分配是不合理的,应由政府来进行再次分配。"而政府进行再分配的目的往往是为了"消减收入分配的差距,让社会更加公平"。在第3章中,本书已经说明没有明确的公平准则,但是公平口号还是很有号召力的。在具体操作时,政府的做法是"从富人口袋里掏出钱来,放入穷人的口袋"。这一过程至少涉及到六个问题:(1)哪些是富人;(2)从富人口袋里掏钱的方法与效率损失(在税收部分中探讨);(3)富人的行为会发生哪些变化;(4)从富人口袋里掏出的钱究竟有多少能够到穷人手中(在扶贫部分中探讨);(5)哪些是穷人;(6)穷人的行为会发生哪些变化。不难发现,收入分配理论是整个政府收入与支出理论的基础,为目前大政府下的公共经济研究起提纲挈领的作用。

二、衡量收入分配的指标及其存在的问题

(一)衡量收入分配的几种方法

1. 不同收入水平群体所占社会财富的比重

在这种方法中,先将社会的群体按照收入水平进行划分,例如最穷(占人口的1/5,或20%),次穷(占人口的1/5,或20%),中等水平(占人口的1/5,或20%)、次富裕(占人口的1/5,或20%),最富裕(占人口的1/5,或20%),然后看每一组人的收入占全社会收入的百分比。其中,最富裕的5%往往是人们最关注的对象,看看最富裕的这个群体占总收入的比重,见表8-1。

表 8−1　美国家庭的收入分配情况

年份	百分比					
	最低的 20%	次低的 20%	中间的 20%	次高的 20%	最高的 20%	最高的 5%
1967	4.0	10.8	17.3	24.2	43.6	17.2
1977	4.2	10.2	16.9	24.7	44.00	16.8
1982	4.0	10.0	16.5	24.5	45.0	17.0
1987	3.8	9.6	16.1	24.3	46.2	18.2
1992	3.8	9.4	15.8	24.2	46.9	18.6
1997	3.6	8.9	15.0	23.2	49.4	21.7
2002	3.5	8.8	14.8	23.3	49.7	21.7
2004	3.4	8.7	14.7	23.2	50.1	21.8

资料来源：U. S. Census Bureau, *Current Population Survey*, Annual Social and Economic Supplements

数据来源：http://www.census.gov/hhes/www/income/histinc/h02ar.html

注：这些数字不包括实物转移。

由上表不难看出，在美国最贫穷的 20% 家庭获得社会总收入大概为 4%，而最富有的 20% 家庭获得社会总收入大概为 50%。而且这种差距在不断加大，即最贫穷家庭所获得的份额在不断减少，最富裕家庭的份额在不断增加。最富裕的 5% 家庭所占社会总收入比重也在不断增加。

运用这种指标来看，中国的情况又怎样呢？最贫穷的 1/5 家庭获得社会总收入大概为 10%，而最富有的 1/5 家庭获得社会总收入大概为 22%。中国贫富差距的情况似乎没有美国严重。表格显示，随着时间的推移，这种差距也在不断加大。值得注意的是，中国最富裕的 5% 家庭，所占比重到 2003 年已高达 40%。

表 8−2　中国家庭的收入分配情况

年份	百分比				
	最低的 20%	次低的 20%	中间的 20%	次高 20%	最高的 20%
1987	12.6	16.3	19	22.3	29.8
1994	6	11.2	15.8	22.6	44.5

(续表)

年份	百分比				
	最低的20%	次低的20%	中间的20%	次高20%	最高的20%
1998	10.4	14.3	18.3	22.8	33.8
2001	9.4	13.9	17.9	22.9	36
2003	7.6	12.4	16.8	22.7	40.6

数据来源:《中国统计年鉴》

2. 根据收入区间来看家庭的数目百分比

如果换另一种统计方法,可能会得出不一样的结论。例如,在以下这种统计方法中,收入被划分为不同的区间,然后对应地看在每个区间家庭数量的比重。从表8-3不难看出,美国年收入在5000美元以下的家庭比重在不断减少,从1967年的5.3%到2003年的3.4%,而年收入在10万元以上的家庭数目则在不断增加,从1967年的3.4%到2003年的15.1%。

表8-3 美国收入分配的变化(家庭收入,单位:美元)

$	百分比								
	5000以下	8000—9999	10000—14999	15000—24999	25000—34999	35000—49999	50000—74999	75000—99999	100000以上
1967年	5.3	8.6	7.8	14.9	16.2	22.3	16.7	4.8	3.4
1980年	2.8	8	8	14.3	14	17.9	20	8.6	6.3
1990年	2.9	7.1	7	13.6	12.9	17	19.2	10	10.3
2000年	2.8	5.5	6.7	12.5	12.3	15.2	18.6	11.3	15.2
2001年	3	5.5	6.8	12.9	12.1	15.2	18.4	11.2	14.9
2002年	3.1	5.7		12.9	12.2	14.9	18.2	11.2	14.7
2003年	3.4	5.6	6.9	13.1	11.9	15	18	11	15.1

资料来源: Income, Poverty, and Health Insurance Coverage in the United States: 2003.

3. 其他指标及置疑

除了上述两种计算方式外,人们还会采用同一时间、不同地区间的收入差异进行比较,借以说明地区间的收入分配差距大。如图8-1。然而这些比较是非常片面的。例如上海的城镇居民人均可支配收入高达36000元，而西藏只有13000元，这一数字能够说明什么呢？上海的物价（尤其是房屋价格）是远远高于西藏的，只看收入一方，而不看生活成本，很难比较两地不同收入、甚至是相同收入的购买力。上海的收入水平高，但是生活成本更大，生活压力大；西藏收入水平低，但是生活成本低，也更加闲适。

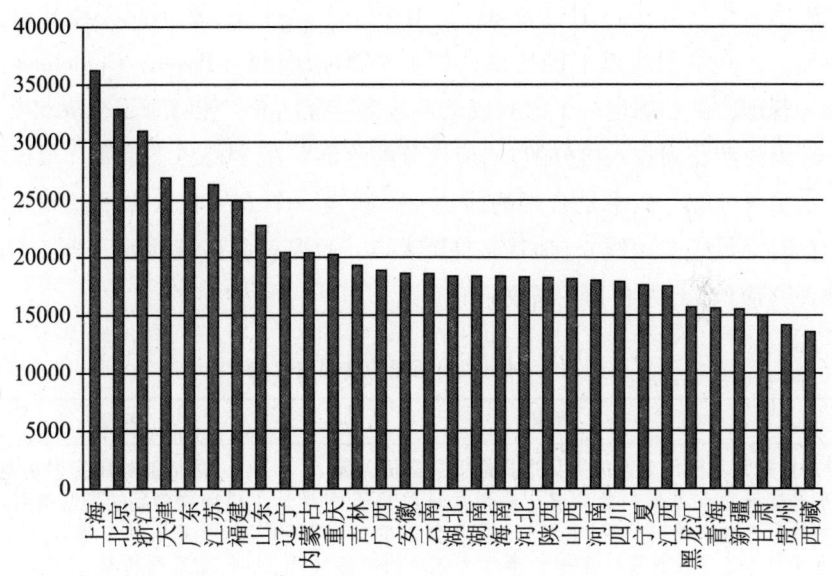

图 8-1　2011 年全国各省区城镇居民人均可支配收入（单位：元）

资料来源：国家统计局山西调查总队，http://www.nbs-sosn.cn/index.aspx?menuid=3&type=articleinfo&lanmuid=13&infoid=588&language=cn

如果采用规范分析，必须要确定什么是"合理"的收入分配。在确定什么是合理之前，还必须确定如何衡量收入分配。然而，不同的统计方法得出的收入分配结论不同。上述两种统计方法所揭示的收入分配结论相反——第一种反映出收入分配更加不公，而第二种则体现出更为公平。究竟应如何看待这种差别呢？实际上，我们并没有找到一种可以客观统计收入分配的方法，即使有，在实际调查中也会面临众多操作上的技术难题。例如中国农民的收入如何统计？农忙时在田间，农闲时往往外出打工，怎样才能够了解他们的真实收入呢？

（二）贫困线

1. 贫困线的计算

要进行收入再分配，其中一个重要环节是确定谁是穷人，于是有了贫困线。贫困线（poverty line）是一个明确的收入水平，这个水平的收入刚刚能够满足最小的基本生存需求。在美国，有两种贫困线指标：（1）贫困阈值线（Poverty Thresholds），用于统计，例如计算不同人种（白人与黑人）在贫困线以下的比例；（2）贫困指南线（Poverty Guidelines），用于管理，例如确定一个家庭或个人是否符合标准，能够享受救济。①

因为涉及到收入再分配，"应该分配给谁"就变得异常重要。根据收入水平来分配，似乎是合理的做法——即当一个人的收入水平低到无法生存时（低于贫困线），他就是贫困人口，政府就应该帮助他。暂且不论是否"应该"，先看看各国政府的实践。

表 8-4 中美两国的贫困线比较

中国	美国
1. 根据营养部门专家的意见选择最低热量摄入量。根据营养学会专家们的测算，我国居民维持正常生活的热量日摄入量应为 2400 大卡，其最低限度应为 2000 大卡，考虑到农村居民主要从事体力劳动的实际情况，选 2100 大卡作为最低热量摄入量。	1. 估算能够满足营养标准所需食品的最低费用。先以每人每天需要 2100 卡路里维持最基本的生存计算，算出每人每年消耗的卡路里总量。
2. 选择合理的基本食品消费项目和数量。根据 1984 年全国农村住户调查资料，去掉食品消费中烟、酒、糖果和糕点等有害性和享受性消费项目，保留 12 类必需的食品消费项目，再按每人每天摄入热量 2100 大卡计算，其基本食品消费项目和数量（每人每年）：粮食 220 公斤、蔬菜 100 公斤、植物油 2.45 公斤、动物油 1.36 公斤、猪肉 87 公斤、牛羊肉 0.54 公斤、牛羊奶 0.75 公斤、家禽 0.74 公斤、蛋类 13 公斤、鱼虾 0.96 公斤、食糖 1 公斤、水果 3 公斤。	2. 计算几种便宜的能提供足够的卡路里的食物数量。

---

① 资料来源：United States Department of Health and Human Services，http://aspe.hhs.gov/poverty/contacts.shtml。

(续表)

中国	美国
3. 结合调查得来的相应价格水平，计算最低食品费用支出。 凡是出售的产品按出售价格计算，凡是购买的产品按买价计算，对于农民自产自用的产品，则按国家牌价计算。依次计算出来的12种基本食品消费的混合平均价格（每公斤）为：粮食0.3元、蔬菜0.21元、植物油1.9元、动物油1.4元、猪油1.85元、牛羊肉2.47元、牛羊奶0.4元、家禽2.84元、蛋类2.06元、鱼虾1.14元、食糖0.94元、水果0.55。最低食品费用支出，是各项食品消费量和相应混合平均价格计算的最低食品消费额之和。据计算，1984年农民人均最低消费金额为119.73元。	3. 计算出在当时物价水平下，能购买这些食物的美元数。
4. 用最低食品费用支出除以基本食品支出的比重，所得即是贫困线。 根据对1984年全国农村居民的消费结构以及恩格尔系数在我国农村的适用性分析，基本食品支出占总的生活消费支出的比重定为60%。1984年农村居民的贫困线119.73元除以60%，为199.6元。	4. 计算不同规模家庭中用于食品消费的收入比例，约为1/3（"恩格尔系数"）用这一比例系数的倒数乘以最低食品费用，得出的数值即为贫困线收入水平。
5. 1984年农村居民贫困线确定后，再根据农村物价指数的变化，计算出1985年以后各年的贫困线。 1985年为206元，1986年为213元，1987年为227元，1988年为236元，1989年为259元，1990年为268元。到1995年这一标准为530元。	5. 直接计算出1个人和2个人的家庭的贫困线，从3个人的家庭开始，家庭人数每增加一人贫困线增加一个固定的边际数。

注：中国的贫困标准有两个，一个是贫困人口的标准，一个是贫困县的标准。中国第一次确定贫困县是1986年，其标准是：以1985年统计数字为基础，农村人均年纯收入低于150元的县、低于200元的少数民族自治县，对中国革命作出过巨大贡献、在国内外有较大影响的老革命根据地（如延安、井冈山、沂蒙山）放宽到300元。

资料来源：Fisher, Gordon M., 1997, "The Development and History of the U. S. Poverty Thresholds —A Brief Overview Department of Health and Human Services".
http: //aspe. hhs. gov/poverty/papers/hptgssiv. htm.
http: //www. southcn. com/news/gdnews/sz/gdfp/jbzs/200510130376. htm.

2. 贫困线计算方法的置疑

从表8-4不难看出，中美两国划分贫困线的方法如出一辙。这一计算方法是否科学合理？贫困线在计算过程中又存在哪些问题呢？

（1）计算方面的随意性

从上文的计算过程不难看出，无论是对热量的计算、食物品种的选择、价格的确定还是食品支出比重的确定，都非常随意。既忽视个体的差异，也罔顾不同地区、不同时间的价格差异。举一个简单的例子，近年来物价指数在上升，然而水果相对于蔬菜的价格在下降，肉类的价格也在下降，贫困线是否应该调整呢？

（2）收入的计算过于简单

如何计算收入是非常复杂的事情。是仅仅计算现金收入，还是可以将其他收入折合？例如一位农民自己消费自己产出的粮食，此时因为没有拿到市场上卖，所以没有货币收入，但实际上他的收入不为零，而是产出的粮食。再例如，农村妇女在家做家务，收入也为零，她到市场上找工作收入就不为零了。我们要问的是，她为何选择在家做家务而不选择到劳务市场上出卖劳动力呢？答案一定是在家劳作的收入更高，此时的收入就是指节省请人做家务的成本了。① 例如在广州的城中村，因为祖上留下了一幢房子，许多人选择把多余的房屋出租，选择不工作。然而出租收入政府难以认定，所以这些人一方面可以收着高额房租不工作，另一方面却向政府领取救济。由此可见，收入计算不是一件简单的事情，但是在确定贫困线时，政府将其武断地简化了。

（3）没有涉及时间标度

根据欧文·费雪的利息理论，人与人之间的平生消费意欲图案（time shape）是非常不同的。有些人花钱大手大脚，"今朝有酒今朝醉"，有些人花每分钱都要算计，以备不时之需。这两类人的平生消费量（或财富）也许是一样的，但是前者更有可能获得政府的再分配，而后者则没有。例如假设甲乙两人一生的收入折现后总财富相同，甲年轻时挥洒生命，到处旅游，而乙则勤奋工作，惜金如命。在现实中，甲因为不工作会得到政府的救济，而乙则不会。计算贫困线时，政府究竟是否应该考虑这些因素，从而确定计算收入的时间标度呢？而这种时间标度又该如何确

---

① 科斯认为，收入与成本是一枚硬币的两面。

定呢?

（4）忽略观察对象的差异性

"观察对象是以个人为单位还是以家庭为单位?"，这在美国引起相当多的争论。如果以个人为单位，试想许多富裕家庭的女主人不出去工作，收入为零，是否属于贫困呢？如果以家庭为单位，如何确定家庭成员也是非常困难的事情。

鉴于贫困线的划分存在上述问题，世界银行在《1990年世界发展报告》中将贫困界定为"缺少达到最低生活水平的能力"，而诺贝尔经济学奖获得者阿玛蒂亚·森则认为贫困实际上是贫困人口创造收入的能力和机会的匮乏和不平等。这两类定义则更加含糊不清，难以操作了。除此以外，在统计贫困人口的时候，也存在着是以收入作为标准，还是以消费作为标准的问题。还有一些国家不管物价走势和经济发展状况，把20%最低收入人口作为扶贫对象，采用一种相对贫困的判断标准。无论如何，正是因为存在着统计上的困难，所以出现了种种数字争议，[①]与各种置疑贫困线的呼声。[②]本书认为，除去那些武断的、"应该增加贫困线XX倍"的价值观判断，世行的标准也欠缺合理性与科学性，各国的情况差异大，哪怕是一个国家之内，不同地区的生活特点与物价特点也各不相同，参照"国际标准"是无从谈起的。如何确定贫困人口，这在经济学中还没有出现一个客观可行的标准。

三、收入再分配的理论依据及其批驳

"应不应该进行收入再分配?"这是一个规范问题，前文已经论述，持科学态度的经济学家不会研究此类问题。政府想要进行收入再分配，原因也许是为了帮助穷人，但更有可能是其他原因（见后文）。政府需要一个理论来论证"应该进行收入再分配"，即回答"为什么政府应该进行收入再分配呢?"

[①] 如2004年，国务院扶贫办提供的数字是2900万，世界银行提供的数字是2.1亿。
[②] 例如有人建议现有贫困线应至少提高一倍至2400元以上，见《东方早报》，2011年3月3日。还有人认为我国贫困线是国际绝对贫困标准的22.2%，明显偏低。

在历史上，政府为了多支出、多占社会资源搬出了凯恩斯理论，即使凯恩斯理论被现实中的"滞胀"现象所证伪，依旧一次次死灰复燃。那么在收入再分配问题上，经济学家们又为政府提供了哪些理论依据，而这些依据是否能够站得住脚呢？

（一）简单的功利主义观点

持"简单的功利主义观点（Simple Utilitarianism）"的学者们认为，社会总效用取决于每个人的效用，可用方程表示为：

$$W = F(U_1, U_2, \cdots, U_n)$$

具体而言，每个人的效用如何变为社会总效用呢？简单的功利主义者认为，是将每个人的效用进行简单加总：

$$W = U_1 + U_2 + \cdots + U_n$$

这种特殊的函数形式被称为"可加性的社会福利函数"（An Additive Social Welfare Function）。要使用这一函数，还需有三个假设：

（1）效用函数仅仅依赖收入，而且全社会各成员效用函数相同。
（2）收入的边际效用递减。
（3）社会总收入固定

那么，这个"可加性的社会福利函数"是如何为政府再分配提供理由的呢？分析如下：假设一个社会只有甲乙二人，他们二人的收入之和构成社会总收入，他们的边际效用如图所示。一开始，没有政府介入时，市场完成的收入分配在 a 点，甲拥有 oa，乙拥有 o′a。如果政府进行收入再分配，使甲拥有 ob，乙拥有 o′b，那么甲所增加的总效用是 abfe，乙所减少的总效用是 abdc，社会增加净效用 cdfe，即全社会的福利增加了！什么时候社会增加的福利达到最大化呢？Id*点。因为甲乙二人的边际效用曲线相同，所以 I* 也是 oo′ 的中点，这意味着收入在甲乙两人之间平均分配。

简单的功利主义者的观点认为，因为收入再分配能够提高整个社会的福利水平，所以政府应该进行收入再分配。而且应该让社会上的每个人拥有平均的收入，即对收入进行完全的平均分配。

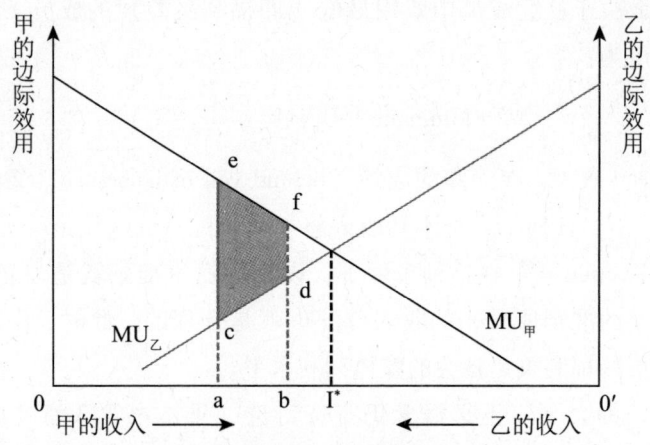

图 8-2 收入再分配的边际效用分析

简单的功利主义者的研究结论让人匪夷所思,究其错误的原因有四:

第一,社会各个成员不可能拥有相同的效用。

第二,效用不是基数,不能够相加或相减。① 根据上个世纪经济学家们的辛苦耕耘,效用不代表快乐、不是一个心理单位,仅仅代表了偏好的排列。因此,它只能够是序数而非基数。

第三,正是因为效用是序数是排列,因此人与人之间的效用是不可以进行比较的。

第四,一旦进行收入再分配,总收入水平不可能不变。正如中国人民公社所表明的经验显示,一旦搞平均主义,每个人多做少做都一样时,社会总财富会大幅下降,没有人有动力去创造财富。换言之,当"蛋糕"切法不对时,"蛋糕"的规模会大幅缩水。

因此,简单的功利主义观点无法为政府的收入再分配政策提供可靠的理由。

(二)最大最小标准

最大最小标准(The Maximin Criterion)来自于罗尔斯,他认为社会

---

① "一磅面包的效用数字是四,一安士牛油的效用数字也是四,二者同吃,其效用数字会大于八。一杯咖啡的效用数字是四,一杯茶的效用数字也是四,二者同喝,每杯的效用数字会小于四。"——张五常:《经济解释·第一卷·科学说需求》,中信出版社 2010 年版,第 116 页。

福利仅仅取决于社会成员中效用最低（即福利最差）的成员，因此社会福利函数应为：

$$W = \text{Minimum}\ (U_1, U_2, \cdots, U_n)$$

罗尔斯[1]认为，在无知的面纱（behind veil of ignorance，又译为"无知之幕"）下，任何个人都不知收入将如何分配——这就是"原始状态"（Original Position）。[2] 在这种条件下，设计的竞争准则就是"正义"的，而这种正义的准则所带来的收入分配也就是合理的。此时，由社会中福利最差成员的福利决定社会的整体福利水平。

罗尔斯的公平、正义概念仍有待讨论（见本书第 3 章"福利经济学"中对公平准则的讨论），而在现实中，"无知之幕"根本就不存在，各种规则的制订与实施，均为不同人对各自利益角逐的结果。由社会效用最低的人决定整个社会的福利水平却显然是错的，并且可能带来可怕的后果。例如政府为了提高社会最差个体的福利水平，甚至可以牺牲全社会绝大多数人的利益，这合理吗？在人民公社的中国，为了消灭差距，让最差的个体也能够有饭吃，政府实施了"大锅饭"，这使得多劳多得的人丧失积极性，每个人都等待成为最差的人，从而受到政府的"眷顾"，最终结果一定是不再有人创造财富，整个社会严重租值消散。

（三）帕累托有效的收入再分配

持"帕累托有效的收入再分配（Pareto Efficient Income Redistribution）"观点的人认为，政府的再分配政策是能够带来（帕累托）效率的。他们假设富有阶层的效用与贫穷阶层的效用有关，如下式所示：

---

[1] Rawls, John. Bordley., 1971, "A Theory of Justice", Cambridge, Massachusetts: Belknap Press of Harvard University Press.

[2] 具体来说就是：在人们商量给予一个社会或一个组织里的不同角色的成员以正当对待时，最理想的方式是把大家聚集到一个幕布下，约定好每一个人都不知道自己在走出这个幕布后将在社会或组织里扮演什么样的角色，然后大家讨论针对某一个角色大家应该如何对待他，无论是市长还是清洁工。这样的好处是大家不会因为自己的既得利益而给出不公正的意见（即可以避免"屁股决定脑袋"的情况）。因为每个人都不知道自己将来的位置，因此这一过程下的决策一般能保证将来最弱势的角色能得到最好的保护。它也不会让一些人得到过多的利益，因为在制定规则的时候，幕布下的人们会认为那是不必要的。Rawls, John. Bordley., 1971, *A Theory of Justice*, Cambridge, Massachusetts: Belknap Press of Harvard University Press.

$$U_{\text{高收入者}} = U\left[I_{\text{高收入者}}, U(I_{\text{低收入者}})\right]$$

高收入者的效用水平与两个要素有关，一是自己的收入水平，二是低收入者的效用水平。如果高收入者给予低收入者￥1收入，那么他从助人为乐中得到的满足可能超过其消费减少带来的损失。在这种情况下，两个人都得到了改善，实现了帕累托改进。因此，政府的再分配政策是能够改善效率的。持这一观点的学者还认为，单纯依靠私人市场则很难实现这种改进，例如富有阶层很难知晓谁是真正的穷人。

这一分析过程也存在着巨大漏洞：

第一，高收入者补贴低收入者有可能"从助人为乐中得到的满足可能超过其消费减少带来的损失"。这只是有可能而已，并不是一定。古今中外的例子（如葛朗台与严监生）都说明，富人损失的￥1，其损害也常常会大于助人为乐的满足。经济学无法知道"满足感"（无法检验），只能够从"行为选择"进行判断：如果助人为乐带来的利益是大于收入的损失，那么自利人是没有理由不选择的。

第二，私人市场真的很难实现这种改进吗？为什么我们看到世界上私人慈善机构比比皆是？而且绝大多数富人都更愿意将自己的财富捐赠给私人慈善机构，而非政府。

第三，政府能够比私人更清楚谁是真正的穷人吗？试想你手中有10万元希望捐助给穷人。10万元在你自己手中是自己的钱，你当然希望花得有效率，一定会想方设法，尽量收集信息，找到你所想捐助的人。而政府官员呢？政府通过税收拿到了10万元去捐助穷人，但这10万元不是他自己的钱，而是纳税人的钱，他不会跟花自己的钱一样，仅仅是完成一个任务而已。效率自然比私人捐助穷人的低很多。

（四）非个人主义观点

在前面所述的观点中，社会福利由个体福利决定，这是由经济学的研究必须要立足于微观基础所决定的。然而，一些学者认为，收入分配应该独立于个人偏好，即不要讲个体福利决定社会福利，而是理所当然地接受每个人都有生存的权利。因此所有人都应该拥有投票权、食品、住所、教育，甚至医疗保险，政府应该实现生活必需品的平均分配。这就是非个人主义观点（Non Individualistic Views）。

持这种观点的学者是在讲价值观，无视经济规律。价值观是见仁见智的东西，一百个人会有一百种价值观。一谈权利人们往往就在谈理想，丝毫不顾及成本与实际结果。这就好比苹果离开树后，有人喜欢看它往天上飞，有人喜欢看它飞S型……这种争论是毫无意义的。苹果离开树后，在万有引力的作用下会做自由落体运动，这是不会依据人们的价值观而发生改变的。世界上的资源是稀缺的，人们需要竞争获得，此时就面临着什么样的竞争准则会带来什么样的行为选择。不用价格机制，由政府有形之手替代"无形之手"进行收入再分配，其成本是什么，后果又会怎样？这才是科学问题。

（五）小结

正是因为上述福利经济学的观点均站不住脚，存在巨大漏洞，无法为政府进行再分配提供充分的理由，所以一些学者认为，只要机会是公平的，对收入分配的差距，政府就不应进行干预。经济学家于是又将眼光放到了"在市场配置资源的前提条件下，**为什么**会出现**收入差距？**"这一科学的问题上。

费尔德斯坦[①]认为，首先收入分配差距反映的是劳动生产率的差异。那些受教育程度较高，能力较强的人在市场上更有竞争力，因而他们的收入比较高。其次是因为企业家的成长。经济发展使得越来越多的企业出现和成长，新的企业活动使得一部分人有机会脱颖而出，收入增长远远超过社会平均水平。第三，高收入者的劳动供给增加。研究表明，与以往的情况不同，现代社会中高收入的雇员的工作时间越来越长。第四，资金成本的降低。随着经济增长，资本的成本也开始下降，由此预期的通货膨胀下降，对未来的财务状况预期越来越好，而对金融风险的预期越来越小，这样股票和债券的价格就会上升，使得收入高的人财富倍增。总而言之，收入分配差距是市场力量作用的结果，其效果是在增加一部分人的收入的同时并没有使另一部分人的财富受到损失，因而是可取的，

---

① Feldstein, Martin., 1999, "Social Security Pension Reform in China", *China Economic Review*, 10 (2), pp. 99-107.

由此产生的福利效应必然是导致全社会的福利增加。

由此看来，理论界没有办法给出政府进行收入再分配的充分理由，如果费尔德斯坦的观点成立的话，收入分配现状是市场运作的结果，实现了帕累托效率，政府没有必要进行再分配。

四、政府进行收入再分配的支出方法及其效果

虽然在经济学的理论分析中，我们无法得出"政府应该进行收入再分配"的结论，然而世界各国的政府却已经广泛地这样做了。那么，摆在经济学家面前的科学问题就是："政府有哪些收入再分配的做法？"以及"这些做法带来了什么后果？"。在本章中，关于政府如何获得收入的问题暂且不予以讨论（见第 12 章关于效率税制的探讨），让我们把目光放在收入再分配的支出环节上。

（一）收入再分配的支出方法

政府进行收入再分配时，实施的是一种转移性支出，即将收入从一部分人手中转移至另一部分人手中。转移的对象可以划分为个人（贫困人口）和地区（贫困地区）。对于个人，政府的支出包括食品补贴、现金补贴、房贴、下岗救济金、再就业培训支出等。对于贫困地区，政府的支出则包括扶贫支出、政策性优惠贷款等。下面从两个角度对这些支出进行划分，一个是从补贴受益的途径，另一个是补贴的形式。

1. 明补和暗补

明补是指政府直接以现金的方式将财政补贴给予福利计划受益者。暗补则是政府将补贴给予向福利计划受益者提供商品或劳务的生产经营者，从而降低价格，提高福利计划受益者的福利水平。

这两种补贴形式均存在着明显的问题。明补的问题主要是针对性不强。例如政府为了救济某人，按照上文中贫困线的计算方法，给予他一年 600 元的生活费。然而，此人未必会用这笔钱来维持基本生活，而是拿到救济后大吃一顿，一次性花完。这样，政府的救济目的则无法达到。暗补的问题不仅仅是扭曲了市场的相对价格，而且会破坏竞争。例如，

政府要实施一个食品救济项目，此时众多企业将竞相成为政府采购的目标。企业的目标不再是提高质量、降低成本，不再秉承"顾客是上帝"的原则，而是要争取政府官员的青睐。各种台底与台面交易会随之而来，大量的社会资源将由生产领域转向政治领域。在决策过程中，暗补是比较容易通过的，因为无论是政府官员还是生产者均会获益，受损的纳税人却无法参与到这些政策制订的过程。

2. 金钱、实物与票证补贴

政府在实施补贴时，可以选择给予金钱、实物或者票证。例如救济金就属于政府给予的金钱补贴，公屋属于实物补贴，食品券或者学券属于票证补贴。不同补贴形式将会带来人们的不同行为选择。（第9章将对这些不同的形式进行详细分析）

（二）收入再分配的效果

传统的经济学分析告诉我们，金钱补贴对于受益者而言是最优的，即与同等价值的现金转让相比，实物转让带来的用值较低。

对于政府而言，同样数额的支出，既然实物转移的效率低于现金，为何从各国的实践来看，政府还是以提供实物为主？学者们提出了许多理由，如必需品的平均主义、减少福利欺骗等。本书认为，实施实物补贴的根本原因就在于政治上的可行性。如上文所述，企业与政府均能够通过这种方式获益，并且将纳税人置于决策程序之外，这种法案通过的可能性会比较高。尤其在民主投票制的国家，利益集团更加倾向于采用实物补贴，增加他们游说政府的空间。

（三）需要进一步思考的问题

由以上分析不难看出，经济学无法为政府进行收入再分配提供理由，政府的具体政策也并非按照"让受助者利益最大化"的原则进行分配，接下来需要回答的问题是：

（1）为什么要缩小贫富差距？

（2）政府能够做到缩小贫富差距吗？

（3）如果做不到，为什么政府要宣扬"政府能够缩小贫富差距"？

要回答这三个问题，必须进入到有关收入再分配更深层次的讨论中。

五、收入再分配的深层次讨论

(一) 弗里德曼的贡献

弗里德曼对收入再分配的看法在其著作《资本主义与自由》①一书中有充分的论述。这位大师的思路异常清晰,其贡献主要有两个方面:一是区分了实证性问题与规范性问题;二是告诉人们,即使在规范层面上,也无法得到"政府干预(实施收入再分配)是道德的"这一结论。

1. 实证问题与规范问题的区别

在讨论收入再分配时,必须区分两种问题:

第一个是规范性的和道德方面的:国家为了促进平等而进行干预的理由是什么?

第二个是实证性的和科学方面的:已经采取的措施的效果是什么?

第二个问题是经济学的实证问题,运用经济学的原理能够很好地进行解答。然而,关于收入再分配,人们关注得更多的是第一个问题,即道德方面的问题。弗里德曼认为,即使在道德层面上,也无法得出"政府应该进行收入再分配"的结论。

2. 道德层面的分析

(1) 市场带来的第一种不公平是否存在道德问题

弗里德曼认为,收入分配有两种道德标准:①按照个人和他拥有的工具所生产的东西进行分配;②公平待遇的原则。这两种标准是否有冲突呢?一般人认为,前者是按市场进行分配,而后者则是市场达不到的。然而事实并非如此。举例而言,有两个能力和财富完全相同的个人甲与

---

① Friedman, Milton., 1962, *Capitalism and Freedom*, University of Chicago Press.

乙，甲更加喜爱闲暇，而乙则更加喜爱在市场上出售的物品，那么就有必要通过市场所决定的报酬的不平等来得到全部报酬的平等或待遇的平等。即：

甲：较低工资，有许多时间可以晒太阳

乙：较高工资，严格的工作

我们所看到的不公平事例的大部分属于这种类型。货币收入的差异抵消了在职业和行当的其他特征方面的差异。用经济学者的术语来说，为了使它们的"差异均等优"，就必须使它们整个金钱上和非金钱上的"净利益"相同。因此，两种道德标准之间是没有冲突的，因而也就无法得出政府进行收入再分配的结论，即市场既按照生产能力分配资源，又满足公平待遇原则。

（2）市场带来的第二种不公平是否存在道德问题

市场还会造成的第二种不公平。以彩票为例，设想有一群起初具有均等资金的人，他们全都同意自愿购买具有很不均等的奖品的彩票，其结果所产生的收入当然是不均等的。因为购买彩票的各个人在购买之前都能够充分利用他们公平的地位，所以，如果在事后对收入加以再分配，那就等同于否定他们购买彩票的机会。想想我们身边的例子：一个女孩子可以选择当电影演员，也可以选择成为政府官员，如同在选择购买一种彩票；一个投资者可以选择投资铀矿股票，也可选择投资政府债券，这也如同在选择购买一种彩票。每个人根据他们对风险与收益的不同看法而在各种职业、投资以及类似的东西间加以选择。最终实际结果的不公平是源于满足人们爱好的安排，即"选择前"的公平。如果允许政府进行收入再分配，其税收就好比是在基本上都知道在生活的彩票中谁抽到了奖品和谁抽到了空签以后才施加的，而税收是由那些认为他们抽了空签的人所制定。这样是公平的吗？

上述例子表明，收入不公平相当大的部分是来自根据产品而支付的代价，而产品又能反映上述的"差异均等化"或能反映人们冒风险的爱好程度。因此无法为政府进行收入再分配提供理由。实际上，关于收入分配在伦理上真正引起困难的部分不在于此，而在于收入不均等的很大部分是来自先天的赋予——先天赋予的才能和财产。例如许多人认为，凭什么富二代就比我有钱呢？明明我比他聪明、比他勤劳。

(3) 人们在道德问题认识上的误区

这里引起广泛争论的原因是人们对以下两个区别没有明确的认识：

①个人天赋的不均等和个人继承财产的不均等；

②个人承继财富的不均等和个人自己获得财富的不均等。

个人能力差异的不均等，或个人自己所累积的财富的不均等往往被认为是合理的，至少不像承继财富的不均等那么明显的不合理。然而，这种差别是站不住脚的。甲从双亲那里继承到一个为大众所喜爱的歌喉，从而得到高额收益；乙从双亲那里继承到财产而得到高额收益，甲在道德上是否比乙拥有更正当的理由呢？

例如，父母亲会采用不同方式将自己的财富传递给子女：

①他们使用一笔款项作为资金，把孩子培养成为一个会计师；

②成立一家企业，为孩子将来的工商业活动打下基础；

③建立一项委托基金，使孩子长大后拥有一笔财产收入。

在第一种情况中，子女的收入会被看作来自个人的能力；第二种情况来自利润；而第三种情况则来自继承的财富。

是否存在任何道德的基准在各个收入范畴之间加以区别？显然没有。对于父母而言，如果他们有权得到个人能力所产生的东西，或得到他累积的财富所产生的东西，但却无权把财富传给他们的孩子，那似乎是不合逻辑的。这就如同一个人可以将钱用于放荡的生活，却不可以把它传给他的继承人，也是不合逻辑的。后者也应该是使用他所生产的东西的一个途径。

身份、地位、或财富的大部分的差异归根结蒂可以被认为是机会的产物。努力工作和节俭的人会被认为是"该受奖的"；然而，这些品质很大一部分得归功于他幸运地（或不幸运地）继承到的遗传因子。这又是否公平呢？

政府的收入再分配还可以用另外一个例子来进行演示。假设你和三个朋友沿着街道行走，而你恰好看到并且拾到在人行道上的20元钞票。你也许会是很慷慨的人，愿意与其他人均分这些钱，或者至少请他们喝一杯。但是，设想你没有这么做，另外三个人却联合起来逼迫你和他们平均分享这20元，这是否合理呢？这就好比，当某些人的财富超过了世界上所有人的平均数时，政府就逼迫他把多出的数量平均分配给世界上的其他人。普遍"分享财富"的做法，其最终结果会使文明世界不复存在。

从弗里德曼清晰的例子中，很容易发现，即使在伦理的层面上，也无法得出"政府应该进行收入再分配"的结论。

（二）张五常的贡献

张五常教授认为，传统经济学可以解释"收入分配不均"的原因，却无法解释"贫富两极分化"的现象。上苍造人是不公平的，人与人之间的相貌、智商、体力、运气均有很大的差别，因此收入必定不均。然而市场中有无数不同类别的工作，参与者可以根据自己的比较优势，挑选所长，因此难以出现"贫富两极分化"的现象。例如中国在1980、90年代，高收入者主要是受过高等教育的人，然而随着经济的发展，所谓"弱势"的农民工，在珠三角工资水平从300元/月上升至8000元/月，大学毕业生却却有的出现零工资甚至负工资的局面。

问题于是变为：马歇尔和费雪的收入分配理论是明显地否决了市场会导致贫富两极分化，但事实是，市场经济国家贫富分化的现象并不罕见，为什么呢？即**市场运作为何会出现"贫富两极分化"的现象**？这是一个科学问题，需要经济学给出答案。张五常教授认为，"市场经济出现贫富分化"的原因有四个：

（1）因为交易费用的存在，富人借钱的利息率往往远比穷人的低。在风险相同的情况下，利率低意味着收入更高，同时也扩大了投资选择范围。在这种情况下，富人能够持有更多的非劳力资产，而这部分收入是那些只拥有劳动力资产的穷人所无法问津的。

（2）通货膨胀。富人持有的资产多，通胀会使这些资产在币值上升值，保护着他们的资产实值。穷人持有的资产少，通胀往往损害他们的实质工资收入，调校提升要比资产的币值提升缓慢。通缩则相反，富人受到的损害会比穷人大。然而，回顾历史，二战之后有通胀的日子远比有通缩的多。

（3）政府的贪污腐败。贿赂的预期回报率要高达足以弥补坐牢的代价（包括预期或然率）。这样一来，不管是否东窗事发，或有没有人坐牢甚或枪毙，可观的财富通过贪污而转到有钱的贿赂者与受贿者（或他们的亲属）那里去了。地球上的发展中国家，凡是贫富分化明显的，贪污的行为也一定严重。

（4）教育。一般而言，富人子女的求学际遇远胜穷人。知识在当今世界非常重要，尽管不少政府资助普及教育，但是国际名校没有钱是难以企及的。

从张五常教授的分析不难看出，他只试图回答"为什么"的实证问题，而没有染指"政府应不应该进行再分配"的规范问题。

六、结论

本章从收入再分配的问题性质、衡量收入分配的指标及其存在问题、收入再分配的理论依据及其批驳、政府进行收入再分配的支出方法及其效果等各个方面探讨了"收入再分配问题"。重点在"收入再分配的深层次讨论"。

总体而言，关于收入再分配问题有两大结论：

第一，经济学无法为"政府应该进行收入再分配"这一结论提供有力依据。

第二，经济学可以解释"为什么会出现贫富差距"，以及"政府进行收入再分配后的结果"是什么。这些才是真正的科学问题，应该有更加广阔的研究空间。

"收入再分配"问题重要而且敏感，原因是政府会以此为借口，否定市场配置资源的结果，从而达到获取更多资源的目的。毫无疑问，其幕后推手，正是可以从中获得巨大利益的特殊利益集团。这好比政府对企业或社会中的个体说："你给我10元（税），我会给那些需要帮助的穷人，让这个世界更加美好。"而本章的研究则向人们揭示，经济学家无法证明"世界是否会更加美好"。收入再分配是一个规范性的问题，即使在伦理层面也找不到可靠的理由。

从中国的历史来看，收入分配最不公平的就是帝王制，皇帝所拥有的财富会远远高于收入低下者。然而在中国历史上，有非常辉煌的文明，人口数目是世界之最。这一历史事实表明，收入分化也许并不是一个问题，而是市场运作的结果，并不像今天西方政客与学者们所鼓吹的那样可怕。本书认为其根本原因有二：

第一，市场存在自发的"收入再分配"。例如Facebook的CEO马克·扎克伯格的第一个孩子出生后，他就宣布将捐出所持有的99% Facebook股票，价值约为450亿美元。世界上许多富人会进行私人捐款，一方面是金钱带来的边际用值下降；另一方面，即使不捐款，他们也是进行扩大再生产，雇佣更多的劳动力，创造更多的就业机会给低收入者。

第二，随着经济的发展，世界只会变得更加"公平"。例如约瑟夫·熊彼特（Joseph Schumpeter）曾经说过：随着经济的发展，女王穿的丝袜，女工也能享受。世界是更加公平还是更加不公了呢？这些直观上的感受无法统计到"收入分配指标"中，然而却是市场的规律所在。

第九章 扶贫

一、中国的扶贫政策

在中国,古代有"荒政",即遇到荒年时政府会采取救济措施。这种扶贫政策与现代西方国家的扶贫政策不同,不是每年每个地方进行,而是灾年对受灾者的特定帮助。建国后,政府主理的、西方式的扶贫在20世纪80年代中期从农村开始,城市的贫困问题直到90年代中期随国有企业的改革以及工人下岗和失业问题的产生才开始逐渐受到重视。因此可以说,自古以来,中国便没有大规模、长时间的扶贫。即使是到了改革开放后的20世纪八九十年代,其扶贫规模也非常小。自2003年开始,中国扶贫规模有了一个飞跃,扶贫资金收入和扶贫项目支出开始跨过亿元大关,达10340.3万元,比上年增长97.8%。之后每年均以惊人的速度增长,中国开始进入了一个政府扶贫的快速扩张期。

(一)农村的扶贫政策与规模

20世纪80年代中期以前,对农村贫困人口的救助主要是针对丧失劳动能力和失去家庭成员的支持网络的特殊贫困群体(五保户),以及因大的自然灾害而处于短期贫困的人口(灾民),救助的主要方式是由国家或集体直接提供粮食、衣物和少量的现金等生活补助。2003年开始,农村正式建立低保制度,到2006年末,全国已有24个省份,2400多个县初步建立了当地的农村低保制度，农村低保对象达到1300多万人。从2006年至2010年，短短4年间，农村低保对象增长了四倍，至2010年底，全国农村低保覆盖已达2528.7万户、5214万人；2010年全年共发放农村低保资金445亿元人民币。近年来，低保对象人数相对稳定，但是支出规模却以两位数的速度增长。截至2014年底，全国有农村低保对象2943.6万户、5207.2万人。全年各级财政共支出农村低保资金高达870.3亿元，比2010年翻了一倍。从图9-1不难看出，2003年至2007年，是农村低保增长最快的年份，之后增长速度快速下降。

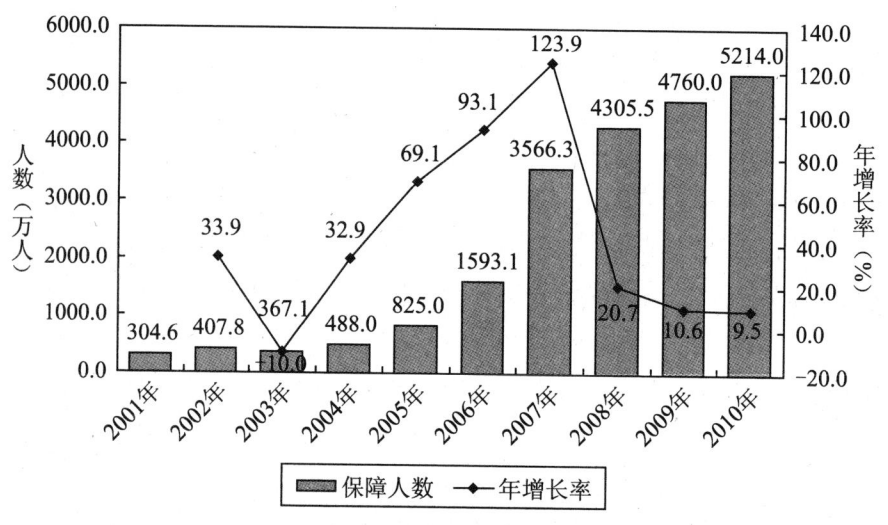

图9-1 农村最低生活保障情况

资料来源：民政部2010年社会服务发展统计报告

除了农村低保外，农村还有对五保户与贫困县的帮扶政策。截至2014年底，全国有农村五保供养对象529.1万人。全年各级财政共支出农村五保供养资金189.8亿元。国家和省（区）扶持的贫困县，由中央和地方政府每年拨出专项资金用于贫困地区的开发，目前我国共有592个贫困县。

（二）城市的扶贫政策与规模

从20世纪90年代中期开始，伴随着国有企业的改革，城市中失业和下岗问题变得非常突出。为了解决这一问题，我国开始在城市建立社会保障体系。主要由地方政府负责，中央政府对有困难的地区提供一定的补助。1993 年开始，上海市政府在全国建立了第一个城市居民最低生活保障制度。之后又出现上海模式、武汉模式和重庆模式。1997 年 9 月 2 日国务院下发了《关于在全国建立城市居民最低生活保障制度的通知》（国发〔1997〕29 号），在全国建立城市居民最低生活保障制度。2006 年末，我国城市低保对象已达到 2233 万人。中央财政为此投入城市低保补助资金 136 亿元。从 2006 年至 2014 年，城市低保支出增长了 6 倍。截至 2014 年底，全国共有城市低保对象 1026.1 万户、1877.0 万人。全年各级财政共支出城市低保资金 721.7 亿元，其中中央财政补助资金 518.88 亿元，占总支出的 71.9%。

从图 9-2 中不难发现，城市的低保收入增长率自 2001 年开始大幅下降。其主要原因是社保的大幅扩张。低保一般是由于家庭生活困难，平均收入低于低保标准，由民政部部门发给的生活补助。而社会保险，则是参保人依照国家规定参保缴费，达到法定年龄，由社会保障部门发给养老金。当一个人由于领取了养老金，家庭人均收入水平发生变化，会影响到领取低保。即领取了养老金后，会失去领取低保的资格。

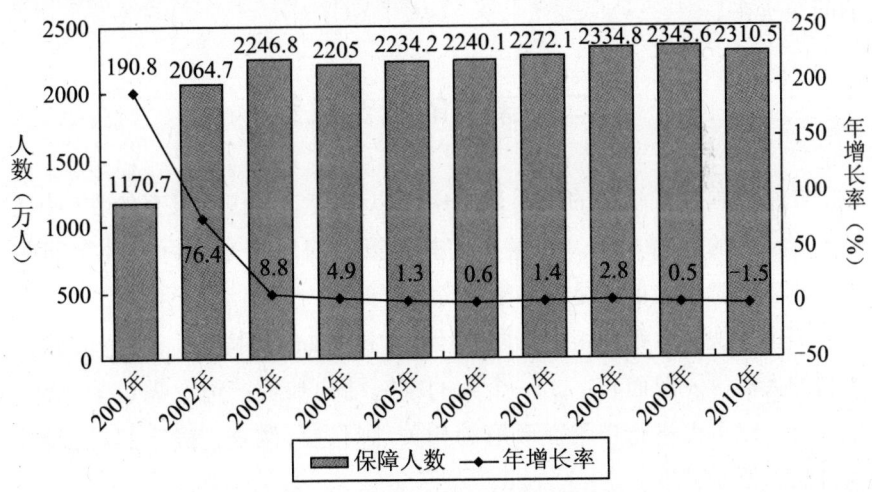

图 9-2 城市最低生活保障情况

资料来源：民政部发布 2010 年社会服务发展统计报告

(三) 中国消除贫困的成绩与原因

如何消除贫困是世界性的话题。按照世界银行每天 1.25 美元（2005 年的购买力平价）的贫困标准，1981 年全球贫困人口 19.38 亿，到 2010 年减少到 12.12 亿，全球贫困人口减少 7.26 亿。同期，中国的贫困人口由 8.35 亿减少到 1.57 亿（2009 年），贫困人口减少 6.78 亿。这也就意味着全球贫困人口数量减少的成就 93.3% 来自中国。

由此可见，中国的扶贫经验是全世界最宝贵的经验。

从上述数据不难发现，一直以来中国政府的扶贫规模都非常小，即使是在 2003 年之后有大幅增长，比起发达国家的扶贫规模也是低很多的。因此，中国贫困人口的脱贫，其功劳不是政府"给予"了贫困人口多少金钱或实物，而是在于经济的发展带来更多的机会，使得贫困的人能够通过自己的努力消除贫困。本书认为，中国贫困人口的减少与扶贫政策无关，关键在于发展经济。中国的这一宝贵经验给世界各国上了重要的一课："政府给予式"的扶贫收效甚微，"经济发展式"扶贫才是真正的脱贫之道。

为什么西方发达国家的"政府给予式"扶贫效果会不如中国呢？下文将以美国为例，对西方普遍实施的扶贫政策进行介绍，从而了解其中的问题所在。

二、美国的扶贫政策

介绍美国扶贫政策的原因是给中国以借鉴。这些政策有的在中国已经实施，有的即将实施。尤其是这些政策目前所带来的巨大社会问题，中国政府在学习之前，是应该事先考量好的。

美国的扶贫政策由很多不同的计划（programs）构成，不同计划对应不同的人群。一般而言，当一个人的家庭结构和资产情况满足某个计划要求时，就可以进行申请。政府的相关部门进行调查，确定其符合救助条件后，给予补助。

表 9 – 1　美国主要的扶贫支出计划（2004）　　单位：十亿美元

项目 Program	联邦 Federal	州与地方 State and Local
医疗 Medical care	$194.8	$127.8
现金补助 Cash aid	94.0	18.1
食品 Food benefits	45.5	2.7
住房 Housing benefits	38.8	1.0
教育 Education	27.4	1.8
服务 Services	18.3	4.9
工作/培训 Jobs/training	6.1	0.9
能源补助 Energy aid	2.1	0.1

资料来源：Harvey S. Rosen, *Public Finance* (9 Edition)，清华大学出版社，2012年，第 276 页。

在美国，政府的扶贫项目是由联邦政府和州/地方政府分担。医疗保健补助是最大的扶贫项目，在 2000 年曾超过 2150 亿美元，2004 年也高达 1948 亿美元。现金补助则高达 940 亿美元。由此可见，美国政府的扶贫支出规模是相当庞大的。这么巨大的支出是通过哪些具体项目分发下去的呢？具体项目主要包括 TANF、EITC、SSI、医疗补助、食品券、住房补贴、职业培训等。

（一）TANF

1. 简介

TANF 是 Temporary Aid for Needy Families 的缩写，中文是"贫困家庭临时补助"。这一扶贫项目从 1996 年开始实施，其前身是 AFDC（Aid to Families with Dependent Children），中文译为"有儿童家庭的补助计划"（1935—1996）。从 AFDC 改革到 TANF 的最大原因是有越来越多的人申领该救济，而且一旦获得，许多人都选择不再工作，终身领取。这无疑给美国财政带来巨大的压力。因此 TANF 与 AFDC 相比的最大差异就在于"Temporary"（临时），政府不再无限期地提供救助，而是规定期限，最长不得超过五年。

这是怎样一种政策？为什么会给人们的工作积极性带来负面影响？

2. TANF 对工作积极性的影响

（1）政策分解

TANF 是对穷人的帮助，即当一个家庭的收入水平低于某种标准时，就会被列入帮扶的名单。当这个家庭通过工作获得收入时，政府的帮助金额就会下降；当这个家庭的收入高达一定数额时，他们将不再是"穷人"，也就不需要政府的帮助了。因此，整个 TANF 的政策核心就是围绕着：①政府帮助的金额如何随着收入的增加而下降；②收入上升至哪个点时，政府取消帮助。这一政策特征可用代数与几何清楚地表达。

一个州的福利计划可以用两个变量来刻画：

G——当个人不工作时获得的政府救济（或称基本支付）

t——补助减少比率（也称为税率），当福利接受者挣得收入时，政府救济被取消的比率。在美国该税率从 33% 到 100% 不等。100% 的税率意味着接受救济者如果在劳动力市场上挣得 $1 的收入，其所获取的政府救济收益也正好减少 $1。

在代数上，假设受救济者实际所得的救济为 B；

税率 t；

基本支付为 G；

实际收入为 E。

那么这几个变量间的关系是：

$$B = G - tE$$

举例而言，假设一个州的基本支付是 $300，但受救济者自己每挣得一美元收益，政府会减少 25 美分的救济，于是：

$$G = 300 \text{ 且 } t = 0.25$$

如果这个人一开始没有工作，后来通过工作挣得 $500，那么他从政府那里所获得的救济收益将从没有工作时的 $300，减少到有工作后的 $(300 - 0.25 * 500)，即 $175。随着此人收入的上升，他能够从政府那里获得的救济越来越少，最终会因为挣得太多的收入以至于无权享受政府的扶贫计划。

(2) 几何分析

TANF 这一政策有许多技术细节，传统公共经济学抽象出其中的重要部分，以及对实质性特征进行分析。因此，分析扶贫计划变成一个满足预算约束的效用最大化问题。换言之，政府的扶贫计划设计会改变受救济者的预算约束，进而影响他们的行为选择。一般经济学家用效用函数对这一过程进行分析①，并得出结论：政府的扶贫救济政策的确有鼓励不工作的作用。

实际情况又如何呢？扶贫政策是否真的会影响福利接受者的劳动行为？一些经济学家进行了检验，Moffitt（2003）的研究表明，AFDC 导致了劳动供给在福利接受者中减少 10%—50%。当引入 TANF（主要是救济时间减少时）并且降低税率 t，福利接受者中有工作收入的人数比例从 1990 年的 6.7% 增加到 1999 年的 28.1%。②

传统的理论分析似乎非常严谨，也得到了检验。然而却存在两大致命问题：一是效用分析的缺憾；第二则是闲暇与工作的成本问题。关于效用分析中存在的问题在第 3 章已有详细论述，在此不再赘述。工作一小时会挣得工资，因此选择闲暇的成本是放弃了的工资。选择工作的成本则是放弃了政府补助。然而，事实是选择工作的成本不仅有放弃的补助，还有放弃的闲暇，以及身体劳累（或损害）的代价。这些实质性内容却没有放入到模型中。如果将其放入模型，放弃工作的点应该会更早到达，扶贫政策对人们不工作的激励效果会更大。

（二）EITC

为了避免 TANF 对工作积极性带来的负面作用，美国政府推出了 EITC（Earned Income Tax Credit），即劳动所得税抵免。这项政策的设计源于 1962 年弗里德曼在其著作《资本主义与自由》③ 中提出的负所得税概念。税收抵免是税收负担的减少。负的税收负担意味着不但不用向政

---

① 具体可见哈维·罗森：《财政学》（第八版），中国人民大学出版社 2015 年版，第264 页。
② Moffitt, Robert A., 2003, *The Temporary Assistance for Needy Families Program*, In Means-Tested Transfer Programs in the US. Robert A. Moffitt (ed.) Chicago: University of Chicago Press.
③ Friedman, M., 1962, *Capitalism and Freedom*, University of Chicago Press, Chicago.

府交税，反而是政府欠个人的钱。

图9-3显示了一个家庭（有两个孩子）收入增加时所获得的减免数额。即当这个家庭的收入在（0，11340美元）这个区间时，随着收入的增长，获得的减免也在区间（0，4536美元）内增长，收入越高，减免越多，从而鼓励人们工作赚取收入。当这个家庭的收入到达（11340美元，16810美元）区间时，减免额不变，为4536美元。当这个家庭的收入继续上升至（16810美元，38348美元）这个区间时，随着收入的增加，减免额开始下降，直至为零。

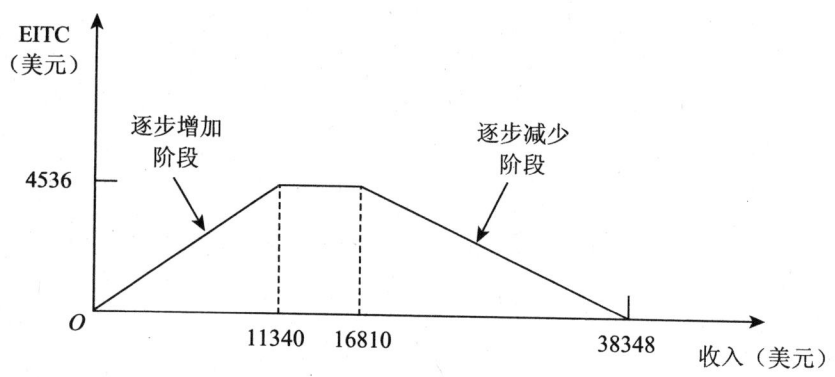

图9-3　收入与EITC之间的关系

资料来源：哈维·罗森：《财政学》（第八版），中国人民大学出版社2015年版，第273页。

EITC随着时间增长得很快，每年的成本超过310亿美元。EITC是美国低收入者最大的现金转移，通过税收制度而非福利制度管理。这一制度看似可以弥补"养懒人"的扶贫政策缺陷，然而收入水平、税收抵免额如何划定均有待商榷。最麻烦的是，这种非常细致的税收制度，大大增加了税收征管费用，并且为偷逃税提供广阔空间。

（三）SSI

SSI是指补充性保障收入（Supplementary Security Incomes），是一种政府对老年人、盲人和残疾人提供现金补助。这几类人群是生活中的弱者，不像那些拥有劳动能力却依然领取救济的人，所以 SSI 接受者被认为是"更应得的"。然而，问题的关键不在于他们是否应该得到帮助，① 而在于这种政策出台后会带来什么成本与后果。

以残疾人补助为例，世界各国都存在类似的扶贫政策。这一政策，不但给政府带来巨大的负担，还导致大量的"假冒残疾人"。

例1：美一家四口装智障 40 年骗高额福利

据美国媒体报道，美国马萨诸塞州阿林顿市的一家四口，因假装残障人士近 40 年之久，并诈领政府高额福利逾 46 万美元，近日遭到联邦官员的指控。

法庭纪录显示，马萨诸塞州府工作人员在 2014 年跟踪多琳，发现她开车、购物和打电话都没问题。不过，在几天后一场有关取消福利的听证会上，多琳却扮成衣冠不整，满口胡言乱语，并坚称自己不能一个人呆在家中。②

例2：西班牙的残疾人

西班牙《世界报》报道，③ 西班牙大概有 12.4 万假冒残疾人。为了领取大约 2.4 万欧元的残疾人补助金，他们可能是能够驾驶汽车的"盲人"，也可能是能教音乐课的"聋人"。在西班牙加的斯被揭开的"黑幕"还只是冰山的一角。2001 年至 2004 年，西班牙政府为暂时性身体残疾者支付的补助金金额已经增长了 30%，2004 年达到 30 亿欧元。

此外，2004 年，西班牙国家社会保障研究所电话约访了 8 万名残疾者以便对他们进行身体复查，但令人惊讶的是，其中有 2 万人拒绝进行体检，并立即表示已经痊愈。

从这些例子不难看出，残疾问题已经不再是单纯的病理学问题，而是一个经济学问题，是由政府的扶贫政策带来的。伤残救济政策导致了

---

① 对于规范性问题，学者们有着各不相同的意见。
② 《美一家四口装智障骗高额福利 40 年骗取近 300 万》，载《中国日报》，2015 年 10 月 11 日。
③ http://www.cetin.net.cn/cetin2/servlet/cetin/action/HtmlDocumentAction?baseid=1&docno=268387.

更多的残疾人、更高的补助与更长的伤残时间。曾经有经济学家做过相关的研究，发现随着政策的变化，人们的残疾情况也会随之而变。

例3：理性地装病？①

根据美国联邦法规定，每个州的劳工赔偿计划在赔偿受伤的工人时，其赔偿范围从一定的"补偿率"（通常是受伤前工资的三分之二）到某个特定的最高额。对理性决策者而言，继续残疾所能获得的补偿越高，重返工作的动力就越小。迈耶等做了一项"自然实验"，检验赔偿额的变化是否对重返工作的决策有显著影响。②

1980年，肯塔基州把每周补偿的最高限额从131美元提高到217美元，提高了约66%。1982年，密歇根州把最高限额从181美元提高到307美元，提高了约70%。

按照理性人假设，最高限额的提高只会对高收入群体的行为选择产生影响，对低收入群体的行为没有影响。由此可以推测，因为收益提高，高收入群体的伤残时间会增加，而低收入群体的伤残时间不变。（或者是高收入群体伤残的人数会增加，而低收入群体伤残的人数不变）。事实表明，肯塔基州的规定改变后，高工资工人暂时性全残的时间的中位数从4个星期上升到了5个星期，而低工资工人的不变，仍然是3个星期。密歇根州也出现了类似的情况，高工资工人的伤期中位数从5个星期上升到7个星期，而低工资工人仍然稳定在4个星期。这样，高工资和低工资工人的行为都与理性假设相一致。

这是一个有趣的经济分析，有两个边际量比较：一是政策实施前后；二是收入高低两个群体。由这一例子可以看出，政府的帮扶政策不仅仅是"政策是否应该出台"，"政策的成本与收益是多少"这些问题，它还存在着一个"政策本身会导致更多贫困者（伤残者）"的问题。

---

① [美]杰克·赫舒拉发（Jack Hirshleifer），阿米亥·格雷泽（Amihai Glazer），大卫·赫舒拉发（David Hirshleifer）：《价格理论及其应用：决策、市场与信息》（第7版），机械工业出版社2009年版，第9页。

② Meyer, Bruce D.; Viscusi, W. Kip. and Durbin, David L., 1995, "Worker's Compensation and Injury Duration: Evidence from a Natural Experiment," *American Economic Review*, 85 (3), pp. 322.

(四) 医疗补助

美国大约有 3 亿人，其中 1.6 亿在工作，大部分（包括不工作的配偶和孩子）通过雇主获得医疗保险；近 4800 万老人享受社会养老保险，近 4300 万各种困难群体享受医疗补助；还有 2700 万人自己购买保险，剩下的近 4800 万人没有医疗保险。

社会养老医疗保险（Medicare）是由美国 65 岁以上、曾经工作过的老年人享受的，钱来自于现有劳动者，以及老年人以前缴纳的工资税，每年大约为 4800 万美国人提供了 5600 亿美元的医疗保险开支。随着美国战后婴儿潮出生者的大量退休，社会养老医疗保险体系面临入不敷出的难题，成为美国社会的争议热点。据测算，社会养老医疗保险开支到 2022 年左右就会涨到 1 万亿美元以上。

医疗补助（Medicaid）是为那些未到 65 岁退休年龄的广大贫困人口，特别是生活在贫困中的未成年人口而设计的，联邦和州两级政府共同出资，是贫困中的未成年人获得医疗服务的唯一渠道。根据美国医疗与社会福利部数据，2004 年共有 4300 万人享受医疗补助，其中大约半数是未成年人，其余为低收入孕妇、低收入老人和残疾人。全国大约有 37% 的产妇受益于该计划。2009 年将支出 3860 亿美元医疗费用，占全国医疗总支出的 15.4%。预计到 2018 年这个数字将达到 8000 亿美元，占医疗总支出的 18.4%。联邦政府对这个计划的出资比例略高于 50%，各州政府的出资比例略低于 50%。但是对州政府而言，这方面的支出占各州财政支出的 17% 左右。[①]

医疗补助的提供带来了许多政策问题，主要有以下两个方面：

1. 挤出效应

政府提供的医疗保险会同时影响未保险者和已经购买了私人健康保险的人。当一些个人或家庭因为免费的医疗补助而放弃了自己原有的保险时，就会被认为是医疗补助"挤出"了私人保险，公共经济学称其为"挤出效应"。有研究表明，在接受医疗补助的个人中，多达一半的医疗

---

① 李秋实（分析师）和郑磊（研究助理）：国泰君安报告，《医院蝶恋，探路中国》（医院产业系列专题研究报告），2012 年 5 月 7 日。

补助接受者过去是参加私人保险的。因此,"政府是否有必要提供该保险",以及"它对私人保险挤出的后果究竟意味着什么",这些问题都有待研究。

2. 医疗补助断口

医疗补助与其他救济不同,无法依据收入的变化而逐步增加或减少,即一位贫穷者要么完整地获得该补助,要么完全没有。在临界值上,很有可能当一个人的收入增加 \$1.00 时,他会失去医疗补助,丧失价值几千美元的健康保险。这也就意味着,对于某些人而言,增加工作反而得不偿失。因为在预算线上有一个"跳跃",所以被称为"医疗补助断口"。

很显然,当加入政府的医疗补助这一约束条件时,处在临界值上的个人,会因为增加工作时间(收入增加),而失去一大笔医疗补助。自利人于是会选择不工作或者少工作。由此可见医疗补助对工作有负的激励作用。

政府提供医疗补助的主要原因是改善弱势群体的健康状况,然而如此庞大的医疗补助,是否能够提高贫困者的健康水平呢?至今为止没有一个综合可靠的评价。与此同时,这一扶贫政策除了上述"挤出效应"与"鼓励不工作"的作用外,还带来了各州的假帐问题与药价问题。与此相关的假账会计被称为"创造性会计"(指那些擅于做假账的会计)。由于这个计划由联邦和州政府联合资助,各州非常愿意多收医疗补助,以便能够拿到联邦政府更多的资金。处方药价格的飙升也使得许多人申请该计划,以便减轻自己的药费负担。[①]

(四)食品券

美国首创的食物券计划始于 1939 年 5 月 16 日,也被称为 SNAP(Simple NX Application Programming,补充营养援助项目)。到 2001 年,每月大约有 1730 万的食品券享用人,年成本 160 亿美元。2009 年经济衰退期间,总统奥巴马曾颁布经济刺激法案,将食品券福利的援助金额调高了 13.6%,吸引了更多的美国人申请食品券。2012 年的财政数据表明,约

[①]《美国医疗补助弊端》,美国资讯网,2014 年 10 月 13 日。

有 4700 万申请者，花费暴涨至创纪录的 784 亿美元。美国国会预算办公室等机构的数据显示，87% 的 SNAP 受益者家庭有孩子、老人或残疾人。超过 1/4 的美国孩子生活在领食品券的家庭。2011 年，90 万老兵领取食品券。大概 1/2 的成年人在 18—65 岁期间领过食品券。在 2008—2012 年间，1/5 的有孩子家庭有时缺钱买食物。

按美国 2012 年贫困线标准，个人年收入低于 1.1 万美元、三口之家年收入低于 1.9 万美元、五口之家年收入低于 2.7 万美元者，均有条件申请食品券。但这个规定具体到州，申请资格又被大大降低。例如夏威夷州，一个四口之家若年收入不超过 5 万美元，即可领取食品券。通常情况下，个人每月可领取 210 美元食品券，四口之家可获 868 美元食品券，这笔钱在包括佛罗里达州等在内的很多州都绰绰有余，因为四口之家每月食品花费基本在 500—600 美元之间。不少媒体指出，丰厚的食品券福利培养了大批懒汉，他们宁愿靠补助生活也不愿回工厂工作。①

（五）住房补贴

除了以上几种扶贫方式外，美国政府还为贫困者提供廉价住房，为的是让贫困者有屋可居。历史上曾经出现过两类住房补贴（Housing Asistence）：一类是公共住房工程，另一类是凭证和票券（Voucher）。

公共住房工程是指由政府直接参与住房建设，然后将建好的房屋以低价出卖或出租给贫困人群，一般由地方政府的住房机构建设、拥有并运行。与我国目前实施的廉租房、公租房、经济适用房相似。然而，这种补助方式带来了一系列的问题：首先，如何确定需要帮助的人群。贫困者很多，但怎样确定哪些才是值得拥有住房的呢？第二，如何鉴别住房者以及监督分房机构？这个环节所需要投入的人力物力巨大。一旦无法有效监督，则会出现"不该得的人得了"，类似于在中国经济适用房下停着宝马车，房叔、房婶、房姐等事件。第三，为穷人提供公共住房直接导致贫困人口聚集在一起，形成贫民区。美国的一大社会病就是"贫民窟"（slum），是包括犯罪、卖淫和吸毒在内活动的避难所，造成多种

---

① 《美国国会决定终止发放食品券，将影响全国七分之一人口》，哥伦比亚广播公司新闻网，2013 年 11 月 4 日。

传染病肆虐城市地区的传染源。因此公共住房工程在美国具有"滋养罪恶和其他社会病症"的坏名声。

正因如此，自20世纪70年代以来美国几乎再没有新的工程建设。政府逐渐取消公共住房工程，代之以票券制。政府不再建设公共性住房，而是将其补助印成票券，并将票券凭证提供给房屋租用人。获得票券的人自己选择在私人房屋市场上租用公寓，向房东支付票券。房东则将其获得的票券向政府兑现。这一做法规避了政府自行建设住房的众多弊端，然而其效果仍然不甚理想，一个直接的后果就是提高了某些贫困者的居住成本。

例子：商品券真能派上用场吗？[①]

美国自20世纪30年代起就在住房方面补贴低收入者。开始时补贴的主要形式是实施公屋计划。从20世纪80年代初起就越来越多地使用房券。对于那些获得房券的家庭来说，房券的确是大派用场。但并不是所有合乎资格的家庭都能得到房券。如果房券计划提高了住房的价格，那些没有获得房券的低收入家庭的处境最终会更加糟糕。

苏辛的研究认为这种情况的确发生了。130万户家庭获得了房券，房券占其租房成本的比例平均每年达69%。但没有得到房券的低收入家庭面临的是其住房支出上升约16%。从收益的绝对数来看，获得房券的家庭，其收益为58亿美元，而无补贴的低收入家庭其支出则上升了82亿美元。这一计算还没有将政府部门制定房券、筛选合格家庭等相关费用包括在内。

表9-2 房券家庭与无补贴家庭住房成本比较

	获得房券的家庭	无补贴的低收入家庭
平均月租	$537	$443
对住房成本的影响（%）	-69%	+16%

---

① [美]杰克·赫舒拉发（Jack Hirshleifer），阿米亥·格雷泽（Amihai Glazer），大卫·赫舒拉发（David Hirshleifer）：《价格理论及其应用：决策、市场与信息》（第7版），机械工业出版社2009年版，第108页。

(续表)

	获得房券的家庭	无补贴的低收入家庭
家庭数目	130 万	960 万
每年收益	+ $58 亿	- $82 亿

资料来源：Susin, Scott., 2002, "Rent Vouchers and the Price of Low-Income Housing," *Journal of Public Economics*, 83 (1), pp. 109 – 152.

（六）增加收入计划

中国有句古话"授人以鱼不如授人以渔"。增加收入计划与此相类同，政府直接给钱、给食品、给房屋，不如让贫困者获得技能，通过自身的努力工作赚取收入。那么如何让贫困者获得技能呢？目前西方比较盛行的方法主要有两种：一是基础教育，二是职业培训。

1. 基础教育

由政府免费提供基础教育，目的是为了让儿童拥有良好的教育开端，使他们将来能有机会摆脱贫困。然而，教育是由政府直接提供还是采用学券制呢？这里又回到与公共住房相类似的问题上。由政府直接提供教育，即公立学校，学生只需缴纳很少的费用，甚至不需要费用就可获得教育。但是美国的公立学校投入大，教学效果差，已是不可否认的事实。甚至有人认为，孩子从一上学开始就已经进入了社会分层，上公立学校的将来是社会底层，上私立学校的是精英。① 为了解决这一问题，弗里德曼（Milton Friedman）率先提出了学券制（school vouchers）。即政府把资助公立学校的款项，全部以"学券"形式发给学龄孩子的家长。家长们手持学券，在众多的公、私立学校之间自由选择，用学券支付学费。学校则凭借收到的学券向政府相关部门兑换教育经费。"学券"只能用于教育开支，保证社会用于教育的投资不被移为其他消费。这一创造性的想法在美国的民主制度下，实施起来却颇为困难：首先是教师工会的坚决反对，这种引入竞争的作法自然不会得到公立学校的支持；其次是家长们的反对，在一些拥有较好学校的城市郊区，家长们担心推行学券制后，

---

① 《BBC 纪录片中没讲的事，西方教育偷偷完成社会分层》，载《燕赵都市报》，2015 年 8 月 26 日。

其他社区或者家庭背景不佳的学生会蜂拥而至，影响教学质量。因此，到目前为止，学券在美国的推广仍然十分有限，还是以公立学校为主。

2. 职业培训

职业培训是由政府资助，针对成年人改进工作技能而进行的培训。许多穷人因为缺少谋生技能，而陷入潦倒。政府的这一做法被认为是能够直接"授之以渔"。然而，令人惊讶的是，一些实证研究表明，职业培训计划对增加收入不是很有效。[①] 经济学家需要回答的问题不是"政府应不应该资助职业培训？"而是"为什么职业培训对增加收入不是很有效？"

市场有许多的私人职业培训，私人培训的科程设置是根据市场需求来确定。例如当市场上金融人才紧缺时，会导致价格上升（金融人才的薪水上升），此时"无形之手"将起作用。许多人力资源会流向金融领域，参加培训班，使自己转型。最典型的例子就是20世纪七八十年代的台湾地区。当时台湾经济是以玩具制造业为主，后来在国际市场上开始做电脑硬件，许多原来做玩具业的员工发现电脑行业的薪水较高，纷纷参加培训班，从玩具业转向电脑业。最终使台湾的产业成功转型，诞生了如华硕、鸿基等世界知名计算机品牌。这一过程完全没有政府指导，而是由市场自行完成。"春江水暖鸭先知"，价格承载信息，市场获取信息、传递信息的速度是政府难以企及的。

与此相反，香港第一任特首董建华任内推出多项发展概念，如数码港、中药港、硅港、鲜花港、国际设计及时装中心、红酒贸易中心、商业园等，并且同步推出了围绕这些计划的职业培训。然而，最终除了被批评为利益输送和官商勾结的数码港外，其余发展概念直到他离任为止都无一实现。一个地区的比较优势是什么，什么时候会有什么样的产业出现或转型，很多时候政府部门是难以拥有充分信息的。

除此以外，用自己的钱培训与政府免费提供的培训相比，其效果也有天壤之别。假设政府提供的培训费为补$_1$学费为1元；市场自发的培训费为补$_2$学费为100元；出席率分别为A_1与A_2，出席率的单位价格分别为：

[①] Heckman, James J., 1999, "Policies to Foster Human Capital", *Working Paper*, No. 7288, Cambridge, MA: National Bureau of Ecoomic Research.

$$\frac{1}{A_1}, \frac{100}{A_2}$$

自利人一定会选 $A_2 > A_1$。因为如果钱付得多（100元）出席率低 $A_2 < A_1$，则意味着"单位出席率的价格"高于便宜的（1元），违反需求定律。因此，政府免费培训与自己掏钱进行培训相比，其效果也会大打折扣。这就是为什么政府提供培训往往无法提高人们收入的两大原因所在。

三、政府扶贫的费用与结果

由上述分析不难看出，扶贫是一个美好的愿望，但是这个愿望的实现却面临着两大困境：一是成本费用高昂，二是实际效果不佳。除了扶贫款本身外，还涉及到鉴别、管理以及由此延伸的利益团体等费用。在如此巨大付出的同时，真正受到帮助的贫困者却很少，并且还扼杀了他们脱贫的希望。

（一）扶贫的费用

1. 鉴别费用

通过"给予"的方式扶贫，首先面临的问题就是如何鉴别贫困者，如何对他们贫困的程度分门别类。这项工程巨大，成本高昂，而结果却强差人意。例如，广东省B县共有15个镇，300个村，农业户口约60万人。如何确定真正的贫困户和贫困村？即便付出较高的费用，也非常难，且真假难辨。参照人口普查每人5元的标准，单是确定贫困户就需要300万。方案要求驻村干部两名，全职负责扶贫工作。按每人年工资（含食宿补贴及油费）10万，合计20万，已远远超过一家三口贫困户脱贫后所能达到的年收入。

确定扶贫对象要付出费用，具体实施扶贫又要有相关的人员与机构，相关的管理费用非常高昂。即使如此，所确定的贫困户也未必是真正的贫困者。造假低保名单的情况并不罕见，[①] 而社科院的调查也显示，6成

[①] 《河南一村低保名单严重造假：村支书母亲吃低保》，央视财经，2016年12月30日。《湖南新邵一村支书全家领低保，盖房比小学还大》，新华网，2016年8月19日。

低保家庭非贫困家庭。① 这也就意味着，最终扶贫总支出的绝大部分最后都到不了贫困户手中。

2. 利益团体的费用

政府一旦扶贫，就意味着要将其税收的一部分补贴给贫困人群。在这一过程中，至少有两大利益团体会形成。一是负责实施补贴的工作人员，二是获得补贴的贫困者。对于前者，全世界社会福利的工作人员的总收入，往往比接受福利者的所得高出一倍以上。据美国新闻资讯MLive网站2017年4月11日报道，密歇根州总检察长比尔·舒特（Bill Schuette）发布的年度报告显示，2016年，该州职业筹款人获得的报酬占慈善机构筹集善款的61%，2015年为67%。中国的例子也一样，在中国一些从省或市派到村里扶贫的干部，需要向村长、村委会确定扶贫名单，而在这一调查过程中常常受到阻碍。扶贫款项是否到达穷人手中不得而知，但是村干部贪污、挪用扶贫款的事件却时有报道。对于后者，获得补贴的人，会一直依赖政府的补贴，抵制扶贫款的减少或取消。如果有民主选举的"温床"，这些利益集团就会像日本、韩国的农业集团那样左右国家的政策，使之长期无法取缔，损害一个国家的整体利益。

3. 减少或终结项目的费用

所有福利制度，推了出去不容易收回来，而且愈搞愈大的机会甚高。一方面，利益集团一旦形成就会要求更高的利益，而不允许利益的下降；另一方面，受补贴人群自求生路的能力不用，依赖于政府，让他们转变谋生方式的费用非常高。例如，2011年8月的伦敦骚乱事件。当时事态一直扩散至大伦敦地区，以及曼彻斯特、伯明翰、利物浦等城市。骚乱事件的主角是年青人，问题的根源就是政府因为财政赤字的缘故，削减了大量对年青人的补贴（如免费暑期班、图书馆等）。没有地方可去的年青人，于是进行打砸抢。近来年，英国领取救济的人越来越多，使得社会问题更加严峻。特罗索基金会发布的报告称，2013—2014这一年时间里，英国共有超过91.3万人通过食品银行向其领取紧急救济，几乎是上

---

① 《社科院调查显示六成低保家庭非贫困家庭》，载《新京报》，2013年2月24日。

年度的 3 倍，而 2011—2012 年度这一数字还不到 13 万。① 在许多国家，政府依靠高税收来支撑高福利，孰不知高税收会严重打击人们工作的积极性，最终福利政策无以为继，一旦收回，会带来一连串的社会问题。

4. 有关生产与生产者的费用

政府要进行扶贫，对穷人进行补贴，首先要从富人的口袋里拿到钱（税收）。当钱在个人手里时，遵循利益最大化的原则，个人或消费、或投资、或储蓄，资源会流向最具效率的地方。政府的扶贫措施本质是对收入进行再分配，以"有形之手"替代市场的"无形之手"进行资源配置。因为信息费用高昂，再分配的效率一定会低于市场。

一位富人，他之所以富有，是在以市价为竞争准则的情况下胜出。"胜出"意味着能够有效地利用资源。当政府课以重税时，会减弱这些高效率之人的生产意图，使其减少生产活动，甚至到他国避难。例如，法国总统奥朗德2012年7月推出针对年收入100万欧元以上人士的超级富人税，征收税率接近75%。2012年8月，有"法国最美女性"之称的名模莉迪亚·科斯塔出走法国，选择在邻国定居。曾主演《大鼻子情圣》、《基督山伯爵》等经典影片的法国国宝级演员热拉尔·德帕迪约2013年1月被证实正式落户比利时小镇内尚。法国奢侈品巨头路易威登集团（LVMH）董事长兼首席执行官贝尔纳·阿尔诺申请加入比利时国籍。这些名人的举动随即引起法国社会的轩然大波，2014年12月法国政府被迫宣布取消特别富人税。

由此可见，扶贫政策带来了两方面的费用：一是政府取代市场，降低资源使用的效率；二是降低生产者的生产意图，给社会带来的损失，其中包括一些生产者选择离开该国，并带走其创造的财富。

（二）扶贫的结果

1. 实际效果有限

如果从企业的角度看政府，在扶贫问题上，应该关心政府的投入—产出（或成本—收益）。即政府从社会中拿走了多少钱去扶贫，而扶贫的

---

① 《英国削减福利，致贫困家庭和领救济人数激增》，载《人民日报》，2014年06月05日。

实际效果又如何？从上文具体的扶贫项目来看，从社会拿走的资源，只有很少一部分交到穷人的手上。其根本原因就在于上述各种（交易）费用的存在。例如有报道显示，好心人每年捐四百元，穷学生却只收到四十元。[①] 虽然这只是个例，然而，究竟有多少扶贫款能够到达穷人手里，扶贫的效果如何是必须引起重视的问题。

2. 长贫难顾

贫困的原因多种多样，在资源有限的情况下，竞争是无法避免的。每个人都想要活下去、活得更好。这就使得每个人在面对资源的现实约束时，无法避免竞争。由政府赈济穷人的做法不但不会帮助他们活得更好，相反会让他们继续穷下去。当一个人走投无路时，会尽己所能，发奋图强。中国有大量的财富故事，都是在这种情形下诞生的。而政府的救济则会让他们丧失这种本领与机会，依靠救济生存。从个人到社会均如此：个人明明拥有工作的能力，但是因为能够获得救济，而选择不工作，在低收入水平上生活；而各地贫困县也努力"不摘帽"，从而一直获得国家的资金与政策帮助。

可以想像，扶贫的规模越大，社会上这些现象就会越普遍。政府扶贫的资金主要来自于税收，随着扶贫规模的扩大，以及难以取消，其结果必定是增加财政赤字。目前的欧债危机就来自于欧洲的福利政策。2009年希腊政府宣布政府财政赤字和公共债务占国内生产总值的比例达到12.7%和113%。这意味着，希腊人民辛苦工作一年所创造的财富还不足以偿还其债务。西班牙2013年的长期失业率高达49.7%，一半人口长期处于失业状态。有人将这一状况归结为希腊人与西班牙人的懒惰，然而，在历史上曾经出现过苏格拉底，经柏拉图到亚里斯多德等众多勤于思考的思想家，曾经诞生过《荷马史诗》的希腊，以及曾经不畏艰险的航海，人类近代史上的第一个世界性大国的西班牙，为什么突然会懒惰了呢？究其原因是制度，扶贫等社会福利制度使得这些拥有勤奋基因的人们，变得不再勤奋。

中国的情况恰恰与之相反。1978年改革开放之前，中国实行计划经

---

① 《好心人每年捐四百元，穷学生只收到四十元》，载《深圳晚报》，2013年3月9日。

济，政府承诺承担所有人的生老病死，最终却以经济崩溃收场。"做也36，不做也36"，[①] 使上班时间"喝茶看报纸"成为常态。1978年的改革开放，其实质是改变了经济制度，人们工作的积极性发生大逆转，创造了经济奇迹与大量财富。如今那些以提升生活水平为名的各种社会福利，只会把我们带向欧洲的经济衰退之路，重蹈计划经济覆辙。

四、正确的扶贫方向

正是因为扶贫政策有上述的困难与不良结果，因此在中国历史上鲜有规模巨大的扶贫措施出台。扶贫措施是在美国罗斯福新政后才在世界各国推广的。在中国传统文化中有"救急不救穷"、"升米恩，斗米仇"等反对扶贫的至理名言。而当代中国是世界上最成功地减少了贫困人口的国家。反观中国的三十年经济奇迹（1978—2008年），必须要摒弃西方发达国家的劫富济贫做法，在更大的空间延续成功的经验。实际上，中国近年来的正性扶贫与西方传统上的宗教扶贫是比政府"派钱送物"更加有效的扶贫方式。

（一）中国的正性扶贫

中国的经验就是在更广阔的时空上去考虑贫困问题——发展经济才是硬道理。只有经济发展，穷困的人才会有更多自力更生的机会，其知识与生产力才能够提高，从而彻底摆脱贫困。在20世纪八九十年代，许多农民从乡村来到城市，因为有低端制造业，这使得他们有机会在工厂里开始接触并学习工业知识、国际贸易知识，十多年后，一些人开始开办自己的企业，创立自己的研发与品牌。如果没有人投资建厂，农民工就不可能拥有这样的机会去改变命运，甚至再为其他人创造机会。邓小平的改革开放政策，让没有资金、没有技术的中国迎来了国际投资，中国人民的命运开始改变。其"先富带动后富"的方针，也是为贫困者创造机会。沿海城市因为有着港口的便利条件，经济首先得到发展，先富的人们除了进行投资为其他人创造致富的机会外，其消费也创造出大量

[①] 指36元月薪。

的机会。例如富裕的人们到穷乡僻壤旅游、领略乡村生活，其消费也会让落后地区得到发展的机遇。①

从大处着眼，是中国的经验。一些看似与扶贫无关的政策措施，对消除贫困却有着巨大的杀伤力。例如从2003年开始，美国不断施加压力让人民币升值，人民币兑美元汇率被迫从8.27升至6.05。人民币升值似乎是外汇市场的问题，与贫困无关。然而人民币升值意味着成本增加，中国产品的国际竞争力下降。随着2003年开始人民币汇率的不断波动，企业甚至放弃中长期定单，订约的交易费用上升。围绕人民币升值的这两大费用，对低端制造业的杀伤力非常明显，中国开始出现大量企业倒闭的现象。那些处于低端制造业的工人难以找到工作，他们脱贫的机会是减少了。在人民币升值这一事件中，短期来看，高收入群体是收益者，因为出国购物与游学的成本是下降了。但是从长期来看，穷人的机会与收入减少，社会财富累积的减少，终将波及富裕群体。

（二）西方的宗教扶贫

宗教是一种经济物品，许多人对它有需求。在一个充满了竞争的社会中，竞争准则多种多样，宗教一方面可以约束人的行为，另一方面也提高了人类的互助与不相互残杀的可能性。互助互爱往往需要牺牲自我的利益，自利人如何能够做到呢？宗教的作用不可小觑。当你给予他人，而自己少吃一片面包时，损害了自己的利益，增进了别人的利益，如果预期回报是可以"升天堂"，那么做这种"损己利人"事情的概率就上升很多了，自己也会心甘情愿地选择。

在西方，许多人将自己的财富与知识奉献给教会，例如捐献财产，让教会用以帮助有需要的人。据说经济学大师弗兰克·奈特就曾经每周到教堂讲学。教堂到处都有，竞争激烈，那些真的能够做到帮助别人的牧师与教堂会有口碑，就像企业的著名品牌一样，由市场进行了认证，会有更多的人愿意将自己的财富捐献给他们。在竞争机制下，经过淘汰剩下效率高的教堂。这是西方社会目前最有效的扶贫方式。

---

① 一些毫无知识、身无长技的老妇，在国庆等节假日一天能够卖出成百上千枚茶叶蛋以及其他土特产。其收入会改善儿孙的求学境遇，也是机会。

中国没有基督教的传统，本土有佛教与道教，因而寺庙与道观也常见，但是却没有形成西方那种私人募捐的气候。究其原因，是因为这两大宗教过于抽象，往往导致迷信。世界上的宗教其本质都是一样的，所倡导的人生观与行为准则也非常相似。然而基督教更加浅显，而佛教的禅宗则是很高深的学问。如果能够发展起宗教扶贫，其效率不但远高于政府，这也是避免人类自我毁灭的有效途径之一。

第十章 社会保险

近年来,中国的社会保险问题日益严重。一方面社会保险的增长速度惊人,中国正在向欧美的福利国家制度迈进。从绝对数来看,2011年至2013年,社保基金会管理的基金规模从8377亿元增加到11943亿元①,至2014年底,社保基金会管理资产规模更是达到1.53万亿元。② 从相对数来看,中国全国社保基金的增长速度全球第一,达到30%。2012年中国社保基金规模首入全球前十,机构预测,未来三年内中国将会跻身全球前三。③ 另一方面,围绕社会保险的问题频出,例如2013年中国3800万人选择中断缴纳社保,养老金空账压力加剧。④《中国劳动保障发展报告(2016)》指出,我国城镇职工基本养老保险制度财务不可持续的问题十分尖锐,个人账户空账运行规模越来越大,接近3.6万亿元。⑤ 除此之外,社会保险给企业也带来了巨大负担,据报道,在全国绝大部分地区,

---

① 《全国社保基金规模达11943亿元 2013年收益率6.29%》,载《经济参考报》,2014年3月27日。
② http://www.gov.cn/2015-04/03/content_2842459.htm.
③ 《中国社保基金规模首入全球前十》,中国网,2013年9月10日。
④ 《中国3800万人选择中断缴纳社保 养老金空账压力加剧》,载《华夏时报》,2013年11月28日。
⑤ 《收不抵支 个人养老金账户空账规模已近3.6万亿》,载《北京商报》,2016年9月27日。

"五险"的总费率已达到企业工资总额的 39.25%。①

纵观全球,几乎每个推行社会保险的国家最终都会陷入债务危机。为什么社会保险会带来如此多的问题?是否能够避免?只有了解了社会保险的本质,对这些问题才有可能有清晰的答案。

一、为什么要有社会保险

在日常生活中充满了风险与不确定性,火灾、疾病等意外事故时有发生,于是保险行业应运而生。保险的赔偿率是遵从大数定律②的,即参加保险的投保户成千上万,虽然每一户情况各不相同,但对于保险公司而言,赔偿率几乎恒等于一个常数。

当保险标的的数量足够大时,保险公司可以根据以往的统计数据计算出某种损失发生的估计概率,然后根据这个概率来计算可能发生的损失并确定要收取的保费。例如,我们无法预测某栋房屋未来一年内发生火灾的概率,因为可能引发火灾的因素实在太多。然而,根据以往的统计数据,假如发现一年内 10000 栋房屋就有 20 栋房屋失火,那么可以比较肯定的是,每栋房屋失火的概率为 0.2%。据此保险公司计算每栋房屋未来一年可能发生的损失,以及应收取的保费。房屋投保的数量越大,火灾的概率越稳定,就越便于保险公司厘定保费和管理风险,从而赚取收益。

对于个人而言,只需向保险公司支付少量保险费,一旦遇到某些不幸事件时,却可以得到大额补偿。计算完成本(支付保费)与收益(获得补偿)后,自利人便会选择购买或不购买保险,购买何种保险。在这一过程中,保险市场的形成是供给与需求的产物,为什么会出现由政府介入并提供的"社会保险"呢?政府提供"保险"产品的理由是什么?这些理由又是否能够成立?

---

① 《养老金高费率成中国经济'绊脚石'为何如此之高》,载《第一财经日报》,2015 年 12 月 7 日。

② 大数定律是指,随着随机试验次数的大量增加,某随机事件发生的频率具有稳定性,逐渐趋于某个常数。

（一）传统经济学的理由——信息不对称理论

一个社会中充满了风险与不确定性，市场可以提供保险产品。在当今世界，许多政府也在提供这类产品，如养老保险、失业保险、医疗保险等。由政府提供的保险被称为"社会保险"，它与市场提供的保险有何区别呢？社会保险最重要的特征就是"参与的强制性"。在市场上，人们会根据自己的具体约束条件选择是否购买保险、购买哪种类型的保险、购买多少数量。然而，社会保险却不能够"任君选择"，不但一定要买，而且保险产品的品种、数量都由政府规定，仅此一家，别无选择。这在本质上与行政垄断市场是一样的。政府这样做的理由是什么呢？传统公共经济学给出的第一个理由就来自于"信息不对称理论"。

信息不对称理论是指在市场经济活动中，各类人员对有关信息的了解是有差异的——掌握信息比较充分的人员，往往处于比较有利的地位，而信息贫乏的人员，则处于比较不利的地位。于是，在保险行业中，那些知道自己最有可能从保险中获利的个人对保险有着特别高的需求，所谓的逆向选择（Adverse Selection），即会有更多的高风险个人将购买保险。在"柠檬法则"（The Lemons Principle）的作用下，高风险的人驱逐低风险的人直至市场不存在。市场不存在，于是需要政府出马来提供这类产品。政府提供的社会保险项目是强制性的，低风险者也被强迫购买保险，这就能够避免逆向选择问题，弥补市场失灵。传统经济学的分析貌似推理严谨，然而在事实面前却不堪一击。第一，如果因为存在信息不对称，所以高风险会将低风险者驱逐出市场这一推理成立，理应在市场上看不到任何保险产品，不仅仅局限于养老、医疗、失业保险。为什么在真实世界中保险行业长盛不衰、保险产品层出不穷呢？第二，"柠檬法则"的推导结论在真实世界中从来都没有发生过，二手车市场中从来都不缺乏好车。

"柠檬法则"的推导如下图所示。经济学家们认为，因为存在信息不对称，卖车方比买车方对车子更加了解，拥有更多信息。他们会隐瞒信息，例如在冬天时才出售空调有问题的车。GH 表示市场上二手车车主的最低供给价格，从低质车一直往上排列到高质车，KL 表示潜在的买方对质量有充分信息时相应的需求价格，假设车主和潜在买方的数目相等，每人只想出售或购买一辆车子,这时所有的车都会售出。但如果买方只能观察到目前供应的车子的平均质量,他们的需求价格就会由较低的 KN 曲线表示。N 点是买方对一部质量为平均水平车子的需求价格。KN 与 GH 相交于 q_L 与 q_H 之间的 Q^*。均衡时,只有质量低于 Q^* 的车子会售出。劣车将好车淘汰出市场了。

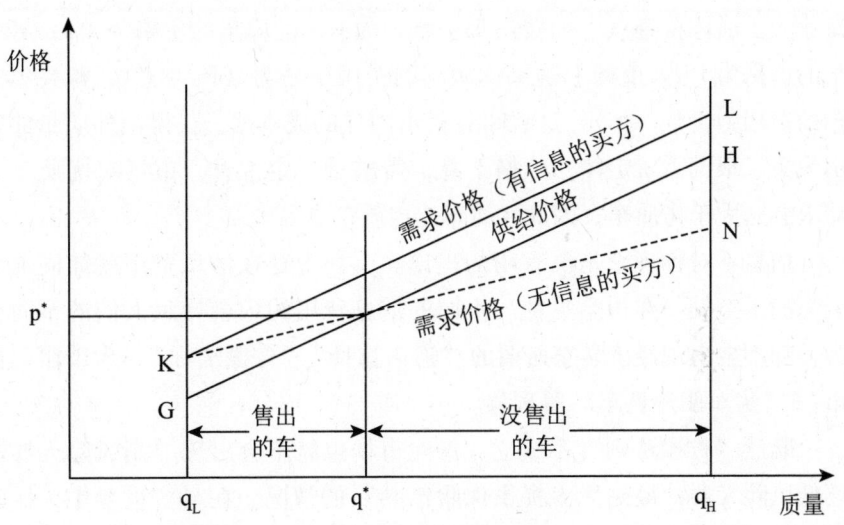

图 10-1 "柠檬法则"图解

资料来源:[美]杰克·赫舒拉发(Jack Hirshleifer),阿米亥·格雷泽(Amihai Glazer),大卫·赫舒拉发(David Hirshleifer):《价格理论及其应用:决策、市场与信息》(第 7 版),机械工业出版社 2009 年版,第 281 页。

然而,这个大名鼎鼎的"柠檬法则"却经不起真实世界的检验。以购买二手车为例,2010 年我在英国时想买一辆二手车。社区网上有许多选择,一辆宝马甚至只需要 200 英镑。然而,我却不敢购买,因为信息费用的问题,担心自己会买回一堆破铜烂铁。此时,一位在英国土生土长的朋友介绍我去一家车行,他说这家车行的车质量很好,而且保修半年(购买后半年内,汽车有任何问题他们都免费维修)。他已经买过两辆,还介绍邻居去买,大家都很满意。在他的推荐下,我也在这家车行购买了一辆车,使用效果满意。这家车行的车,自然比社区网络上的贵很多,然而我们却欣然接受。原因就在于它帮助我们节省了鉴别汽车优劣的信息费用。在市场上，信息费用无处不在，车行、汽车销售代理等通过降低信息费用而赚取该费用。市场会自动发展出降低信息费用的方法，从未出现过柠檬法则推导出来的"劣车驱逐良车现象"。

事实上，按照需求定律，二手车市场中的优质车比劣质车更多。原因是"劣旧车的讯息费用在市价的比重上较高，会先遭淘汰。"① 假定请专业人士通体检查汽车的费用都一样，为 C；优质车的价格为 $P_{优}$；劣质车的价格为 $P_{劣}$。市场上购买优质车的费用于是为（$P_{优}$ + C），购买劣质车的费用为（$P_{劣}$ + C）。这意味着付出同样的成本 C，获得额外质量的费用为零。根据需求定律，价格下降，需求量一定上升，市场对优质车的需求会远大于劣质车，因此优质车比劣质车更多。

信息不对称理论是没有用的理论。市场中存在信息费用就如同地球上充满了空气一样司空见惯。不同的信息费用约束会导致人们的不同行为，却不会出现经济学家所谓的"逆向选择""柠檬法则""劣币驱逐良币"②"劣车驱逐良车"等现象。

既然"柠檬法则"不成立，保险市场也就不会出现"高风险人群驱逐低风险人群，最终无人提供保险产品"的情况。在真实世界中，保险

---

① 张五常：《经济解释》（2014 年合订本），中信出版社 2014 年版，第 665 页。
② "劣币驱逐良币"的定律又称为"格雷欣法则"，是根据 16 世纪的英国铸造局长格雷欣（Thomas Gresham）的名字命名的。他发现市场上一些由于长期流通而磨损，导致重量不足（成色不足）的贵金属货币在流通，而"足金"的货币则被收藏，或熔化成金属块，甚至转运出口到国外去。过了 300 年后，英国经济学家麦克劳德（MacLeod）撰写他的《政治经济学基础》时，把这种"劣币驱逐良币"（Bad money drives good money out of circulation）的现象确认为经济学上的一条定律，并根据格雷欣的名字命名为"格雷欣定律"（Gresham's Law）。这种现象上升为一条定律，就是由此而起。李俊慧曾用一个中国唐朝时的例子将其推翻。唐玄宗后期唐朝经济下滑，他的儿子唐肃宗于乾元元年（公元 758 年）实施通货膨胀政策，铸造大钱，史称"乾元重宝"。并且规定，一文乾元重宝可换当时的开元通宝钱十文。然而，开元通宝的重量是 3.98 克，"乾元重宝"却仅重 5.97 克，重量之比才是合理的兑换比率，一文"乾元重宝"应该只值大约 1.5 文开元通宝，官府却强行规定值 10 文。"开元通宝"与"乾元重宝"，无疑就是格雷欣所说的优劣二币了。然而，中国历史上却没有出现"劣币逐良币"的事情，"乾元重宝"并没有把"开元通宝"逐出市场，而是出现了所谓实钱和虚钱的双重价格——如果以足称的开元通宝（良币）支付，价格较低（实钱）；如果以不足称的乾元重宝支付，价格较高（虚钱）。由此产生了两种物价，让两币同时共存。参看李俊慧：《"劣币驱逐良币"的神话——从唐肃宗的"乾元重宝"史实说起》，载《经济学家茶座》，总第三十辑，2007 年 4 月。

市场上的险种多如繁星，甚至连"中秋赏月险"① 都会出现，怎会没有人提供该保险产品呢？保险公司会根据不同人群的需要与理赔的风险，精确计算保费。以汽车保险为例，事故频发的人，下一年度购买保险，其保费会增加；多少年没有事故，保费又可降低。每个人的风险不同，保险公司会一一厘定价格。由此可见，传统经济学信息不对称理论分析既不是事实，又无法为"政府应该提供社会保险"提供充分理由。

（二）其他理由

虽然传统的信息不对称理论没有办法为政府的隆重登场提供理由，然而，希望扩大支出规模的政府官员，与为政府支出积极寻找理由的经济学家们给出了另外三个"政府应该提供社会保险"的理由。

第一个理由是"鼠目寸光"（Lack of Foresight）。一些经济学家认为，老百姓都是鼠目寸光的，有钱的时候不会想起忍饥挨饿的痛苦，倾向于"今朝有酒今朝醉，明日愁来明日愁"。因此，政府需要像一位家长一样地照顾他们。当他们有收入时，征收税收（相当于帮他们存钱），当他们年老或生病时，将这笔税收再返还给他们。暂且不论政府收走的钱能否如悉奉还（下文将证明这是无法做到的），只需要问一个问题：你认为政府官员会比你更加清楚你的钱该如何花吗？消费、储蓄、投资等，政府官员会比你自己更在乎你的钱怎样花才是有效率的吗？如果上述两个问题答案为否，那么该理由便不能成立。

第二个理由是"节省决策费用"（Economize on Decision-Making Costs）。经济学家认为，一个人在浩如烟海的保险产品中选择适合自己的商品，要付出巨大的决策费用，政府统一决策养老、失业、医疗保险等能够节省社会的决策费用。如果这一分析逻辑能够成立，继续推导下去会发现，人们每天都需要为自己穿什么衣服、吃什么午餐、找什么样的

---

① "中秋赏月险"是由安联财险与阿里小微金融服务集团（筹）旗下淘宝保险共同合作推出的产品。指被保险人针对中秋之日是否因为天气原因在赏月城市看到月亮而投保，根据情况获得理赔的保险。"赏月险"的保费设置分为两档。其中一档投保价格为 20 元，若被保险人在赏月城市（上海、广州或深圳）由于天气原因看不到月亮（即阴天或雨天），可获保险理赔 50 元。第二档投保价格为 99 元，赏月城市也从 3 个增加到北京、西安、乌鲁木齐等 41 个城市。依照保险内容，如果被保险人所在赏月城市由于天气原因看不到月亮，即可获保险理赔 188 元。相应赔付金额会汇至被保险人的支付宝账户内。

男（女）朋友大费苦心，决策费用也很高，这些全部都由政府来决定，节省的费用不是更大吗？这样的社会有人会愿意生活其中吗？政府真的能够节省决策费用吗？

第三个理由为：社会保险是为了"收入再分配"（Income Redistribution）。虽然经济学无法对收入再分配的合理性给出理由（具体对收入再分配理论的批驳请参考本书第八章）。但是，"收入再分配"才是政府提供社会保险的真正理由。只要"再分配"，那就意味着政府可以通过税收等形式获取社会上的资源，由利益集团组成的政府对此会有相当大的动力。

（三）小结

综上所述，无论是经济学传统的"信息不对称理论"，还是其他理由，均无一成立。经济学中"信息不对称"所带来的市场失灵现象从来没有出现过，也不会在保险市场中出现。传统的经济学分析无法为政府提供社会保险提供充分的理由。即便如此，目前许多国家已经在提供社会保险。最根本的原因是通过设立社会保险项目，能够为政府获取社会资源寻找到借口。

纵观人类历史，社会保险是1930年之后才有的"新事物"。然而从古至今，人类一直都在面对着风险与不确定性，一直存在有养老的问题。社会中，人们发展出了各式各样的方法来面对这类问题，例如中国传统的孝道与养儿防老。如果没有罗斯福新政后的大政府，如果没有民主投票制下的利益集团，很难想像这种制度的出现。

除了"为什么要由政府提供社会保险"这一问题外，需要回答的科学问题还有：社会保险究竟由哪些要素组成？会引起哪些局限条件的变化，从而影响人的行为选择？社会保险会给社会带来什么后果？各国政府提供社会保险的真正理由究竟是什么？

二、社会保险的基本要素：以养老金为例

社会保险多种多样，有养老保险、失业保险、伤残保险等。下文以养老保险为例，探讨其构成要素。即政府在设计养老保险时，需要考虑的制度安排。

（一）现收现付制

美国的社会保险计算始于 1935 年，当时规定，个人在工作年份中，将薪金的一定比例存入某种基金。随着时间的推移，该基金会积累利息。等到此人退休时，用本金和利息来支付养老金。这种做法被称为"完全积累制"。然而，这项计划没有实施几天就被废弃了。1939 年改为"现收现付制"，即支付给现在退休者的养老金，来自于目前正在工作的人的缴款，每一代退休者的养老金都由正在工作的这一代人来支付，而不是由积累的基金支付。这也是目前各国采用的通行做法。

（二）收益的计算方法

养老金的计算方式各国各阶段都会有所不同。美国养老金的计算步骤是先确定月均指数化收入（AIME），然后计算基本保障额（PIA）。再根据申领者支取养老金的年龄，以及家庭类型进行调整。例如，提前退休人士无法获得全额的 PIA，只能够获得 80% 的 PIA。需要养活妻子、丈夫或者儿童的工人，可获得额外 50% 的 PIA 基本救济。另外，当收入超过某一限额时，还需缴纳联邦个人所得税，应税额可达养老金额的 85%。与此同时，养老金还会针对通货膨胀进行调整。

我国的养老金主要分为两类：机关事业单位人员退休养老金和企业人员退休养老金。二者实行的不同制度，被称为养老"双轨制"，两者待遇差距巨大，主要有三点不同：一是统筹的办法不一样，即企业人员是单位和职工本人按一定标准缴纳，机关事业单位的则由财政统一筹资；二是支付的渠道不一样，即企业人员由自筹账户上支付，而机关事业单位则由财政统一支付；三是享受的标准不一样即机关事业单位的养老金标准远远高于企业退休人员，差距大概是 300%—500%。

（三）资金来源

与其他税种不同，社会保险一般都有非常明确的资金来源（Financing）。在美国，社会保险来源于工薪税（payroll tax），不同年份税率不同，由企业与个人各负担一半。税率大概为 12.4%，再加上不设征税上限的 2.9% 医疗保健税，使得累计税率达到 15.3%。

人们讨论得比较多的问题是由谁来负担该税。由税收转嫁理论（见

第十二章）可知，法律上由谁支付是无关要紧的问题，关键是由谁来真正承担。举例而言，200元的工薪税，如果由员工支付，雇主将支付1000元的薪水，是员工本人承担；如果由雇主支付，他可只支付800元的薪水，扣下200元支付税收，工薪税依旧由员工本人负担。

三、社会保险对行为的影响

社会保险对人们的行为会有众多影响，经济学家们一般都比较关心它对储蓄行为与退休行为的影响。本书将加入另一个影响——对道德风俗的影响，因为这一制度对中国的传统道德风俗的冲击非常大。

（一）储蓄行为

传统的公共经济学教科书认为，人们是追求一生的"消费平滑"。人们通过储蓄，将工作时的部分收入转到丧失劳动能力之后使用，这样一生的消费就不会大起大落。这一观点不对，欧文·费雪（Irving Fisher，1867—1947）认为，一个人从少年到老年，其消费的意向可有转变，而人与人之间的平生消费意欲图案（time shape）不一样。有人像李白一样"今朝有酒今朝醉，明日愁来明日愁"，也有人精打细算，步步为营。然而，无论是哪种人，在选择职业时都会选择收入折现后财富最高的职业，然后在借贷市场调整。因此无论是哪种平生消费图案，这个人的平生消费都会是最高的。由此可见，每个人的储蓄（或投资）选择会非常不一样。

经济学家们将养老保险的效应区分为三种：财富替代效应（Wealth substitution effect）、退休效应（Retirement effect），以及馈赠效应（Bequest effect）。对于财富替代效应而言，家庭认为政府在帮助他们储蓄，因此会减少自己的储蓄；对于退休效应，社会保险会导致人们在法定年龄便退休，要为更长的退休时期筹资，所以会增加储蓄。对于馈赠效应，社会保险使得收入从年轻人向老年人再分配，父母会用更多的遗产来弥补孩子的损失，因此会为孩子更多地储蓄。这三种效应不同，因此社会保险对储蓄的影响就变得不确定。这些效应分析其实本身是存在许多问题的，例如既然退休后政府来养老，那么为什么还要自己储蓄呢？

可见"退休效应"与"财富效应"相互矛盾。"馈赠效应"也存在问题，养老保险会让亲情的用值下降，父母都不依靠孩子养老，又怎么会负责孩子长大的生活呢？尤其是孩子的养老也能够依靠政府的"养老保险"，父母就更没有必要为孩子储蓄了。将这些有问题的"理论"放置一边，有学者采用回归的方法估算系数，想看看现实中，养老保险与储蓄之间的关系，得出1999年美国的社会保障支出使个人储蓄减少了4480亿美元，占潜在私人储蓄的74%，对美国的资本积累（储蓄）有着非常不利的影响。[①]

实际上，没有必要进行这些效应分析，尤其是后两种效应，因为人的心理无法检验。社会保险的推出，相当于增加了人们工作年份的支出，同时也增加了退休之后的收益，即对年金收益会产生影响，对消费与储蓄究竟有何影响，则需要考虑更多的约束条件。

（二）退休选择

养老保险显然具有鼓励人们退休的作用。有研究表明，1930年在美国65岁以上继续参与劳动的人大概占了54%，而这一比例在2001年却下降到了18%。这种下降是在医疗保健水平不断增加，人均寿命不断延长的情况下发生，那就更加严重了。从图中可以看出，美国的单身男性参与工作的比率在不断下降。其转折点在1930年，即大政府开启的年份，并且随着时间的推移比率不断下降。

表10-1 美国的工作参与率（%）

年份	60岁以上的男性*	65岁以上的男性**
1880	64	
1900	67	
1920	65	
1940	55	
1960	46	
1980	32	19.0

---

① 哈维·罗森：《财政学》（第六版），中国人民大学出版社2003年版，第176页。

(续表)

年份	60 岁以上的男性*	65 岁以上的男性**
1990		16.3
2000		17.5
2010		19.5

资料来源：Lumsdaine, Robin L. and Wise, David A. 1990, "Aging and Labor Force Participation: A Review of Trends and Explanations", National Bureau of Economic Research Working Paper 3420.

（三）道德选择

在一般人的印象中，中国父母与子女的关系比西方紧密。帮助孩子买房买车，关心孩子的婚姻大事，甚至是帮忙带孙子，中国父母都视这些为理所当然，而孩子孝敬父母也是天经地义。在中国传统的道德风俗中，"百德孝为先"，孝道是风俗伦理的重要组成部分。这一点在西方人看来非常不可思议。西方文化认为 18 岁之后就应该自立门户，孩子也没有赡养父母的义务。因此，在一些发达国家，孩子成人后住在父母家中，是需要交房租的。

本书认为，西方父母与子女的这种疏离，源于社会养老保险的实施。当父母不需要"养儿防老"时，对孩子倾注的心血自然会少一些。孩子认为政府会养自己的父母，过问也会少。中国自古以来都是依靠"养儿防老"，孩子过得好，自己也就会过得好，因此格外关心孩子的成长与所受的教育。这些投入，从本质上看，其实是一种投资，以求未来获得回报。父母年迈后，孩子对父母的孝敬，也会传递给他们的下一代。每个人都有终老的一天，在这样一种传统道德框架下，孝尽天承，生生不息。实际上，每个人都会面对养老问题，究竟选择政府养还是子女养，这是一个问题，随之而起的社会道德结构也会完全不同。可以预见，当中国学习发达国家的养老保险制度后，这种亲情关系或许会随之减弱，"孝文化"也将逐渐消失。

四、社会保险实施的后果与改革取向

社会保险（以养老保险为例）实施之后，究竟会带来什么结果？各国政府又会进行什么样的改革呢?

(一)社会保险的长期压力

目前各国在养老保险上主要采用的是现收现付制。收入与支出至少必须要相等,这一制度方可维系下去。假设:

N_b:退休人员的数量

B:退休人员的收益

t:社会保险税税率

N_w:工人的数量

W:工人的工资

由此可得:

退休者获取的养老金 $= N_b B$

工人缴纳的税款 $= t N_w W$

如果现收现付制能够运行,政府可以支付养老金,必须满足:

$$N_b B = t N_w W$$

整理可得:

$$t = \left(\frac{N_b}{N_w}\right)\left(\frac{B}{w}\right)$$

由这一式子可知:

(1)如果退休收益与工资不变,随着人口的减少,$\frac{N_b}{N_w}$ 增加,养老保险税税率 t 必须增加,或者是 $(t*w)$ 增加。例如近期有报道称《社保基数涨涨涨,唯独工资"被下降"》,[1] 体现的就是社保的压力。

(2)如果税率不变,人口减少(N_w 下降),通过延迟退休,可使 $\frac{N_b}{N_w}$ 暂时下降。各国的社会保险,当无以为继的时候,首先想到的就是延迟退休。例如最近巴西开始实行的 85/95 模式新退休金制度

(3)其他不变,如果提高养老待遇 B,则必须使 t 增加,或者是 $\frac{N_b}{N_w}$ 下

---

[1]《社保基数调整"被平均"后再添新伤》,中国经济网,2015 年 6 月 22 日。

降,或者是工资 w 增加。

（4）如果养老待遇不变,人口又减少,为了不增加税率,唯一的办法就是提高工资 w,这也就意味着经济增长,可以维持养老保险制度。

在美国目前是每 3 个工人负担一个退休者,预计到 2030 年,将是每 0.5 个工人负担一个退休者。中国的情况比美国好一些,城镇职工养老保险目前大概是 3 个在职人员养一个退休人员（3:1）。预计到 2030 年,这一比例会降到 2:1,到 2065 年进一步降到 1:1。养老保险的长期压力无论在哪个国家均是不可忽视的问题。

（二）收入转移与投资回报率

由前文的分析可知,政府提供社会保险在经济学中是没有理论依据的。然而不管怎样,现在绝大多数国家的政府都在提供。科学的问题是：社会保险会带来什么样的结果,下面就从收入转移与投资回报率两个方面来进行分析。

经济学家对那些具有代表性的不同个人,模拟他们一生的净收益,即计算出收益减成本。工薪税是个人支付的成本,而养老金则是收益,将其贴现后相减。其结果如表所示：

表 10 - 2 社会保障的成本与收益

退休年份		收入水平		
		低收入者	中等收入者	高收入者
1980	社保财富（收益）	$67048	$111422	$139186
	工薪税（支出）	27718	61595	82057
	净收益	39330	49827	57130
1995	社保财富（收益）	75180	124000	158687
	工薪税（支出）	54516	121146	171658
	净收益	20664	2854	-12971
2015	社保财富（收益）	108164	178709	236189
	工薪税（支出）	89311	198468	314610
	净收益	18853	-19759	-78421

资料来源：在原文 Steuerle, C. Eugene. and Bakija, Jon M., 1994, *Retooling Social Security for the 21st Century*: *Right and Wrong Approaches to Reform*, Washington, DC: The Urban Institute Press. 的基础上进行更新。以 1993 年的美元币值为基准。

由上表不难看出，在较早年份退休的，其净值（社保收益—工薪税）均为正。随着时间的推移，各个收入阶层的净值都在下降，尤其是高收入群体与中等收入群体，甚至在2015年退休时出现较大的负值。这说明从宏观层面上看：（1）社会保险存在着贫富之间的收入再分配——富人补贴穷人；（2）社会保险存在着代际之间的收入再分配——晚退休的人补贴着早退休的人。

在微观层面上，对于个人而言，社会保险作为一项储蓄—投资计划，是否是一项"好投资"呢？换言之，如果把它看作一项个人的储蓄—投资项目，其现值是否为正？

李立群和安德鲁也提供了相类似的结果（见表10-3）。作者估计了未来的税收水平与福利，还估计了参与者的预期收益、退休选择和寿命。一般认为，社会保障制度总是对低收入的纳税人更有利。然而由上表可知，对于所有群体来说，现值都是负数。结果相对更有利的是那些出生年份较早的人。因此社会保障在财务上是一项糟糕的投资。

表10-3　社会保障投资的预期现值——单身男性

出生年份	高中毕业	大学毕业	研究生
1940年	$-27000	$-33000	$-33000
1950年	-32000	-45000	-49000
1960年	-34000	-53000	-59000
1970年	-33000	-58000	-75000
1980年	-32000	-63000	-93000

资料来源：Lee, Liqun and Rettenmeier, Andrew J., 2001, "Social Security and Education", National Center for Policy Analysis, Policy Report No. 240.

现值是根据4%这相对较低的贴现率来计算的。

（三）发达国家的改革取向与现实约束

正是因为宏观上财政无以为继，微观上投资效果极差，所以现在发达国家的人们提议改革社会保障制度的呼声非常高，出现了较为一致的改革取向。

从短期来看，主要是提高工薪税，提高退休年龄。然而这两种做法只能将社会保险的问题尽量往后拖，无法从根本上解决。

从长期来看，主要是对社会保险系统进行私有化改革（Privatize the System）。即要求人们将缴款存入指定的帐户，个人可以支配作各种投资。这种做法其实已经偏离了建立社会保险的初衷。人们将工薪税存入自己的帐户，进行储蓄或投资，未来获取的保险，将由该账户的余额所决定。这种做法的目的是为了提高回报率，然而问题就在于，个人可以自由支配的话，为什么还要由政府设立该账户呢？人们完全可以不必缴纳工薪税，自行决定自己的储蓄与投资，像以前没有社会保险的时候一样，进行自我养老，自我保险。这样一来，社会保险进行收入再分配的功能也就不复存在。换言之，西方私有化改革的目标其实质是取消社会保险。然而，这在民主投票制度下根本不可能实现。

包括社会保险在内的各种社会福利政策已经使各国不堪重负，而在民主投票制度下，想对此进行改革的总统（减少社会福利的总统）根本不可能被选上。① 所有竞选者都不敢提问题的实质是国家福利制度，为了保住总统位置的人也根本不可能进行真正的改革。对于选民而言，他们要一个既能够增加福利（至少不能减少），同时还能立法限制资本家（资本家以及资本还不能外逃），而且还要带领经济重新起飞的总统。这是不可能的事情，因此也就陷入到了一个永远的循环——"投票然后后悔（elect and regret）"。

五、社会保险的本质

李俊慧认为，社会养老保险的本质是"庞氏诈骗"。② 庞氏骗局又称金字塔骗局（Pyramid scheme），是由一个名叫查尔斯·庞兹（Charles Ponzi）的投机商人"发明"的。简言之就是利用新投资人的钱来向老投资者支付利息和短期回报，以制造赚钱的假象，进而获取更多的投资。

---

① 例如2016年法国总统奥朗德要修改《劳动合同法》，取消35小时工作制，引起法国大罢工，支持率跌至4%，最终被迫放弃连任。

② 李俊慧：《经济学讲义》（下），中信出版社2012年版，第86页。

庞氏骗局在中国又俗称"拆东墙补西墙","空手套白狼"。

查尔斯·庞兹是一位生活在19、20世纪的意大利裔投机商，1903年移民到美国，1919年他开始策划一个阴谋，骗人向一个事实上子虚乌有的企业投资，许诺投资者将在三个月内得到40%的利润回报，然后庞兹把新投资者的钱作为快速盈利付给最初投资的人，以诱使更多的人上当。由于前期投资的人回报丰厚，庞兹成功地在七个月内吸引了三万名投资者，吸纳1500万美元的资金。未被揭穿骗局之前，庞兹甚至被人盛赞为与哥伦布、马尔孔尼（无线电发明者）齐名的最伟大的意大利人。最常见的"庞氏诈骗"是传销。最近一起著名的庞氏金融诈骗案主角则是纳斯达克前主席麦道夫。他所创立的投资证券公司，使投资者损失高达600亿美元，被称为华尔街历史上最大的诈骗案。

实际上，庞氏的诈骗手法很简单，就是以新投资者的"投资本金"用于支付老投资者。只要新进来的投资金额的增长速度高于承诺的投资回报率，就总能兑现这一承诺。然而，新投资的增长速度迟早会慢下来，要求得到回报的老投资却越来越多，终于有一天会到达塔底无法再支撑塔尖的地步。

养老保险是一种储蓄型保险。由投保人先支付保险费，十几年、甚至几十年之后获取养老金。由上文的养老保险现收现付制可知，养老保险是由正在工作的人缴纳税款，支付给退休的人员。这样一种用一个人的投资（储蓄）帐户里的钱去作为投资（储蓄）收益返还给另一个人，本质上与"庞氏诈骗"无异。只要购买的人数足够多，就可以维持。然而因为塔底的人数有限，其最终结果一定是入不敷出的。这也就是为什么养老保险在推出的早期先给予很高的回报，即使没有交多少年的社会保险税，依然可以获得高额回报，这样才能够吸引更多的人加入到该计划之中。

我国近期的养老保险空账高达3.1万亿[①]、"延迟领取养老金年龄"[②]、

[①]《3.1万亿养老金空账怎么补，财政部长楼继伟力挺名义账户制》，观察者网，2014年12月29日。

[②]《人社部将提出弹性延迟领取养老金年龄建议》，载《京华时报》，2012年6月6日。

"19省养老金收不抵支"①、"3800万人选择中断缴纳社保,养老金空账压力加剧"② 等新闻热点问题,无一不预示着这一制度面临的困境。

以各国养老金计划那糟糕透顶的收益率表现,社会养老保险不可能吸引到公众购买。正因如此,政府才需强制所有人购买,并且不断扩大社会保险制度的覆盖面,"尽可能把所有人都纳入社会保障体系之中予以保护",实际上是随着参保人不断增加,进入退休阶段需要领取养老金的人也越来越多,金字塔的塔尖越来越大,支撑起他们的塔底需要越来越大才能够维持该制度的运行。

六、社会福利低效的原因

从上文的分析可知,经济学家无法给众多的政府支出提供充分的理由,现有的理论无非是给政府支出找借口,根本经不起逻辑与现实的检验。与此同时,大规模的政府支出,给经济带来巨大的影响,一方面是影响人们的行为选择,从而带来租值消散,另一方面则是支出的低效,给社会带来巨大的浪费。从世界各国的实践来看,几乎无一例外。那么,为什么福利支出的效率会如此之低呢?

弗里德曼在其《自由选择》一书里剖析了社会福利低效的原因,直指目前的福利国家制度。部分原文如下:

> 假如你是花钱者,有以下四种可能:
> Ⅰ 你的钱,为你自己花
> Ⅱ 你的钱,为别人花
> Ⅲ 别人的钱,为你花
> Ⅳ 别人的钱,为别人花

---

① 《去年19省养老金收不抵支》,载《山西商报》,2013年12月19日。
② 《中国3800万人选择中断缴纳社保,养老金空账压力加剧》,载《华夏时报》,2013年11月28日。

谁的钱	为谁花	
	你	别人
你的	I	II
别人的	III	IV

  I 类指的是**你为自己花自己的钱**。例如你到超市买东西，显然会有强烈的愿望，既要省钱，又要使所花的每一元都尽可能划算。II 类指的是**你为别人花你的钱**，例如你为别人购买生日礼物。你会像 I 类中那样希望省钱，但并不同样想要花得最上算。你要买接受者喜爱的东西，只要它能产生好的印象而又不至于花费太多的时间和精力。如果你的主要目的是让接受者获得尽量多的价值，那么你会送给他现金，将 II 类中由你花钱变为 I 类中由他花钱。III 类指的是**你为你自己花别人的钱**。例如，可报销的用餐。你没有强烈的愿望要少花些钱，但会有强烈的愿望想使钱花得上算。IV 类指的是**你为另一个人花别人的钱**。例如，你用报销单替另一个人付饭费。在这种情况下，你既不会想省钱，也不会想让客人吃得最为满意。如果你同他一起用餐的话，那么，这顿饭就成了 III 类和 IV 类的混合体，你就会有强烈的愿望满足你自己的口味，必要时可以牺牲他的口味。

  所有福利计划不是属于 III 类，就是属于 IV 类。例如社会保险，福利金领取者可以按自己的愿望随便花他领到的钱（别人的钱）。又比如公共住房，在 IV 类中带有一点 III 类的特征，由管理福利计划的官僚们分享这顿午餐。与此同时，在 III 类的所有计划中都有官僚们夹在福利金领取者中间。福利开支的这些特点是其缺陷的主要根源。

  立法者投票表决时是决定如何花别人的钱。选出立法者的选民在某种意义上是投票决定如何为自己花自己的钱，但不是 I 类那种。在个人缴纳的税款与他投票赞成的花费之间几乎没有什么联系。事实上，选民同立法者一样，倾向于认为是别人在支付由立法者直接投票赞成、由选民间接投票赞成的计划。管理这些计划的官僚们也在花别人的钱。因此，开支数目激增也就不足为奇了。官僚们为别人的需要花别人的钱。只依靠良心，而不是用那强烈得多和可靠得多的私利的刺激，来保证他们以最有利于福利金领取者的方式花钱。

这就造成了花钱上的浪费和不求效果。

拿别人钱的引诱力是强烈的。包括管理这些计划的官僚们在内，许多人都会设法为自己得到钱，而不让钱落到别人手里。其中包括各种合法与非法的手段。人们往往注意的是非法手段，如贪污，却无视合法手段。人们会动员议员通过对他们有利的立法，定出他们能从中获利的规章。管理这些计划的官员们也会力求为自己获得更高的薪水和额外的好处。这正是较大的福利计划可以帮助达到的目标。由此产生了两个不大容易被人查觉的后果：首先，它说明了为什么如此多的计划施惠于中等和上等收入者，而不是那些本应当得到好处的穷人。第二，福利金领取者得到的净额，往往少于转移金的总额。

Ⅳ类开支还容易腐化接触到它们的人们。所有福利计划都使一些人处于决定什么对别人有利的地位。结果是，一部分人感到自己具有至高无上的权力；而另一些人则感到自己像孩子那样需要别人照顾。被救济者的独立自主的能力由于弃而不用而萎缩了。除了金钱的浪费和没有达到预期的目标外，其最终结果是腐蚀了维持一个健全社会所必需的道德结构。

Ⅲ类或Ⅳ类开支还有另一副产品。除了人家白给你钱外，如果你要花别人的钱，就只有像政府那样把别人的钱拿到自己手里。因此，福利国家到头来总是要使用强力，这一有害的方法往往使良好的愿望落空。这也是为什么福利国极其严重地威胁我们的自由的原因。

米尔顿·弗里德曼（Milton Friedman，1912年—2006年），著名经济学家，1976年诺贝尔经济学奖得主。

第十一章 政府投资

政府投资与私人投资有许多的相似性，其中最重要的是进行成本收益分析（Cost-Benefit Analysis），这也是指导公共支出的操作性工具。只要一个项目的边际社会收益大于边际社会成本，政府就应该把资源配置到这一项目上，例如修桥、修路、建造产业园、主办奥运会，甚至"登月计划"等。一方面，政府投资与私人投资一样，项目评估需要比较不同时间内的成本和收益，即由于通货膨胀和市场的汇率不同，不能直接比较货币值。另一方面，政府投资在评估项目时所涉及的主体、成本—收益与私人部门往往会很不相同。既有投资机制的不同，也有成本—估算的不同，例如建设公路除了需要计算公路本身的成本与收益外，还需要计算其所带动的周边经济发展。如何让政府投资有效率，而不是像福利项目一样被官员中饱私囊，这是全世界政府投资所面临的共同问题。

一、现值与利息

不同时间点的币值是不能够进行直接比较的。这是因为现值（Present Value）与期值（Future Value）之间存在利息。

(一) 现值的计算

举例而言,假设今天你在银行存入 100 元,利率为 0.05,那么到了年末这笔钱就会变成 105 元,算式为:

$$(1+0.05) \times 100 \text{ 元}$$

再过一年,即第二年年末,这笔钱值 110.25 元,算式为:

$$(1+0.05) \times 105 \text{ 元}$$

用一个一般化的算式来反映现值与期值之间的关系,如下所示:

R = 最初的投资额
r = 投资的回报率,此处是利率
T = 投资的时间

投资的未来价值(期值)是:

$$FV = R(1+r)^T$$

假设某人现在承诺一年后付你 100 元,你现在愿意为这项承诺支付的最大数额是多少?如果是 100 元,那么你损失了将这笔钱贷出后所能够获得的利息。如何计算该投资的现值呢?通过上述推导过程可得另一个一般化的算式:

R = 最初的投资额
r = 投资的回报率,此处是利率
T = 投资的时间

投资的未来价值(期值)是:

$$PV = \frac{R}{(1+r)^T}$$

在上述方程式中,r 被称为贴现率(discount rate),$(1+r)^T$ 被称为贴现因子(discount factor)。

再考虑这样一项投资,现在获得 R_0 元,一年后获得 R_1 元,依此类推,直到 T 年,那么这个项目的价值究竟为多少呢?一个一般性的算式为：

$$PV = R_0 + \frac{R_1}{(1+r)} + \frac{R_2}{(1+r)^2} + \cdots + \frac{R_T}{(1+r)^T}$$

现值是一个非常有用的概念，可以将不同时间点的货值放在同一个时间点上进行比较，例如 20 年后的 100 元，现值为：

37.7 元（利率是 5%）

14.9 元（利率是 10%）

为什么一笔钱随着时间的推移会升值呢？答案是因为存在利息。

利息是什么？为什么会有利息呢？

（二）利息出现的原因

我们日常见到的利息率有多种，如存款利率、贷款利率、银行拆息率、孳息率、长期利率、短期利率、高利贷等。Irving Fisher（1867—1947）创立了利息理论（Theory of Interest），他认为，利息是资本的回报。一般经济学家认为出现利息的原因有两个：一是通货膨胀，二是交易费用。除了这两个原因外，Fisher 的利息理论告诉我们，即使没有通胀、不管交易费用，甚至不需要货币，在以物易物的情况下，利息还是存在的。这是因为：[①]

第一，消费者不耐烦，急于享受，急于消费（impatience to consume）。人生苦短，没有人能够预期自己的生命有多长，因此现在享受比将来享受更有价值。

第二，存在投资的机会（opportunity to invest）。例如一桶酒现在不喝，放在山洞里，过了一段时间，酒会更香更醇，其价值上升了。这就是投资的机会，会带来未来的价值。

在资源稀缺的情况下，利息是提前享用或预先投资的价，跟任何其他物品的价格一样，是在市场竞争下决定的。这个价是因为时间有先后，而物品或资源的现值与期值之别就是利息。因为时间有长短之分，于是人们就以一个同期的利息率乘以现值来算出利息。

---

① 张五常：《经济解释》（2014 年合订本），中信出版社 2014 年版，第 253 页。

如果某人考虑现在放弃一笔收入,以求未来获得回报,即进行投资,那么投资的回报率就是最重要的决定性因素了。由于存在利息,而且如果是按复息计算,投资回报率要大于银行利率并不见得是一件容易的事情。例如 1776 年亚当斯密发表的《国富论》,初版时是 1.8 英镑/册,225 年后的 2001 年,其市价大约是 10 万英镑,上升了 55000 多倍。然而,回报率仅仅为 4.856 厘,扣除通货鼓胀后,实质复息年率只有 2 厘左右。[①] 无论是私人投资,还是政府投资,成本与收益,以及隐藏在项目背后的投资回报率,是衡量投资的重要因素。

二、私人部门的项目评估

对于一个投资项目而言,私人投资往往会考虑该项目的可行性与优先性。

举例而言,假设有两个项目,X 和 Y。每一项目都有其收益和成本,分别用 B^X、C^X、B^Y 和 C^Y 表示。究竟投资哪一个项目呢?

可行性意味着衡量"收益是否大于成本";优先性意味着"回报率是否最高"。许多项目在不同时期内的收益流和成本流不同。因此就变为计算现值,以及投资回报率这两个指标。

B_t^i = 项目 i 在 t 时间内的收益

C_t^i = 项目 i 在 t 时间内的成本

项目 i 的现值是:

$$PV^i = (B_0^i - C_0^i) + \frac{B_1^i - C_1^i}{(1+r)} + \cdots + \frac{B_T^i - C_T^i}{(1+r)^T}$$

项目评估的现值标准是:只有当一个项目的现值是正数时,该项目才是可行的。如果两个项目只能选其一,那么优先选择的项目应该是现值较高的那个项目,其中存在银行里也是一个选项。

除此以外,针对不同的项目特点,有时需要比较"内部收益率"

---

① 张五常:《经济解释》(2014 年合订本),中信出版社 2014 年版,第 261 页。

(internal rate of return),或者"收益—成本比率"(benefit-cost ratio)。具体的比较方法与技巧,在财务管理与投资学等课程里有详尽解释。

三、政府的投资项目评估

在政府投资中,与私人部门投资一样,需要通过计算成本与收益的现值(包括贴现率),在不同项目间进行比较。然而,因为脱离了市场,所以在确定贴现率与"成本—收益"时,政府部门往往会遇到很大的困难。

(一) 政府项目的贴现率

对于政府的投资项目,贴现率究竟是多少才合适呢?结论莫衷一是。由上文可知,利息率是由通货膨胀、交易费用等构成,不同投资项目,交易费用不同,会带来很不一样的投资回报率。在市场里,市场的"自我惩罚机制"通过淘汰剩下合格的投资者,降低信息费用。但在政府部门,缺乏该竞争机制,怎样才能够确定利息率(即投资回报率与贴现率)呢?在现实中,政府部门会武断地用一个贴现率,例如美国联邦政府各部门使用7%作为贴现率。忽视行业与项目之间的差异,统一为一个贴现率,这种做法是非常不恰当的。

(二) 政府项目的收益与成本

私人部门在计算项目的现值时需要知道贴现率、成本和收益三个要素,政府部门也一样。对于私人企业而言,收入与成本都有市场价格可以参照。即使是新产品,也可以通过相似的产品进行估算。对于公共部门则会困难得多,这是因为政府进行投资的项目,其交易费用比市场低(详见第7章),否则就应由市场进行投资,这同时也就意味着没有市场价格可以参照。

与此同时,政府投资中常常涉及各种无形物品的估价,如国家声望等。举例而言,2008北京奥运会中国政府共投资420亿美元,从耗资30亿美元的机场航站楼到造价5亿美元的"鸟巢"国家体育场等等,创下了历届奥运会投资之最。当时许多人置疑中国这样一个发展中国家为一场仅持续两周的体育秀如此大举开支是否合理。对于私人部门而言,也许得不偿失,但是考虑到这是中国在国际舞台上第二次重大亮相,展示一个经济强国的形象,拥有巨大的广告价值,这笔投资就有可能非常值得了。它能够让其他国家的人对中国贫穷落后的形象改观,甚至带来更多的FDI、国际留学生、与国际人才等。

再例如,2003年10月15日我国发射了神舟五号载人飞船是,是中国首次发射的载人航天飞行器,将航天员杨利伟送入太空。当时许多人置疑该项目的成本收益,因为飞船的造价不菲,发射经费更是高达20亿元。然而,从政府投资的角度来看,这个飞船标志着中国成为前苏联(俄罗斯)和美国之后的第三个将人类送上太空的国家,不但显示出了中国的超级大国地位,也展示了我国的军事实力,而这些价值都是难以用金钱衡量的。

政府投资的高速公路、高速铁路,如果按照私人部门的成本收益计算,往往不是好的项目。但是如果考虑到对沿途落后地区的经济带动作用,方便了投资以及产品资源的运输,其收益就不只是项目本身了。投资会给沿途政府带来更多的税收,解决就业等问题,这些收益是不会计算到公路、铁路中去的。因此,政府投资中的社会成本与收益比起私人投资的成本与收益更加难以计算。这些计算上的模糊性在某些机制下,会成为政府寻租的法宝。因此,政府投资机制才是该问题研究的重心所在。

四、政府投资中的问题与结果

政府投资是为了弥补市场投资,但是因为缺少市场的竞争机制,而且政府投资的成本—收益计算又有特殊的困难,因此政府官员对此进行利用,从中获利就形成全世界政府投资的普遍现象。

(一)政府投资中的问题

政府是由个人组成,每个人均有自己的利益,该利益未必与政府或国家利益相统一。因此,通过增加政府投资的形式,如果能够获取收益,而被发现的成本(监督成本)又比较高时,这些做法就会被自利人选择。

政府投资中存在的问题主要有：①

第一，隐瞒部门成本，使投资项目更具可行性。为了使项目更有吸引力，一些负责项目的官员在可行性报告里，除了计算直接的成本与收益外，还算进了间接收益，但隐瞒与间接收益相关的间接成本。

第二，将工资作为公共项目的收益而不是作为成本记入。在公共投资中，往往会使用劳动力，这是公共项目的成本。然而，在可行性研究中，政府官员会将劳动力成本作为解决当地就业的"收益"进行计算。因为没有明确的成本—收益边界，因此怎样有利于项目通过就怎样进行计算。

第三，进行重复计算。为了让政府投资的收益更加可观，政府官员会将一些收益进行重复计算。例如土地的价值（地租）是由未来收益的现金流所决定，如果同时计算土地的市场价值，又计算未来这块土地能够带来的现金流，那么就出现了重复计算。收益增加，项目的可行性与优先性也就随之增加。

（二）政府投资的结果

尼斯坎南的模型（Niskanen's Model of Bureaucracy）是 Niskanen 在 1971 年出版的《官僚制与代议制政府》一书中提出的官僚模型。Niskanen 认为，政府官员也是自利人，他们的利益是官位的特权、公共声誉、权利和管制，而这些收益均与预算规模大小呈正比。该模型放在政府投资中，即官员们的目标是追求投资规模的最大化，而非项目的投资回报率最大化。因为存在信息费用，官员们具有信息优势，就会利用上述的各种手段，使得大多数项目都变得可行，从而增加政府支出规模，同时也导致无效率的庞大官僚机构。

如图所示，政府投资的选择不会是社会效率产出 Q^*，即边际成本等于边际收益（MC = MB）的点，而是选择所能允许的规模最大的点 Q_{bc}，即 $C_{总成本} = B_{总收益}$。

---

① 哈维·罗森：《财政学》（第六版），中国人民大学出版社 2015 年版，第 222 页。

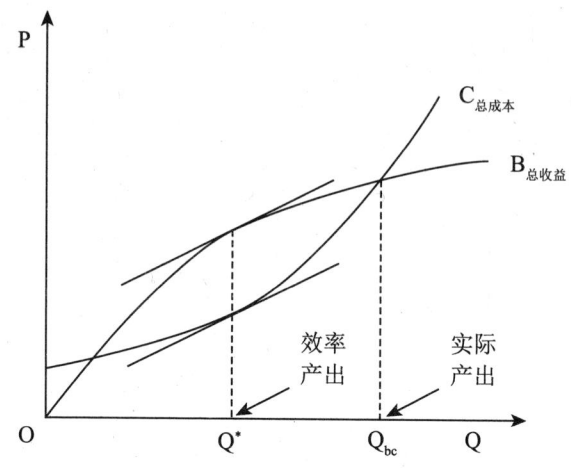

图 11-1　政府投资规模决定示意图

五、政府投资的机制

为了避免上述政府投资中的种种问题，政府投资机制就显得特别重要。如果该机制能够降低信息费用，那么寻租的行为就能够下降。而降低信息费用的关键在于竞争与长时间的观察。中国的政府投资无论是规模还是成效都是世界之最，本书尝试从中国的经验中总结出有效率的政府投资机制。

（一）政府投资中的正式制度

以省级政府投资为例，其投资制度包括正式制度与非正式制度。前者由法律和法规进行了明确的规定，后者则没有。正式制度一般来讲，包括项目报批与建设程序。两大环节所涉及的具体内容与政府部门如下图所示：

在省级政府架构中，各个部门各司其职，完成省级的投资管理。一般来讲，首先由各个部门提出投资计划，报省发改委审批，发改委审批后财政厅直接拨款给业主，由业主实施项目。在此过程中，建设厅、土地资源管理厅以及相应的下级单位，如园林局、环保局等完成监督工作；最后由财政厅、审计厅、发改委、建设厅等联合验收。

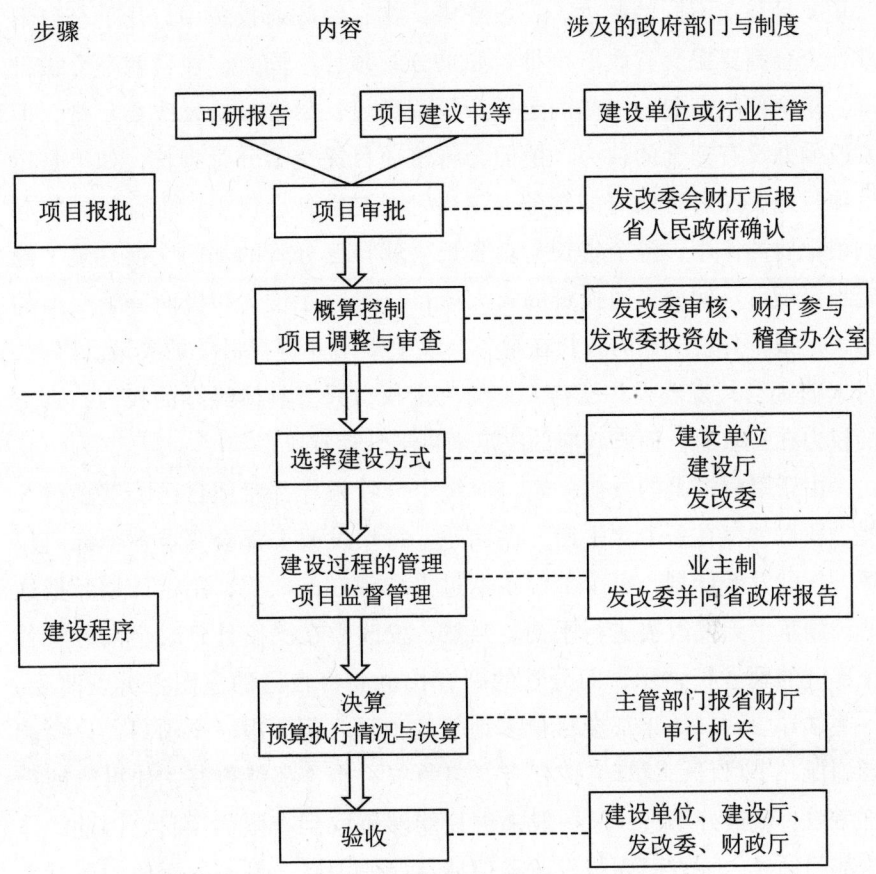

图 11-2 省级政府项目投资申报与建设过程流程图

资料来源：周燕：中国省级政府投资中的正式与非正式制度比较，《武汉大学学报》（哲学社会科学版），2006年12月，第6期。

（二）政府投资中的非正式制度

非正式制度虽然没有法律和法规的支持，但可能是最为关键的约束因素。重大项目的决策权并非完全属于发改委，省级分管领导在项目审批方面有着实质上的决定权。因此，"发改委是会计，财厅是出纳的说法并不正确，真正的会计是分管领导"[①]。这是中国省级政府投资中一个非

---

① 2005年3月3日，访谈某市发改委处长。

常重要且与众不同的制度。一般来讲，在省级政府投资中，几乎全部财政性资金都要提交省政府审批。如果分管领导不同意，项目就不会被批准。某个部门需要上一些固定资产投资项目，尽管报给发改委审批，但发改委并没有完全的权力，他们会将该项目提交给分管省长，如果是重大项目还要经过省政府的常务会议决定。在常务会议中，主管领导将起到很重要的作用，各个省长与副省长会就自己分管的部门交换意见，确定投资项目。例如交通投资的重大项目，交通厅长会积极向分管交通的省长汇报，分管交通的省长在常务会议上提出并进行最终的决策。因此，对A省而言，发改委并没有太大的决定权，只有具体经办的权力，真正的权力在省政府，而省政府的决定来自于分管省长。

由于财政资金的数额一定，而每个分管领导都希望自己能够多得一些，所以就存在一个"平衡"的问题。每年发改委都会要求各个部门作下一年的发展计划，每个部门根据过去和现在的需要，制定计划后把这些计划集中到发改委进行平衡。当然，发改委在平衡计划时会向分管各个部门的副省长请示，而分管的副省长也会将自己的意图告诉发改委。一些领导表示，每年都会尽量多地争取项目。例如报三个项目，只要能够确保一个项目，就算完成任务，多争取一个，那就更好，如果能够全部争取，就最好不过，但一般来讲只能够争取到有限的项目。因此，作为部门领导，一方面要与发改委保持良好的关系，另一方面他们还会专门找分管的省长进行协商。

除了上述发改委进行的平衡外，省政府办公会议还要平衡一次，大的项目还要再到省政府常委、党委去平衡。一般情况下常委具有决定权，即分管的书记具有决定权。而项目的上马"往往是跟人的，谁是强势的人可能就谁说了算"①。以A省的农业为例，在省委一边，省委某副书记甲分管农业，具有决定权。而在省政府一边，也有分管农业的副省长乙。副书记甲不管省政府这边的农业，但A省的农村领导小组是他负责，因此农业问题还是由他决策，他的权力最大（省委的权力最大）。由此可

---

① 例如副省长的资格老，可能分管常委就让着他，多听他的意见。2005年5月5日，访谈某市原副市长。

见，决策权到底在谁手里，是要根据具体的情况而定的。

一位副省长可能分管四五个厅局，到底给哪一个部门分配投资资金？这也存在一个平衡问题。分管领导可能会通过不同年份分配不同的投资重点来平衡。但最常见的就是对人的任用。"这些领导一般都是有事业心的人，希望真的能干出点成绩"①。因此他们也担心，某个部门获得了资金，是否能够把该办的事情办好。分管领导如果对某个厅局的领导比较熟悉，也比较放心，相信他能够做出成绩，那么这个厅局就较容易获得投资资金。一位曾经担任过某市副市长，且在省里建设厅担任过处长的官员表示②，他以前曾经担任过分管交通的某市副市长，当时因为和书记关系好，所以项目就特别多。当他离任后，交通方面的项目就少了许多，而对农业的投资增加了，原因是那位书记与分管农业的副市长关系较好。分管领导本人虽说是为了出政绩，但客观上确实把当地的交通、农业问题搞好了。与此同时，这位书记本人与省里、市里的关系很好，因此也可以获得较多的资金。

一般来讲，省领导常务会议会根据财政资金的情况，确定本年度的政府投资，许多官员将其比喻成一个切蛋糕的过程。在各个分管领导的争取下，各部门的投资资金总额基本确定，然后由省领导下达给发改委。发改委根据省领导常务会议的决定进行细分行业，并在这一额度下确定具体项目。当然，并非所有的项目都由发改委确定，除了发改委各处室手中的投资额度③外，在大多数情况下是由建设部门先从分管领导处获得批准，然后拿着领导的"批示"，或者通过分管领导给发改委"打招呼"来确定。确定的项目经发改委各专业处室平衡审核后发放投资许可证，并与财政厅汇签后，建设单位就可以获得财政厅的拨款，进行投资建设了。分管领导、发改委与财厅三者间的相互关系与作用，可用下图表示：④

---

① 例如副省长的资格老，可能分管常委就让着他，多听他的意见。2005年5月5日，访谈某市原副市长。
② 同上。
③ 该额度在不同省、市之间各不相同，发改委的各处室之间也不相同。
④ 当然，这只体现了纳入预算内管理的那部分资金，对于未纳入预算内的资金，部门的自主性相当高。在已有财政科目下安排的基建投资是不经过财厅的。而发改委也只是起到"像皮图章"的作用。只要部门有领导的批示，只要有资金，发改委就会发放投资许可证。

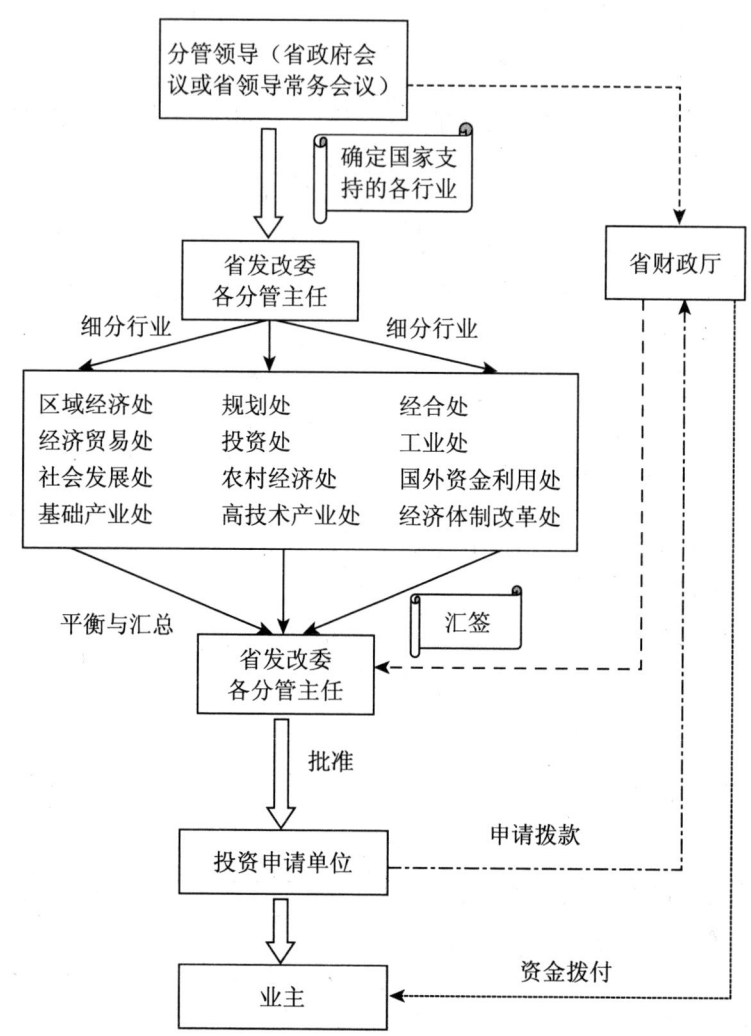

图 11-3 政府投资中分管领导、发改委与财政厅之间的关系①

资料来源：周燕：中国省级政府投资中的正式与非正式制度比较，载《武汉大学学报》（哲学社会科学版），2006年12月，第6期。

一般而言，在正式制度中发改委在基建投资立项方面应该具有相当

---

① 该图反映的是政府投资中财政性资金的情况，对于自筹等其他资金的使用，省政府、发改委与财政厅的关系则又是另一种情况。

大的决策权。然而，在实际运行的非正式制度中，除了发改委各个专业处室自己拥有的专项投资资金外，对于预算内的其他资金以及单位自筹资金项目的审批，发改委只是起到"像皮图章"的作用，只要部门有领导的批示，只要建设单位有资金，发改委就不得不发放投资许可证。因此，一些官员表示：

> 一般来说，计委是走一下程序，只要你有钱，我就给你立项了……一般都是（分管）领导说给谁，钱就给谁了。比如，我们厅想盖栋办公楼，如果不知道领导同不同意，那他们（计委）就不一定给立项，那（我们）就先报省长那里批，批完同意盖后再报上去，计划委员会基本上就立项了。……一般来说，报到计划委员会的项目基本都是领导同意的。①

除此以外，分管省长手中还有一部分不在预算内的"特别经费"②。这笔经费在预算年度之初一般都没有落实到具体项目，而由分管领导在预算年度中随时在政策领地内分配，因此，也有可能用于基建。例如 A 省文化厅要建书法院，就从某分管省长处获得了这样的资金③。

由此可见，每年各省统计年鉴中基建投资的数额仅仅统计了部分基建投资数，还有大量的基建投资都在一般预算中的专项资金与事业费、基金预算、专户管理④、甚至是省领导的特别经费中。在这些项目下，基建投资数额并没有被统计，所以统计报告中的基建投资数一般是被低估了的。

从这个方面来看，由于财政预算的科目并没有细化，许多投资项目可以在各种财政科目下进行具体分配，因此，在非正式制度中，各部门实际上掌控着相当大的投资权限。因此，发改委的同志反映：

---

① 2004 年 4 月 19 日访谈某审计部门投资审计处官员。
② 马骏与侯一麟（2004）的研究表明，这种类型的资金有时可占财政资金的 34% 以上。
③ 2005 年 12 月 1 日，访谈某发改委投资处官员。
④ 一般官员反映，地税局进行的一些基建投资，其资金并不是从基建项目下出的，而是在税收征管经费中出。见 2005 年 4 月 19 日对某审计部门投资审计处官员的访谈。

铁路、交通利用政府基金做投资计划不通过发改委。在交通厅，每年的基建投资数大概为80亿，其中30个亿通过发改委下计划。另外50亿编到日常经费中，不通过发改委。

A省每年100个亿的基建资金只有一半下计划，40亿—50亿的基建投资是由财厅与部门通过日常经费的形式编列，发改委无从管理。

（三）中国政府投资的特点

由上文的分析可知，中国省级政府投资的特点是"个人负责制"，即对项目本身的关注程度是次要的，谁决策、用何人才是最重要的。部门在立项的时候，所谓项目可行性审批的关键往往不在项目本身，而在于分管领导是否同意。

这样的制度有其弊端，但也有其有利的一面。弊端主要体现在"钓鱼工程"的出现。由于对项目的可行性评估不足，部门领导对项目的评估往往是十分粗略的。有的同志反应，"当很多事情没有定的时候，他先把盘子都给你定了，这个过程你不一定衔接得很好。"在项目实施的过程中，难免会出现资金不足的情况，只能继续向财厅要钱。与此同时，也会有一些部门领导在项目审批时就故意少报，例如在项目审批时故意漏掉工程里面的一些配套部分。当项目被批准了时，才告诉财政没有配套的东西，这个项目是没有太大的作用的，需要追加投资。当然，这样的做法会冒很大的风险，因为部门领导这么做是会失去上级领导的信任的，所以本书认为前一种情况发生的可能性更高，而后一种较低。

有利的一面主要体现在，领导对"人"的判断未必不如对"项目"的判断。因为如果以项目的可行性来审批，对于那些想获得财政资金的部门来讲，它可以把不好的项目也做得至少在可行性报告中"很好看"，多讲乐观的前景，刻意规避不可行因素。由于存在许多技术与具体细节的问题，除了建设单位外，其他单位根本不可能比他知道得更多。所以，由于存在信息的费用，项目的可行性本身也不一定是真实准确的①。与此相反，领导把责任放在个人身上（例如对某位厅长的信任），如果项目出了问题，该负责向省长要项目的人可能会因此而影响仕途，为了能够继续留任，他是不会把一些劣质项目向分管领导申请资金的，而分管领导也不会一直任用那些没有投资眼光的人。②

总体而言，该体制的特点有二：第一，将项目的产权界定给个人。个人负责制，使得项目的负责人处理一个项目，如同处理一件自己的作品。中国的公务员工资比较低，一些项目有提成，除此之外则是金钱之外的满足感。而且市场的参与者一般不会有政府投资那种数亿成本计算的项目，也不可能得到各部门协助的方便。因此，在清晰的产权界定下，政府投资的回报与主管官员的"企业家租值"密切相关。一个成功的政府投资项目背后，往往会有一位杰出的企业家式的官员。第二，可以降低信息费用。所有政府投资项目都牵涉到成本—收益计算，每一份可行性报告都有巨大的信息费用。对人的长期任用可以降低该费用。只有那些经常获得成功的官员才能继续获得项目，或者升迁。一方面，保障了项目实施的后果；另一方面，则确保升迁上去的领导会有政府投资的独特知识。这就确保整个机制以最低的交易费用获得成功的政府投资项目。

---

① 可行性报告的问题即使在企业中，也是同样存在的。朱武祥认为，企业投资项目可行性报告通常由专业规划设计院（主要由受过传统的技术经济培训的工程师、经济师或会计师负责），按照国家计委或行业可行性报告分析规范编制，重大项目由中国国际咨询公司提供财务可行性报告，给出拟投资项目财务上是否可行的结论。但大多数可行的项目实际运作后的财务结果与可行性报告预期的财务结果相距甚远，因投资可行性项目而陷入财务危机甚至破产境地的企业不胜枚举。因此，可行性报告在投资决策支持方面基本上沦落为一种无实效而又必要的形式，形同虚设，日益不为企业管理层所重视和信任。见朱武祥：《上市公司募集资金投向决策分析》，载《证券市场导报》，2002年4月，第49—53页。

② 在访谈过程中，一些政府官员表示，他们地区的领导人的确是想干一番事业的，当你获得了他的信任后，也会想尽量协助他把事情办好。

第十二章 效率税制

一、征税的理由

一提到税收，人们往往都会感觉到无奈与反感。例如一句英文谚语："世界上只有两件事是不可避免的，那就是税收和死亡（Nothing in this world is certain except death and taxes）"。约翰·洛克也说过："尽管你费尽心机，去征你想征的税，但商人们最终还是把他们自己承担的税收转嫁出去。"艾伯特·爱因斯坦认为"世界上最难理解的是所得税"。而威廉·佩蒂则认为"最令人气愤的是要比自己的邻居多缴税"。

在中国传统文化里，人们对于税收的认识也比较负面，例如"苛政猛于虎"，"大开城门迎闯王，闯王来了不纳粮"等。古今中外，人们对税收的理解在不同的历史阶段、不同的文化背景下是比较一致的。是不是税越少越好，最好不交呢？由第7章的分析可知，政府的出现是为了以更低的交易费用提供市场无法提供的产品。既然市场无法提供，价格机制不起作用，就无法使用"价高者得"的竞争准则。政府提供市场无法提供的产品，又需要承担其成本，因此税不可不抽。税收就是政府获取的价格，从而能够为大众提供物品。

人们对税收的负面看法，并不是源于政府不应该抽税，而是源于抽税的方式，以及政府提供的物品是否值得其税收。抽税的方式往往是由政府中的利益团体所决定，利益团体要获取尽量多的自身利益，会有两个途径：一是使税制复杂化，以便于混水摸鱼；二是提供的物品其数量与质量比较低，根本不值纳税人所缴纳的税收，从而赚取租值。因此，制度不同将会决定税收的规模与抽税的方式。通过设计良好的税制，尽量减少利益集团对国家租值的侵蚀，提高征税的效率，以及尽量减少对人们投资、消费的影响，就是整个税收研究的核心所在。

二、税收归宿

政府征税首先遇到的是"谁负担"的问题。因为税收会引起价格的变化，从而使得负担主体发生变化。这里涉及到两个概念，一是法定归宿，即谁在法律上负责纳税；二是经济归宿，指税收引起的私人实际收入分配的变化；三是税收转移，因为存在税收转移，因此会使得法定归宿与经济归宿不同。

因为只有人才能负担税收，所以政府对公司征收的税最终会转嫁给不同的人。税制如何改变收入在劳动收入、资本收益、土地收益等之间的分配，甚至是在不同地区的分配就显得非常重要了。例如增加企业所得税，那么企业家有可能把该成本加到货物的价格上，最终由消费者负担；也可能通过减少工资的形式转嫁到工人身上，由工人承担。因此，税收的实际归宿将由市场的竞争情况以及价格情况决定。

再例如，广东的外贸公司直接从湖南采购玩具等成品，然后再在广东报关出口。由于其生产流通环节均在湖南，所以其增值税是由湖南地方政府征收的。产品在广东报关出口，由于出口货物在出口环节实行免征增值税的政策，所以广东不能从出口货物中征收增值税，却要负担出口退税中由地方财政承担的25%的部分。采购出口约占出口总额的20%左右，影响面比较广。尤其是广东的深圳，一般贸易中90%的产品是异地采购。[1] 这样一来，税收制度对地区的影响也会比较大。

---

[1]《出口退税引发财政困局》，载《亚太经济时报》，2004年9月17日。

三、税收的影响

传统经济学一般用局部均衡模型研究税收。即只研究征税的市场,而不研究税收对其他市场的影响。并且将税收区分为从量税(Unit Tax)与从价税(Proportionate Tax / Advalorem Tax),分别进行研究。

(一) 从量税

从量税也被称为单位税,是按销售的每单位商品,征收一个固定的税额。例如美国联邦政府的香烟税,就是每包香烟课征39美分。

假定按每单位 u 元征单位税,法定归宿是购买者。分析的关键在于,课税前,供给与需求曲线决定了单一价格;课税后,消费者支付的价格与生产者获得的价格不同。按照传统的经济分析,税是如何影响生产者与消费者的呢?见图 12-1。P_g 是消费者愿意支付 Q_1 数量的最高价格。当课税时,需求者的支付意愿没有改变。即税收并没有影响人们对这一物品的基本估价。生产者意识到如果他们供给 Q_1,生产者获得的价格是 $(P_g - u)$。征收从量税后,f 点不再是需求曲线上生产者所意识到的点,h 点才是需求曲线上生产者意识到的点。如果在需求曲线上的每一点都重

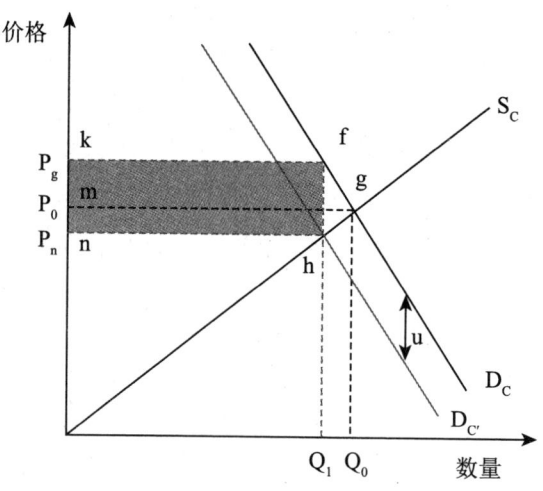

图 12-1 从量税的影响(从供给者角度看)

复这个步骤，就会得到一条新的需求曲线 Dc'，他的位置正好比原需求曲线低 u 元。对生产者而言，新的需求曲线才是重要的，因为这是每销售一单位物品，他所能获得的价格。

均衡包含新的数量和两个价格（一个是消费者支付的价格 P_g，一个是生产者获得的价格 P_n）。生产者获得的价格 P_n 由新的需求曲线和旧的供给曲线决定。消费者支付的价格是 $P_g = P_n + u$。税收收入是 kfhn 阴影部分面积。税收的经济归宿被需求和供给分割。消费者支付的价格从 P_0 上升到 P_g，生产者获得的价格从 P_0 下降到 P_n。

从量税的归宿与对消费者课征还是对生产者课征无关。如果对生产者课税，消费者觉察到的供给曲线向上移动，意味着在任何给定的产量水平上，消费者觉察到的价格高于厂商提供的价格。其最终负担的结果是一致的。见图 12 – 2。

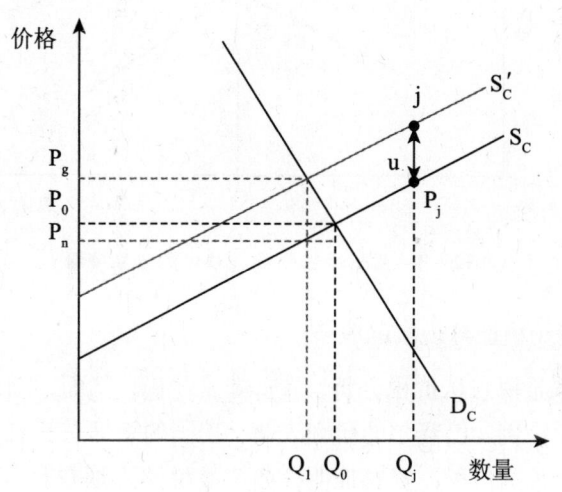

图 12 – 2 从量税的影响（从需求者角度看）

这一比较也说明税收的法定归宿不能说明其经济归宿。从量税的归宿取决于供求弹性。传统经济学认为，在其他条件相同的情况下，需求弹性越大，消费者负担的税收越小。这是因为需求弹性越大，该商品价格上升时，消费者越容易转向购买其他商品，因而，生产者必须承担的税负就越多。同理，供给弹性越大，生产者负担越小。

(二) 从价税

从价税是税率为价格的一定比例的一种税。例如销售税往往是从价税。与从量税的分析相类似,从量税使曲线按绝对数额向下移动,而从价税则是使曲线按比率向下移动。图12-3表示向消费者课征的从价税,分析过程与从量税相同。生产者觉察到的需求曲线发生变化,可以用相同的分析找到均衡数量和价格。

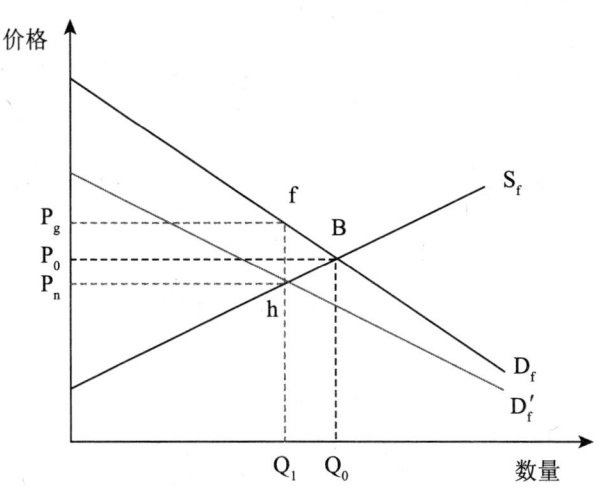

图12-3　从价税的影响(从供给者角度看)

(三) 理论模型与现实的脱节

传统的从量税与从价税分析,看似非常严谨。然而,却与现实严重脱节。以从量税为例,巴赛尔的研究表明,美国的香烟有长有短,一些州抽从量税,一些抽从价税,资料证明,抽从量税的香烟较长。[①] 换言之,生产者与消费者并不会像模型中分析的那样各自承担税收,而是采用增加香烟长度的方法来进行避税。这种方法在上述模型中无法推断出来。

再例如,2004年9月美国商务副部长访华,要求2005年1月1日起美国撤销纺织品配额后,中国自动限制成衣出口。2005年1月,中国推

---

① Barzel, Yoram., 1976, "An Alternative Approach to the Analysis of Taxation", *Journal of Political Economy*, 84 (6), pp. 1177-1197.

出自动限制纺织品出口的从量税。抽 148 项纺织品的出口从量税，其中 125 项每件抽人民币 2 角，21 项每件抽 3 角，两项按重量，每千克抽 5 角。中国的纺织品出口量庞大，单是上海海关在一个星期内的从量税总收入，就达 2190 万人民币。按照模型，税收会在消费者与供应者之间分摊，然而，根据香港的经验，其结果不会是标准分析中的税收负担，而是生产者提升出口纺织品的质量，从而减少损失。

由此可见，经济学中的标准模型分析，因为缺乏对真实世界的了解，因此无法推断增加税收后的真实后果，税收负担分析也就成了空中楼阁。

四、税收与效率

税收的效率有两方面，一是政府收税本身是否有效率，第二则是对经济主体（被抽者）的影响是否会降低整个社会的效率水平。

（一）税收超额负担

超额负担是指政府的征税行为会歪曲经济主体的决策，使得社会的损失超过征收上来的税收收入。福利经济学运用等优曲线与预算线等传统分析方法，证明税收会带来超额负担。分析工具的错漏详见第三章，本章不再赘述。

福利经济学的分析结论是：政府可以采用一次总付税（Lump Sum Taxes）的方法，使税收的超额负担下降为零。一次总付税是一种征收数量固定的税，个人应纳税额与其行为无关。一次总付税，由于不改变商品的相对价格，只要政府将所征税额退还消费者，消费者的效用水平就会回到税前的位置，不产生税收超额负担。而差别商品税下，商品相对价格会因征税而改变，即使政府全额退税，消费者的效用水平也达不到税前状态，存在超额负担。

虽然在效率上，一次总付税没有税收超额负担，但由于税收与纳税人的纳税能力无关，于是福利经济学家们质疑其公平性。他们认为，如果考虑公平性，按收入水平设计不同的一次总付税也会影响人们的经济行为，从而使得税收超额负担无法避免。

（二）拉姆齐法则

为了减少税收超额负担，增加效率，经济学家们提出了拉姆齐法则。考虑边际超额负担这个想法，额外的无效率来自于少量地逐渐提高税率，用三角形（abc）来表示初始的超额负担，用不规则的四边形（fbae）来表示边际的超额负担。如图12-4所示。

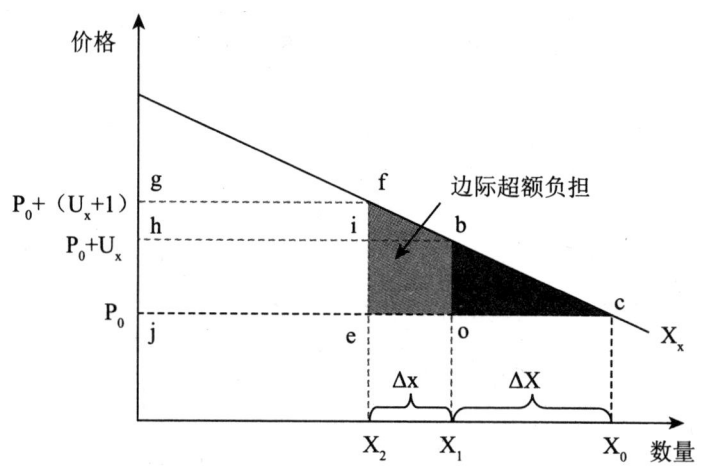

图12-4 边际超额负担

对商品X征税的边际超额负担是：ΔX

获得的边际税收收入大约：$X_1 - \Delta X$

因此增加一元税收收入所引起的边际超额负担是：

$$\frac{\Delta X}{X_1 - \Delta X}$$

同样的方法来分析商品Y，可得：

$$\frac{\Delta Y}{Y_1 - \Delta Y}$$

使总体超额负担最小化的条件是，每一种商品的最后一元税收收入的边际超额负担相同，即：

$$\frac{\Delta X}{X_1 - \Delta X} = \frac{\Delta Y}{Y_1 - \Delta Y}$$

于是得到最优化的结果:

$$\frac{\Delta X}{X_1} = \frac{\Delta Y}{Y_1}$$

这就是著名的拉姆齐法则。该法则认为,为了最小化总的超额负担,应该设定税率,使得对每种商品的需求数量的减少百分比相同。

商品 X 的超额负担的表达式为:

$$EB_X = \frac{1}{2} \mid \eta \mid P_X X t_X^2$$

政府的最优化问题是在收入约束条件下通过选择对商品 X 和 Y 所征收的税来最小化总的超额负担。构建拉格朗日方程为:

$$\min_{t_X, t_Y, \lambda} = \frac{1}{2} \mid \eta_X \mid P_X X t_X^2 + \frac{1}{2} \mid \eta_Y \mid P_X X t_Y^2 + \lambda (R - P_X X t_X - P_Y Y t_Y)$$

$$\frac{\partial L}{\partial t_X} = \mid \eta_X \mid P_X X t_X - \lambda P_X X = 0$$

$$\frac{\partial L}{\partial t_Y} = \mid \eta_Y \mid P_Y Y t_Y - \lambda P_Y Y = 0$$

$$\mid \eta_X \mid t_X - \lambda = 0$$

$$\mid \eta_Y \mid t_Y - \lambda = 0$$

求解方程得到税率和弹性之间的关系:

$$t_X \eta_X = t_Y \eta_Y$$

整理后得到反弹性法则:

$$\frac{t_X}{t_Y} = \frac{\eta_Y}{\eta_X}$$

这意味着,商品的税率应当同弹性成反比例,即如果商品 Y 的弹性相对较小,就应该对它多征税。这一结论引起了轩然大波,一些经济学家质疑:对弹性较小的商品(如食品和药品)多征税是"公平"的吗?而且不管纳税人的收入水平,对具有不同的支付能力的人们一样地征税,这"公平"吗?因此,又回到了公平准则的讨论上。

从上述福利经济学的研究不难看出,关于税收的讨论,总是落脚到

"公平"与"效率"的讨论上,而第三章的研究已经表明,经济学无法给出明确的公平准则,因此该讨论永无止境。撇开"公平准则"不论,上述的分析虽然逻辑井然,但与真实世界相差太远。关于如何测定真实世界的弹性、弹性变化等问题经济学从来就没有给出过答案。所以拉姆齐法则是办公室经济学的典范,对我们增加对世界的了解,是没有什么帮助的。

(三) 效率税制构建的原则

从第七章政府的合约本质可知,政府的出现是为了提供市场价格机制无法提供的物品。因此,政府的税收是为了提供这些物品所需要收取的价格。从一个国家公民的角度来看,每个人都是消费者,通过交税的形式向政府购买那些在市场上无法买到的商品。因此,税收背后其实暗含的是买卖合约,而交易的实质是权利的界定。

在市场中,某人拥有一项资产,他可以自己使用,也可以出租给别人或者卖给别人,他拥有该项资产的收入权、使用权与转让权,即产权。无论是自用、出卖、还是出租,他会选择能够带来最高收益的方式。在产权得到清晰界定的情况下,市场竞争决定了该资产的最高租值。各种有形与无形的资产在市场上进行交易,均遵循上述规律。假设某人需要保安服务,他可以选择自己购买防身用品、学习武术,也可以到市场上进行购买。选择在市场上购买时,可以是一个固定金额(每月保安费),也可以是某种产品的分成(百分率)。此人一定会选择能够给自己带来最高收益的购买方式。

如果不是市场,而是向政府购买保安服务会有什么区别呢?首先,政府提供的物品与市场提供不同,往往是"打包提供",将保安、公共设施等捆绑在一起提供。所以纳税人常常不清楚自己买了什么。第二,纳税人没有"不购买的选择",也没有"购买其他商家的选择"。政府提供的物品往往没有市场价格可以参考,纳税人不清楚自己买的东西是否值其价格(税收)。第三,税收的形式往往是按照产出收入的百分率算(从价税),或者产品件数算(从量税),不像市场上一般商品的价格"明码标价"。[①]

---

① 市场上虽然也有类似的定价方式,例如技术许可合约,按收入或者产品数量提成,但是该价格受其他公司竞争的约束,因而不会模糊不清。

这就使得收入权变得模糊不清。由此可见，纳税人与政府之间的交易，一方面纳税人不知道自己购买的是何物何价，另一方面，政府也不清楚自己提供的物品究竟值多少钱。在这种情况下，收入权等权利变得模糊不清，政府中的利益团体就能够混水摸鱼，而纳税人也会想方设法采取防守的策略，最终使得产权不清的资产发生租值消散，产生社会净损失。

要减少租值消散，减少效率损失，唯一的办法就是将公民与政府的合约向市场的买卖合约看齐，将合约中的各项权利界定清楚。原则上，政府提供国防、基建、公共设施等物品，是能够达到资源使用的租值极大化的。例如在中国经济奇迹的第二阶段（1993—2008 年），土地归国家所有，但是县级政府拥有土地的具体产权，为了达到土地租值的最大化，地方政府招商引资，将土地的产权转让给企业或个人，通过回收地价以及增值税的方法获得土地的部分收入权。权利界定非常明确，是真实世界中经济效率最高的税收制度。

以界定权利的为原则，而不是以收入分配为目标，那么就能够增加租值、避免租值消散。税收的目的必须十分明确，不是用来劫富济贫的，否则收入的权利会因为再分配而界定不清，导致租值消散。关于扶贫等问题在本书的其他章节已有充分讨论，福利经济学所强调的模糊不清的公平准则，是目前绝大多数国家无法达到效率税制的原因所在。[①]

目前公共经济研究中以税收研究为主体，政府与纳税人之间的各种策略让博弈论能够大行其道。然而这是办公室经济学，不是有用的经济学。交易费用—产权理论能够帮助我们揭示建设效率税的关键所在，而且与收入再分配分析、扶贫分析等互相之间没有矛盾，成为一个整体，是有用的理论。

---

① 张五常：《经济解释》（2014 年合订本），中信出版社 2014 年版，第 782 页。

第十三章　政府管制

关于政府管制是否应该列入公共经济，尤其是公共经济学研究中，学术界存在较大的争议。目前国际上的《公共经济学》教科书，一些有政府管制章节，另一些则没有。争议的存在，主要是因为政府管制似乎与收支无关，但是它对经济却又存在广泛影响。本书认为，政府管制应该属于公共经济的范畴，是政府以收支之外的政策影响市场主体的行为选择，其影响巨大，有时甚至关系到整个国民经济的兴衰。从逻辑上来看，政府的管制措施会影响价格机制的运行，也是"有形之手"对"无形之手"的取代，厘清其作用机理是非常有必要的。

政府的管制主要可以分为价格管制与非价格管制，后者包括反垄断、贸易壁垒等。本书集中探讨价格管制与反垄断，其他管制措施及其影响留待以后的研究。与此同时，每一种管制措施的影响面都是非常广的，而且对不同主体会有不同的影响，后果也常常难以预料。因此本书加入了一个十分具体的研究，即政府股权管制对知识产权保护的影响，以此证明政府的管制措施不仅仅会作用于政策对象，常常对那些看似关系不大的主体也会带来重大影响。

一、价格管制

(一) 价格管制的定义与原因

价格管制(Price Regulation)是指政府运用行政权力直接规定某些产品的价格或价格变动幅度,并强制执行。具体分为价格上限(Price Ceilings)与价格下限(Price Floors)两种形式,见图 13-1。

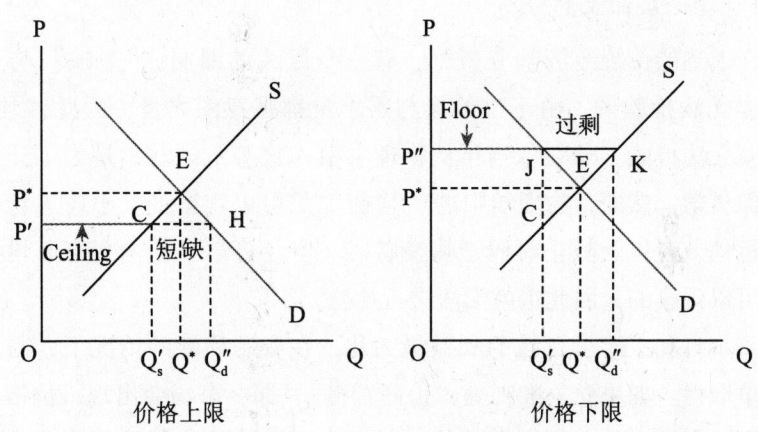

图 13-1　价格上限与价格下限

传统经济学认为,市场价格是由供给与需求决定,如图中的 P^*。当政府认为这个价格"不合理"进行管制时,如果是价格上限,政府规定的价格将为 P',此时需求会大于供给,于是出现短缺 CH;如果是价格下限,价格被管制为 P'',此时供给会大于需求,于是出现过剩 JK。举例而言,市场中某种房屋的房租价格为 1000 元/月,政府认为不合理,规定为 800 元/月。因为价格下降,人们对房屋会有更大的需求,但是供给方看到价格下降,减少供给,于是出现"短缺"。再例如,市场中某种人力资源的价格是 1000 元/月,政府认为不合理,规定为 1200 元/月。因为价格上升,供给会增加,例如家庭主妇也会加入到工作中去。但是价格上升,使得工厂的成本增加,厂商会倾向于减少雇佣,于是就出现了"过剩",许多人找不到工作(失业)。

既然价格管制会出现短缺或者过剩，为什么政府还要实施呢？常见的价格上限有房价管制、租金管制、油价管制；常见的价格下限有最低工资、农产品价格支持等。政府往往声称这些管制措施能够帮助"弱势群体"，帮助他们住得起房屋、改善低收入者的状况、帮助农民等。究竟政府的初衷是否如此，经济学无法进行检验。然而，这些价格管制政策是否会带来政府期望看到的结果，却是可以进行验证的。

（二）价格管制的后果

1. 理论层面上的分析

在上述的传统经济学分析中，有一个巨大的漏洞："短缺"与"过剩"是无法检验的。由于供给量与需求量都是意图之量，因此"均衡"本身就无法检验。马歇尔当年从物理学引入这些术语时，是为了让经济学更像科学，然而，物理学中的"均衡"是可以观察的，小球进行匀速直线运动或者处于静止时属于均衡状态。但经济学中的均衡与非均衡却不是可以观察的，因此也就无法进行检验。

每个自利人追求自己的利益最大化，在资源稀缺的情况下，需要通过竞争取得。如果竞争准则是"价高者得"，那么市场会出现，价格机制起作用。市场中的人们看着价格，如果高于自己的边际用值则卖出，低入边际用值则买入，而买卖行为又会影响价格。当政府进行价格管制时，其实质是阻止这一机制发挥作用，迫使人们采用其他竞争准则。换言之，资源依旧稀缺，人们依旧需要竞争地获得，不用价格机制，必定会有其他准则取而代之。会有哪一种竞争准则被采用呢？只要知道约束条件是什么，就可以推断竞争准则。[①]

由此可见，在价格管制问题上经济学出现了两条研究路径：

路径1：

不均衡、短缺、过剩、压力→无法推出可以验证的假说→非科学

路径2：

竞争→不用价格，改用其他竞争准则→约束条件→科学解释

---

① 张五常：《经济解释》（2014年合订本），中信出版社2014年版，第193页。

2. 真实世界中的情况

在真实世界中,一旦政府进行价格管制,会增加交易费用,导致租值消散、破坏知识积累,甚至催生利益集团。

第一种情况是增加交易费用。市场的价格机制被管制不能使用时,自利人会想办法重新回到价格机制上。从标准的经济分析可知,自利人采用价格机制配置某种稀缺资源,一定是约束条件下的最优选择。当政府出台价格管制政策时,约束条件发生了变化,于是竞争准则发生改变。如果"先到先得"这一竞争准则所带来的费用较低,自利人便会使用这一准则;如果"弱肉强食"这一竞争准则所带来的费用较低,自利人便会转而使用这一准则。由于在所有竞争准则中,只有"价高者得"这一准则没有租值消散,因此自利人通过比较后,选择一些方法绕回到价格机制上并不罕见。例如,美国政府限制房租,于是纽约出现了房租以外的"钥匙金",将那些被政府管制了的价格,通过"钥匙金"收回。再例如中国政府管制房价,于是房地产公司与雇客签订两份合约,一份是符合政府价格管制的售房合约,另一份则是装修合约,即使买毛坯房也要签,通过装修合约将被管制了的价格收回来。这些例子成功地绕回到了价格机制,但不可忽视的是,与没有价格管制相比,增加了交易费用。

在第二种情况是导致严重的租值消散,例如排队看病。在市场中,一位好的医生是稀缺资源,他可以做到药到病除、妙手回春,这与一家企业中优秀的 CEO 能够准确判断市场是一样的。好医生与庸医存在"质量差别",价格自然也就存在着巨大差别,与市场中不同经理人拿到的年薪不同相类似。当一位优秀医生的市场价格是 2000 元看一次病而被价格管制到 7 元/次时,属于价格管制中的价格上限管制。此时,市场上对这个医生的需求会增加,而医生看病的积极性则下降(供给下降)。在某些约束条件下,病人会通过送红包的形式,回到价格机制上,获得这项资源。当这种办法行不通(交易费用太高),而是"先到先得"的交易费用比较低时,人们就会通过排队来获取这一资源。在中国,为了看一位专家,通宵排队的现象并不罕见,究其原因就是竞争准则改变了。在没有政府管制时,要支付 2000 元才能看到优秀的医生,病人首先要在市场里挣到 2000 元;有政府管制时,病人则是需要排队,而排队本身是不创造任何财富的,医生也不会因为病人的排队而获得收益,因此医生医术的租值就消散了。这是看得见的租值消散,看不见的租值消散则是医术知识的流失。当价格为2000元/次时,会有许多人学医,获取医学知识。而当价格仅为7元/次时,意味着医学知识不值钱,人们会对此行业避之为恐不及,甚至连医生的孩子都不愿意学医。①

第三种情况是破坏知识的积累与传递。例如《最低工资法》规定了工资下限,即对人力资源实施价格管制,属于价格下限管制。在一个市场中,人力资源千差万别,所以工资的价格水平、工资的合约条款也一定是大相径庭的。就工资水平而言,甚至有可能是负数。例如中国古代的学徒制,徒弟需要向师傅支付学习的费用,然后才能够在工作场所中观察师傅的实作,学习师傅的知识和技艺,然后在师傅的指导下进行练习,逐渐学会师傅的技能。一旦有了最低工资法,雇员的工资被固定,无法向下浮动,那么师傅也就不会教授他所拥有的特殊技能与知识。在中国实施《劳动合同法》之后,制造业的生产环节知识量下降,富士康等公司甚至倾向于招聘智商不高的员工。②

第四种情况则是催生利益集团。以粮食最低收购价为例,自20世纪30年代起,美国政府就一直试图维持农产品的"平价"(parity price)。平价是指农产品与非农产品在1910至1914年间的价格比例。在整个20世纪50年代和20世纪60年代里,政府采购维持着平价下限。成立了一家商品信贷公司(Commodity Credit Corporation,CCC)的联邦机构以支持价格(通常是平价的90%),买下所有卖不掉的受支持的农产品。CCC购买的"过剩"农产品大多数是贮藏起来,联邦政府希望在收成不好的年份把它们卖掉。但在这人为支持的高价下,农产品的产量几乎每年都超过消费者愿意购买的数量。到1960年,CCC贮藏的小麦相当于该年全年的产量。为了减少巨量库存的成本,国会批准实施粮票和学校午餐计划,向一些消费者补贴粮食价格。还引入各种"供应管理"计划来减少产量。在这一过程中,催生了几大利益团体:一是农业协会,每年尽量

---

① 乔杉:《七成医生不愿子女学医》,载《北京青年报》,2016年8月5日。
② 《富士康招工内幕曝光:高智商的工人不要》,载《中关村在线》,2016年10月19日。

生产多的产品，而不是市场需要适销对路的产品，卖给政府，并且要求这种价格下限持续下去；二是负责该项目的政府官员，通过粮食的买卖，政府相关部门的官员们能够获得利益，甚至是巨大利益；[①] 三是向学校提供午餐的企业，他们可以以低价获得原材料，制作出来的午餐无论美味与否，都将由政府支付"卖给"学校。这三大利益一旦形成，就会反过来施加政治影响，让这种补助继续实施下去。

政府的价格管制政策多种多样，对经济的影响也非常广泛。例如二战期间德国和日本的价格管制，导致战后商品短缺与下乡觅食；香港的租务管制导致房屋的保养问题、分租问题、天台僭建问题、重建问题等；最低工资导致的失业增加；学费管制导致上学机会减少[②]等等。虽然如此，但价格管制依旧广泛存在于各个国家，影响着每一个人的生活。

二、反垄断

(一) 传统理论中反垄断的原因与错误

1. 垄断的传统定义及其错误

传统经济学教科书对垄断的定义是：产业里只有一家企业时就出现垄断。[③] 然而这一定义存在两大问题：

第一，如何判定"产业"的范围？产业的范围可大可小，如酒产业，洋酒产业、洋酒产业里的葡萄酒产业、高端葡萄酒产业等等。另外，地域范围也是一种范围，如中国市场的葡萄酒产业、宁夏葡萄酒产业等等。如何确定产业范围没有统一的标准，这就为《反垄断法》的执行提供了

[①] 《法学教授质问中储粮7亿元窝案：国资委和检察院在哪里》，载《国际金融报》，2013年08月20日。

[②] 2014年工商管理部门，以全日制硕士研究生没有收入为由，将南方某商学院的全日制研究生学费由1万降为8千，希望低收入阶层可以读得起书。谁知该学院于是大幅减少全日制研究生的招生人数，扩大MBA招生规模，MBA的学费由10万元升至16万。

[③] ［美］杰克·赫舒拉发（Jack Hirshleifer），阿米亥·格雷泽（Amihai Glazer），大卫·赫舒拉发（David Hirshleifer）：《价格理论及其应用：决策、市场与信息》（第7版），机械工业出版社2009年版，第196页。

相当大的执法弹性。换言之,只要产业界定"恰当",任何一家企业都可以被定为"垄断企业"。例如,奶粉行业有众多企业,然而奶粉行业下的洋奶粉行业、添加了益生菌的洋奶粉行业也许就只有合生元一家企业了。再例如,辣椒酱产业有无数家企业,不可能垄断,但是老干妈却声称他们垄断了一个局部市场的某价格空间。①

第二,哪怕只有一家企业,也不一定是垄断。经济学在定义垄断产业时,目的是与完全竞争相区别:在完全竞争的产业中,企业是受价者(price taker);而在垄断产业中,企业是觅价者(price maker)。垄断企业增加产量则价格下降,减少产量则价格上升。一般认为,当一个产业中只有一家企业时,才会出现这种价格制造者的现象——垄断。然而,在真实世界中,是否能够影响价格与企业的数量是没有关系的。在此可以举出三个反例:①一个产业中只有一家企业,但是有无数的潜在进入者,而且进入该产业的门槛很低,这一家企业也会是"价格的接受者"。张五常教授曾经举过在沙漠中买可口可乐的例子②,贝特罗和里德(1994)也曾研究过美国航空业的例子③,赵燕菁则举过地方政府是否能够垄断地价

---

① 《老干妈的商业模式是怎样实现局部垄断的?》,http://www.ocn.com.cn/shangye/201610/hlrct25143151.shtml。

② 1966年,张教授从拉斯韦加斯驾车到旧金山去,路经之地全是沙漠。大热天,摄氏四十多度,汽车没有冷气,口渴之极。车行了很远都四顾无人。后来到了一个地方,见有五、六人家,其中一家门前挂着可口可乐的招牌。他跑进去,买了一瓶冰冻的可乐,只要25美分。如果卖者叫价五美元一瓶,他认为也是相宜之极,附近没有竞争者,为什么只售25美分?离开时,见到有几个邻家的孩子在地上游玩,才恍然大悟:要是卖可乐的人把价格提升,这些孩子就会叫父母替他们购置冰箱,大做可口可乐的生意。这个例子说明,虽然市面上只见到一家店铺,但由于售卖可乐的门槛极低,只需一个冰箱,因此潜在竞争者无数,因此这家店铺依旧只能够接受市场竞争价。见张五常:《新卖桔者言》,中信出版社2010年版,第103页。

③ Peteraf & Reed (1994) 研究了垄断的航空市场(即只有一家航空公司提供服务的线路)中的机票价格。他们发现价格的确受到潜在竞争者的影响(潜在竞争者定义为已经在线路其中一端的城市里提供着服务的航空公司)。结果显示,在任意给定的城市里,当成本最低的潜在竞争者每座位一英里的平均成本下降10%,就会使垄断的票价下降2%。作者认为实际的影响比这些数据显示得更强,因为在数据中,潜在竞争对手是大型航空公司的比例往往偏高。例如,虽然美国航空的总体成本并不特别低,但它在53%的观察数据中是垄断者的潜在竞争对手。那些面临低成本航空公司(如国民快捷航空和西北航空)的竞争的垄断者,比那些主要竞争对手是美国航空的垄断者收取更低的价格。Margaret A. Peteraf and Randal Reed, 1994, "Pricing and Performance in Monopoly Airline Markets", *The Journal of Law and Economics*, vol. 37.

的例子。① 这三个例子展示了即使表面上在某些地区或者产业中只有一家企业（供给者），他们也是无法成为觅价者的，他们的定价行为依旧受到竞争的约束，他们是受价者。②深圳的罗湖商业城，无数家店铺卖的都是相同的东西——翻版名牌手表与箱包。然而，到那里购物，店员会与你讨价还价，开价500元的翻版劳力士手表，最终可以100—200元成交。由于消费者存在着信息费用的约束，对于企业而言，即使存在众多竞争，单个企业也不是价格接受者，完全能够对不同的雇客售卖不同的价格。由此可见，垄断的关键不在于去数有多少家企业，而在于进入的门槛，核心问题是：在门槛范围内，企业是不是能够通过自行调整产量与价格，从而达到利益最大化。

因此，对垄断的最确切的定义是：假如企业（个人）面临的需求曲线是向下倾斜，而不是水平，则出现了垄断。② 这个企业（个人）就是垄断企业（个人）。在经济学中自利人的假设条件下，垄断企业（个人）会寻找产量与价格的配比，从而达到利益最大化。与此不同的是，在完全竞争中，企业（个人）是受价者，只能够根据价格确定自己的最优产量。一旦涨价，需求跌为零，企业马上被市场淘汰。③ 由传统错误定义派生出的寡头垄断、混合垄断等概念是无本之木，本书不再进行探讨。

垄断无处不在。无论是歌星、影星、球星还是网红，价格定得高一些，演出的次数会减少；价格定得低一些，演出的次数会增加。风景名胜也一样，价格定得高一些，游人减少；价格定得低一些，游人增加。

---

① 针对许多人提出政府垄断土地供应，从而抬高中国土地价格。原厦门规划局局长赵燕菁指出，2012年年初，三星在中国投资建厂得到了韩国政府的审批，总投资约为300亿美元。大量一线城市加入了争夺此项目的行列。最终西安获得了三星公司的青睐。通过调查他们发现，西安对三星项目进行巨额财政补贴（100亿元以上）、"10免10减半"所得税优惠、项目运行补贴、土地及建筑无偿提供，并为项目修建高速公路、地铁等交通设施和生活配套等。由此可见，表面上看某地政府垄断着某些地方的土地供应，但实际上竞争无处不在，政府不但无法抬高地价，反而给予三星公司的投资负地价。

② 张五常：《经济解释》，中信出版社2014年版，第509页。

③ 这里需要注意的是，需求曲线难道不就是向下倾斜的吗？在经济学基础中有需求定律，价格与需求量成反向变动，因此需求曲线向下倾斜。这是指某一种产品，或者是某一个人的需求曲线。对于一位生产者而言，他只生产某一种数量非常有限的产品，或者无法影响价格时，他面对的需求曲线就是平的，只能够根据市场给出的价格决定生产多少，从而达到利益最大化。

某企业（个人）拥有某种技术专利，价格定得高，人们使用得少；价格定低一些，人们使用得多。在管理学中，商业原则往往强调"人无我有，人有我精"，其中表达的就是企业追求垄断的实质。

2. 效率损失三角

既然垄断是无所不在的现象，那为什么要"反"呢？在经济学的传统理论分析中，反垄断的原因是因为存在着效率损失三角，也被称为"死角损失"（deadweight loss）或"效率损失"（efficiency loss），如图13-2所示。追求利益最大化的垄断企业会将产量定在 MR 等于 MC 的 H 点，即产量为 Q_m。此时由市场需求曲线确定的价格会是 P_m。与完全竞争解（供给曲线与需求曲线相交于 E 点）相比，垄断价格更高（$P_m > P_c$），而产量更低（$Q_m < Q_c$）。由完全竞争转向垄断，消费者盈余会减少 P_mFEP_c 这个梯形的面积，生产者盈余会增加 P_mFGP_c 的面积，同时减少 GEH 的面积，即 P_mFGP_c 是由消费者转移给生产者的。消费者盈余的减少与生产者盈余的增加，这并不是反垄断的原因。因为经济学的科学性质要剔除价值判断，不能够维护任何人的利益立场，包括消费者。反垄断的真正原因是出现了 FEH 面积的减少，即效率损失三角。由完全竞争转向垄断，出现了社

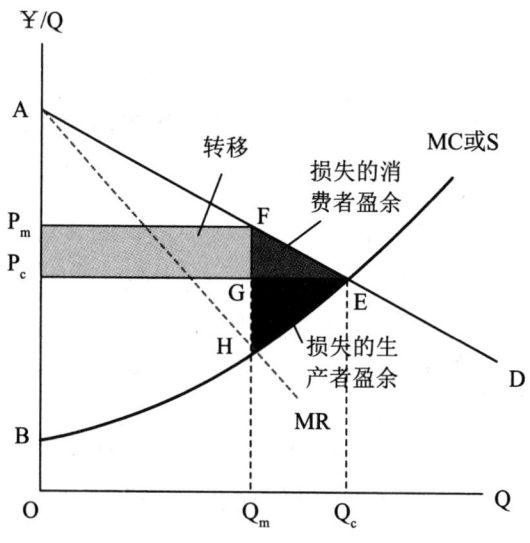

图 13-2 垄断的效率损失三角

会的净损失，没有任何人获得。这也就为政府干预，实施反垄断，提供了理论上的依据。

3. 反垄断的错误

以上分析逻辑井然，似乎为政府反垄断提供了充分的理由，然而其中却存在两大问题：第一，政府如何知道完全竞争解？每一家企业都具有独特性，许多企业生产的产品都不是一种或两种，在巨大的信息费用约束下，政府不可能知道每一种产品的边际成本 MC 与需求曲线 D，也就不可能知道这种产品在市场上的所谓完全竞争价与竞争量。第二，既然生产者增加产量从 Q_m 到 Q_c 能够增加收益，为什么他不这么做呢？原则上，垄断格局下的利益分配可以不变，生产者因为增加产量而带来的社会净收益与消费者分摊，双方均可获利。有利而不图，违背了经济学的自利人假设。要回答这一问题，我们必须要调查真实世界的情况与理论模型进行比较。实际上，在上述传统的理论模型中暗含了一个假设条件，即 AR = D，平均收益曲线与需求曲线重合，而这一条件要满足的话，意味着生产者是统一定价的：对于同一种产品，生产者只收一个价。这一假设与现实严重不符。在市场中，我们看到的企业定价模式各种各样，而不是统一定价。只要采用不同的定价模式，效率损失三角就不复存在。在真实世界中，生产者一般通过两种途径"铲除"它：

第一种途径：采用获取消费者盈余的定价方式。假设有一位消费者，消费第一个苹果给他带来的边际用值是 6，第二个是 5，第三个是 4，第四个是 3。购买 4 个苹果，消费者的盈余为 18（6 + 5 + 4 + 3）。如果生产者采用"全部或零"（all-or-nothing）的定价模式（要么 18 元卖 4 个，要么就不卖），那么他就可以获取所有的消费者盈余，效率损失三角不复存在。"全部或零"的定价方式在真实世界中十分常见，例如超市中一排排卖的酸奶，迪斯尼等游乐场的入场券等。由于每个人的需求曲线不同，生产者无法完全获取每个人的消费者盈余，但是他会尽量获取。有时甚至对消费者分门别类从而分别获取其盈余，例如一些餐厅里的菜谱中有家庭套餐、商务套餐、团体套餐。这些套餐的推出大大降低了识别消费者的信息费用，可以大概推测其需求曲线，实现获取其消费者盈余。① 无法获取的消费者盈余可视为交易费用，即生产者获取消费者信息的费用与定价的费用。正是因为存在这些费用，生产者才无法完全获取消费者盈余，因此这部分也不是效率损失，而是交易费用。

第二种途径：调整边际成本，使之等于价格。对于生产者而言，看到消费者愿意支付的价格高于其边际成本（图 13-2 中需求曲线 D 上的价格 $P>MC$），追求利益最大化的他会进行生产。这就是经济学中的"边际成本的挤迫效应"：当需求增加时，生产者可以加价，也可以让雇客排队等候，从而调校边际成本。② 举例而言，一位锦盒生产者，看到许多人来下订单，他可以选择加价，也可以选择（不加价）让顾客等候。当他选择后者时，意味着机器与劳动都必须开足马力，边际成本上升。于是随着生产强度的增加，边际成本沿着曲线上升。增加产量直至边际成本 MC 与消费者的边际用值相等时，生产者达到利益最大化，效率损失三角不复存在。

由此可见，生产者一方面可从需求一方获取消费者盈余，另一方面可从供给方面调整边际成本。这两种做法都会起到铲除效率损失三角的作用，在生产经营过程中往往是二者合并使用。真实世界不存在效率损失三角，推翻了传统经济学理论所提供的反垄断理由。

（三）反托拉斯的错误

有一个概念与垄断相关，常常伴随反垄断，那就是反托拉斯。托拉斯（Trust）是指一种垄断组织形式，是由许多生产同类商品的企业或在生产上有密切联系的企业，为了垄断某些商品的产销，以获取高额垄断利润而组成的大垄断企业。反托拉斯的理由与上述的反垄断理由不相同，人们关注的焦点并不是效率损失三角，而是一种主观判断，认为垄断企业会打压竞争对手，造成不公平的竞争环境。严谨的经济分析不涉及"公平"的价值判断，也从未界定过何为"公平的竞争环境"。这是一个含糊概念，不同人对所谓的"公平"与"公平的竞争环境"有不同

---

① 消费者盈余虽然减少，转移给了生产者，然而根据交易定理，交易使双方获益。更多的收益将促进生产者加大产量，推陈出新，消费者也因生产者的这些做法而享受到更多、更好的产品与服务。

② 张五常：《经济解释》，中信出版社 2014 年版，第 607 页。

的定义。①

　　从反托拉斯的案件来看，托拉斯与"恶性竞争"概念十分相似，是指企业通过掠夺性定价（Predatory Pricing）②的方式，迫使对手退出竞争，从而实现垄断，再提高价格，获取垄断利润。"反托拉斯"存在三大漏洞：

　　第一，市场的竞争本质会导致价格的不断下降。竞争无时无刻不存在，企业要想生存，要么进行创新，通过"人无我有"获得垄断租；要么通过管理方式或技术降低直接成本，增加租值。一种新产品刚刚面世时，其价格会比较高，会有较高的垄断租。然而正是高额的租值会吸引其他企业进入该领域，竞争加剧使价格下降。上头成本（Overhead Cost）越高的企业越有可能在竞争中生存。因此，无论是我们日常使用的手机、家用电器，还是各个行业的各种产品，价格往往都是先高后降。在市场竞争中，同样质量的商品，价格较低才能够取胜；同样价格，质量更高才能够生存。这是市场竞争的状态，无时无刻不在发生。因此，反托拉斯所说的"通过降价迫使对手退出竞争"是市场的普遍现象，毫无特殊之处。

　　第二，"迫使对手退出竞争，获得垄断地位，再加价"这是一种主观臆断。因为在击退竞争者之后，垄断者一旦提价，竞争对手又会重新回来，其他潜在竞争者也会因为加价之后的垄断租而参进。市场的常态是，所有企业都追求利益最大化，垄断租吸引人们创新，但同时也无时无刻不在吸引着竞争。

　　第三，许多所谓的"恶性竞争"做法，其实质是在做广告。其中有

---

① 事实上，所有赢家（Winner）都会认为某规则"公平"，而所有输家（Loser）都会认为"不公平"。经济学是科学，不涉及价值判断，因此也就无法对"何为公平"给出一个定义。
② 掠夺性定价是指一个厂商将价格定在牺牲短期利润以消灭竞争对手并在长期获得高利润的行为。产业组织理论认为，掠夺性定价是一种不公平的低价行为，实施该行为的企业占有一定的市场支配地位，他们具有资产雄厚、生产规模大、分散经营能力强等竞争优势，所以有能力承担暂时故意压低价格的利益损失，而一般的中小企业势单力薄，无力承担这种牺牲。掠夺性定价是以排挤竞争对手为目的的故意行为，实施该行为的企业以低于成本价销售，会造成短期的利益损失，但是这样做的目的是吸引消费者，以此为代价挤走竞争对手，行为人在一定时间达到目的后，会提高销售价格，独占市场，实施垄断定价。

两种性质不同的营销方式：（1）价格低于直接成本，① 用广告支出补贴降价。例如一家企业的新产品，可以支付广告费邀请明星代言；同样的支出，也可以放在降低价格上，通过优惠券或者低价来吸引消费者的注意。很多时候，新品上市都会象征性地收一元，或索性免费赠送试用，其目的是为了做广告，推广产品。竞争对手并不会因为新产品做这种亏本的促销而退出市场，因为过了新品促销的时期，售价就会恢复到能弥补成本的常态。② （2）打价格战是噱头，目的是吸引消费者去购物，从而捆绑其他产品的销售；或者让消费者知晓打折或清仓的时间，从而降低信息费用。例如2012年8月15日，京东商城、苏宁易购、1号店打响价格战。商家自己喊出的"你敢1元，我就敢0元"，被媒体炒作得沸沸扬扬。然而就在815价格战开始前一天晚上，部分商家悄悄提升了商品的价格，其中京东商城1.22%的数码家电类商品涨价，平均涨幅超过585元。真实降价的产品其实只有5%，缺货率高达30%。③

因为上述三大原因，在反托拉斯诞生的美国，早在上世纪六十年代反托拉斯就成为了"复杂、困难与乏味"的代名词。④ 而在过去的三十年里，美国的反托拉斯调查不断减少，反托拉斯影响在其国内不断减弱。⑤

（四）垄断的实质

垄断是一种普遍现象，从个人到企业都希望实现租值最大化。市场竞争的规律是：某人发明了某种产品（或拥有某种天赋），被市场认可，于是他面对一条向下倾斜的需求曲线，自利人便会寻找最优的产出量与价格组合，以获取垄断租，达到利益最大化。高额的垄断租会吸引竞争

---

① 这是常见反托拉斯案件的特点，法庭去证明厂家所生产产品的价格低于直接成本。
② 如果厂商的产品价格长期低于直接成本，那么竞争对手完全可以通过从该厂家处进货，从而击垮该厂商。这是一种真实世界从未发生过的"主观臆断"。
③ 《一淘网昨在京还原电商"价格战"：真正降价的电商商品仅有5%》，载《扬子晚报》，2012年8月22日。
④ Hofstadter, Richard., 1965, "What Happened to the Antitrust Movement?" in *The Paranoid Style in American Politics and Other Essays*, Alfred A. Knopf, pp. 210 – 211.
⑤ Stucke, Maurice E; Boston College., 2012, "Reconsidering Antitrust's Goals", *Boston College Law Review*, vol. 2, pp. 551 – 629.

者也进入这个领域分一杯羹,在竞争之下,价格下降,该产品带来的垄断租下降。为了继续获得该租值,人们要么选择产品创新,制造出新的垄断租,要么进行生产技术创新,使直接生产成本下降,租值增加。从本质上看,降低直接生产成本的技术创新,同样带来的是这种技术的垄断租。因此,市场在追求创新的根本目的是为了获得垄断租。鼓励创新的实质就是鼓励人们去追求垄断租、追求垄断。**当前政府政策中"鼓励创新"与"反垄断",在逻辑上无法共存。**

获取垄断租是企业与个人追求的目标,为了实现这个目标,他们发展出了多种多样的定价方式。如果交易费用为零,生产者会沿着消费者的需求曲线定价,能够获得最大限度的垄断租。例如上文苹果的例子中,生产者对第一个苹果定6元,第二个5元,第三个4元,第四个3元。然而在真实世界中,交易费用不为零:一方面,厂家无法知道每一位消费者对每一个单位产品的消费者盈余,信息费用高昂;另一方面,即使厂家知道每位消费者对每个产品的不同边际用值,他也无法如此定价,消费者不会接受对同样的苹果支付不同的价格,说服费用高昂。正是因为存在这些交易费用,所以市场发明了价格分歧(price discrimination)、捆绑销售(bundle sales)、全线逼销(full-line forcing)、约束零售价(retail price maintenance)等定价方式。当存在信息费用与资源空置时,销售者会采用价格分歧;当某种合约厘定的费用太高时,会采用捆绑销售;当批发商因某种原因短期内无法知道零售价、或者想隐瞒原材料的进货价时,会采用全线逼销;有时甚至是由零售商要求批发商约束零售价,从而方便自己实施价格分歧。

世界精彩,经济学家不是道德审判家,去评论什么"应该"、"不应该",而是要找到重要的约束条件,解释五花八门的价格现象与垄断实质。

(五) 反垄断的滥用与对经济的危害

传统经济学对垄断的定义并不严谨,反垄断的理由(效率损失三角)也不成立。垄断的实质是一个无所不在的竞争现象,高额垄断租是吸引创新的根本动力。正因为传统理论的错漏以及与现实的脱节,各国出台的《反垄断法》成为了政府干预市场的工具,更有甚者成为了政府寻租的法宝，给整个社会带来巨大的交易费用。

1. "垄断"罪证缺乏科学依据

反垄断的理由来自于传统经济学，但在实际操作中，《反垄断法》的条文并不严格遵守传统经济学的定义。例如我国《反垄断法》第七章第四十七条规定，"经营者违反本法规定，滥用市场支配地位的，由反垄断执法机构责令停止违法行为，没收违法所得，并处上一年度销售额百分之一以上百分之十以下的罚款"。如何界定"滥用市场支配地位？"如果按照传统定义"产业里只有一家企业"，那么就去数企业数量，但前文已经说明，企业数量并不能说明什么。从垄断实质来看，"企业（或个人）面对的是一条向下倾斜的需求曲线"，垄断的现象比比皆是，① 几乎所有的企业（个人）都在寻找价格—产量的最优解。换言之，任何一家企业都能够成为政府反垄断的对象。正因为理论模糊，所以在真实世界中政府反垄断是非常武断的，以下案例可见端倪：

案例1

1870年洛克菲勒在俄亥俄州创建了标准石油。1882年，洛克菲勒合并了40多家厂商，垄断了全国80%的炼油工业和90%的油管生意。1886年，标准石油公司又创建了天然气托拉斯，即美孚石油公司。1910年美国的标准石油被反托拉斯起诉掠夺性减价，即产品低于成本价销售，以打击竞争对手。1911年5月，美国最高法院宣判美孚石油公司解散，拆分成38个独立企业。

经济学家约翰·迈吉认为，标准石油公司的垄断地位是通过收购竞争对手而建立，而非采用掠夺性定价。前者比后者的成本更低。除此以外，他还指出：第一，市场占有率越大的厂商，将价格降到成本以下，其损失会比小厂商更大；第二，厂家通过掠夺性定价的损失巨大，一旦他们提价来弥补之前的损失时，已退出市场的竞争者会重返市场，致使掠夺者再次进行掠夺性定价，最终无法获得足够的收益来弥补其损失。第三，即使优势厂商能够在掠夺期后获得垄断利润，但未来的利润还没

---

① 例如街口卖花生的老伯，为了与众不同，卖怪味花生，而他在街口这个范围、怪味花生这一领域，面对的也是一条向下倾斜的需求曲线，即垄断。

有经过贴现，贴现后的利润不一定能够弥补之前的损失。①

迈吉的观点后来成为芝加哥学派的典型观点，该学派认为，政府任何阻止掠夺性定价的措施只会限制合法的经营行为，不仅损害消费者利益，而且削弱了企业降低成本的激励。任何掠夺性定价的指控，尤其是当原告是被告的竞争对手时，很可能是低效率厂商借反托拉斯之名，来保护其市场地位的一种策略。著名的竞争法学者罗伯特·博克曾经指出："对一个可能不存在或非常罕见的现象建立规则是不明智的，而法院要区分掠夺性定价行为与竞争价格行为是很困难的。"②

案例 2

1996 年底，波音公司用 166 亿美元兼并了麦道公司。当时的波音和麦道公司在美国航空制造业中排名第一与第二，在世界航空制造业中排名第一和第三。在干线客机市场上，合并后的波音不仅成为全球最大的制造商，而且是美国市场唯一的供应商，美国国内市场份额占有率接近百分之百。与标准石油公司的案例不同，美国政府不但没有阻止两家公司的合并，而且还利用政府采购等措施促成这一兼并活动，其主要原因是为了应对欧洲空中客车公司，维护美国的航空工业大国的地位。

由此可见，美国政府在实施反垄断法时的弹性很大，并没有统一的标准。

案例 3

2016 年 12 月 23 日，上海市物价局对外发布上汽通用汽车销售有限公司价格垄断案处罚决定，对上汽通用公司与其经销商达成垄断协议，限定车型最低销售价格的价格垄断行为依法作出行政处罚。责令上汽通用公司立即停止违法行为，并处上一年度涉案产品销售额 4% 的罚款，共计人民币 2.01 亿元。

上汽通用公司采用的"约束零售价"（Retail Price Maintenance），是一个与垄断相关的研究领域，是指批发商要求零售商以一个特定的价格销售产品。为什么批发商会实施"约束零售价"呢？Lester Telser 认为，

---

① McGee, John, 1958, "Predatory Price Cutting: The Standard Oil (N.J.) Case", *The Journal of Law and Economic*, Vol. 1, pp. 137-169.

② Bork, Robert H., 1993, *The Antitrust Paradox* (second edition). New York: Free Press.

批发商把价格限定得高,零售商只能多花时间去介绍产品。① 他的这一分析成功解释了吸尘器领域的销售。然而,换一种产品领域,这个解释就不成立了。例如手表,手表是不需要演示的。为什么也存在"约束零售价"呢?原因是零售商要求批发商"约束零售价",大家都按同一个价格在市场上销售,减少竞相降价。② 表面价格上的竞争转化为内在的打折:不同商家对旅客是开全价,讨价还价后降8%,认识店员的熟客可以拿到15%的折扣。

约束零售价是信息费用约束下的价格分歧,是市场常用的定价方式。既然如此,通用公司何罪之有?劳力士采用的也是"约束零售价",为什么不以垄断罪名处罚劳力士呢?类似的企业更是数不胜数,政府究竟要处罚谁呢?

案例4

从2011年7月5日起,华山风景名胜区执行一票制门票,即旺季(3月—11月)180元/人·次;淡季(12月—次年2月)100元/人·次。门票所含景区包括华山主峰区、仙峪、西岳庙等,门票有效期2天,并含景点间的交通费。数据表明,2016年10月1日0时至5日14时,华山风景名胜区共接待游客118320人次。其中,前往主峰区的游客为115519人次,仙峪与西岳庙仅为1211人次与1590人次。主峰与西岳庙的访客量悬殊,于是这种"大景区、一票制"的定价方式被媒体认为是捆绑销售、强制消费,并要求其整改。③

从本质上看,华山的定价方式是"买一送一",购买热门产品赠送冷门产品。这是一种非常普遍的定价方式,例如超市买酸奶送不锈钢勺子、买洗衣液送免费送香皂或者一些新产品的试用装等等。厂家其实是通过捆绑的方式来推广产品。最经典的捆绑销售案例是"一元一只鸡"。通过这种广告,酒家是为了吸引客人。客人来吃鸡不可能不吃其他菜,于是

---

① Telser, LG., 1960, "Why Should Manufacturers Want Fair Trade?" *Journal of Law & Economics*, 3 (1), pp. 86 – 105.
② 张五常:《经济解释》,中信出版社2014年版,第692页。
③ 王健:《华山门票被吐槽捆绑冷门景点回应:或很快改》,中国青年网,2016年10月6日。

推广了酒家的其他菜肴。华山也一样,主峰在节假日有 11 万人次,其他景点却人迹罕至。通过这种"买一送一"的方式,可以推广冷门景点。如果"买一送一"是强制消费,那么遍布大街小巷的"买一送一"果汁店是否都应该整改呢?

2. "反垄断"对经济的危害

从以上案例不难发现,对于垄断的判断往往武断。以垄断罪名对企业进行惩治,其结果是产生大量交易费用,损害经济发展。主要体现在如下几个方面:

第一,"垄断"罪证缺乏科学依据,带来巨大的论证费用,政府相关部门甚至以此寻租。在美国,每一桩反垄断诉讼案都历时几年甚至十几年,涉及上亿美元的巨额法律费用。这些才是社会的净损失,因为企业原本可以将这笔费用用于研发或者降低成本,却交了律师费。例如 1984 年的 AT&T 垄断案、1969 年国际商用机器公司(IBM)案、1997 年的微软分解案等都耗时长,成本高昂。在我国,2008 年颁布《反垄断法》之后,一些反垄断案不需要法律的程序,而是直接由行政部门认定并进行处罚,每一笔"反垄断"罚单也都是天文数字。例如 2013 年 1 月我国政府对韩国三星、LG 等六家国际大型面板生产商开出 3.53 亿元人民币的垄断罚单;[①] 8 月对合生元等 6 家乳粉企业,因其违反反垄断法、限制竞争行为罚约 6.7 亿元;[②] 2015 年 4 月因纵向垄断罚奔驰 3.5 亿元;2015 年 2 月对美国高通公司(全球最大的专利许可收费公司和最大的无线通讯芯片制造商)开出最大额反垄断罚单 60.88 亿元。在这些案件中,处罚没有经过司法程序,而是由国家发展改革委或省属物价局开出罚单,并要求受罚公司公司从发出正式的处罚之日起十几日内把罚款上交中央财政。与美国的司法程序不同,我国将处罚放在了行政范围,这似乎节省了处罚的交易费用。然而,从理论分析可知,垄断本不应该反,我国的反垄断成本低,这也就意味着反垄断的伤害力比美国更大。从被罚企业的所在行业来看,手机、乳粉、芯片,均是竞争激烈的行业。反垄断的不良

[①] 《反垄断首次向外企开刀》,载《财经观察》,2013 年 1 月 5 日,第 763 期。
[②] 《奶粉反垄断:合生元被罚 1.6 亿美赞臣罚 2 亿》,网易财经,2013 年 8 月 7 日。

影响，涉及各个行业。

第二，改变竞争准则，企业利用《反垄断法》打击竞争对手。在现实生活中，一个国家的《反垄断法》一旦出台，我们看到的不是消费者去告垄断者，而往往是竞争对手竞争力不如人时，利用《反垄断法》进行起诉。被告者一般都是行业中的成功者。例如2013年对合生元的罚款，其背景是合生元2012年的33.8亿元销售额是其2009年销售额5.58亿元的6.05倍，销售额在三年间增长505.02%。[①] 2015年的高通公司反垄断案，其调查也是起始于2009年两家美国公司联合向国家发改委的举报。而最典型的例子莫过于20世纪90年代末的网景公司诉微软垄断一案。[②]

第三，实施贸易战的武器。就像关税与非关税壁垒一样，《反垄断法》已经成为了各国进行贸易战的工具。例如2016年9月至10月，欧盟与美国向对方企业的各种罚款，其中"反垄断"就是非常重要的借口之一：

2016.09.04. 欧盟罚苹果145亿美元；[③]
2016.09.23. 美国罚德银140亿美元；[④]
2016.10.02. 欧盟罚高通25亿美元；[⑤]
2016.10.05. 欧盟罚谷歌74亿美元；[⑥]

---

① 《合生元3年505%增幅背后：控制价盘涉垄断》，载《第一财经日报》，2013年7月2日。
② 1997年9月，微软公司推出新一代浏览器Internet Explorer 4.0，开始全面进军互联网，与当时如日中天的网景公司（Netscape Communications Corporation）展开浏览器竞争。后来微软被网景公司控告其利用操作系统的垄断地位来捆绑浏览器，从而获得浏览器的垄断地位。这场官司全球瞩目，而当时在中国的我们看得更清楚。当时我们正在读研究生，平时不会去购买正版软件，往往在地摊花两三元买盗版的，而且盗版软件中有多种公司的产品可供选择。这也就意味着安装Explorer与安装Netscape的成本相同。当时大多数同学都选择安装Explorer，因为它更稳定，使用起来更便捷。换言之，Explorer的胜出并不在于它与操作系统的捆绑，而在于它的性能的确优于Netscape。事实也证明，虽然微软当时败诉，但是Netscape终于还是因为产品质量不如Explorer而被市场淘汰。李俊慧：《经济学讲义：颠覆传统经济学26讲》，中信出版社2016年版，第290页。
③ 《欧盟开出145亿美元罚单 苹果法律顾问：鬼知道他怎么算的》，载《IT之家》，2016年9月4日。
④ 《德银面临美国政府140亿美元罚单 3年前曾被罚19亿》，澎湃新闻网，2016年9月17日。
⑤ 《高通被欧盟指控垄断或面临高达25亿美元罚款》，载《京华时报》，2016年10月4日。
⑥ 《谷歌面临欧盟起诉最高或被罚款74亿美元》，载《长江商报》，2016年5月17日。

根据李嘉图的比较优势原理，各国进行自由贸易对经济发展有利。然而事实上，一国的利益集团往往通过贸易壁垒来阻碍自由贸易，从而通过损害国家利益的方式获取本集团的利益。《反垄断法》在认定上的含糊性，恰恰十分切合这种需要，任何一家企业都可以被界定为"垄断"进行限制，于是用来维护竞争的《反垄断法》成为了限制竞争的工具。

第四，对外商直接投资 FDI 与人民币汇率等的影响。2016 年底至 2017 年初，人民币大幅贬值，其中既有中国经济下行的内在原因，也有国际炒家狙击人民币、使之形成下行预期的外在原因。人民币贬值对中国商品出口有利，然而"贬值预期"则不然，对出口有负作用，因为国际商家会考虑等待人民币跌得更多时才购买。在这种情况下，吸引外商直接投资（FDI）是最重要的稳定人民币措施。一方面，外资进入需要兑换人民币，从而能够减轻人民币下行压力；另一方面，FDI 对促进出口有利。外资进入中国后，生产的产品会卖到国际市场上，1 元的 FDI 投资，也许会带动 10 元的外贸出口。FDI 对稳定人民币币值，甚至是整个经济发展有利。FDI 曾经对中国的经济发展作出过巨大贡献。[1]《反垄断法》是外商投资的重要考虑，如果投资利益没有保障，随时能够被似是而非的"垄断罪名"所剥夺，投资就会减少。因此，《反垄断法》会影响 FDI 甚至人民币汇率。

（六）小结

政府为什么反垄断？这是一个重要的经济学理论问题。政府反垄断的后果，也是一个可以被检验的实践问题。在经济下行的今天，对其进行反思显得尤为必要。传统经济学理论从垄断定义开始就存在错漏，"效率损失三角"分析无法为"反垄断"提供充分的理由。在现实社会中，政府反垄断的依据常常似是而非，增加了全社会的交易费用，给经济发展带来损害。

垄断本不应该反，只有"人无我有"的创新才能够获得垄断的地位。历史上罕有百年企业，企业英雄榜的频繁更替说明赢得市场的不易。即

---

[1] Enright, M. J., 2017, *Developing China: The Remarkable Impact of Foreign Direct Investment*, Oxon, New York: Routledge.

使是像 IBM 与微软这样的行业巨头，也无时无刻不在担心着潜在进入者，只有不断地创新才能够保住其垄断地位。今天中国经济的亮点，无论华为还是大疆，在技术领域或者成本领域都有其他企业无法做到的垄断性质。经济学中没有可靠的理论让政府反垄断，因此美国联邦储备局主席艾伦·格林斯潘说："这个国家的整套反垄断法，是经济无知和冲动的大杂烩。"① 米尔顿·弗里德曼说："多年来，我对反垄断法的认识发生了重大的变化。刚入行的时候，作为一个竞争的支持者，我非常支持反垄断法，认为政府能够通过实施反垄断法来推动竞争。但多年的观察告诉我，反垄断法的实施并没有推动竞争，反而抑制了竞争，因为官僚总舍不得放弃调控的大权。我得出结论，反垄断法的害处远远大于好处，所以最好干脆废除它。"② 中国改革开放 30 年，从 1978 年至 2008 年，一直没有出台《反垄断法》，经济发展举世瞩目，这一实践挑战着西方的反垄断共识。

本节并没有探讨行政垄断的问题。严格来讲，本节分析的是市场竞争下的垄断，而行政垄断则是政府通过制造进入门槛，限制企业进入某些行业而形成的垄断。行政垄断的本质是将市场的价格竞争转变为行政垄断地位的竞争。企业不是靠自身的技术或成本优势获取垄断地位，而是靠政府政策获取该地位。在世界各国的历史中，从未出现过政府反行政垄断。

三、股权管制与知识产权的合约保护

伴随着中国经济的崛起，知识产权（Intellectual Property Right，简称 IPR）保护问题一直以来都是外国批评中国、甚至是进行贸易制裁的"罪状"之一。这种指责的依据主要有二：一是假冒与盗版率高；二是知识

---

① "Memo, 6-12-98; Antitrust by Alan Greenspan". Archived from the original on 2005-12-17. Retrieved 2005-12-23.

② The Business Community's Suicidal Impulse by Milton Friedman Cato Policy Report 21 (2) (March/April 1999) A criticism of antitrust laws and cases by the Nobel economist. Retrieved October 5, 2007.

产权保护的立法与执法不完善。这两个依据是否能够充分并客观地评价中国的知识产权保护状况呢？假冒盗版率反映的是商标与版权的保护问题，但商标与版权并不代表所有的知识产权，知识产权还包括专利、商业秘密及其他。法律衡量与执法衡量也无法准确反映一国的知识产权保护状况。因为除了法律手段外，企业与个人往往更依赖于某种形式的合约组合（arrangement）来保护自身的知识产权，而这种由市场发展出来的合约保护常常比法律保护更加有效。

本节将探讨目前衡量知识产权保护中存在的问题、知识产权的性质与法律保护的困难。重点研究在政府股权管制的基础上，为了绕开管制跨国公司在华合资公司发展出的一种合约保护形式——"合资＋补偿性合约"。从合约保护的角度来看，外界对中国知识产权保护不力的指责并不客观。如果中国的知识产权保护没有做得好的方面，是不可能成为世界第二大研发投入国且研发投入增长率居全球之冠的。

（一）中国的知识产权："低保护"却"高增长"？

三十多年来，中国经济发展迅速，无论是在对外贸易还是吸引外商投资方面都取得了举世瞩目的成绩。然而，知识产权问题日益成为中国产品出口的重要障碍，在各种贸易磋商中，中国的知识产权现状也常常备受他国责难。

假冒与盗版是各种报告中评价中国知识产权保护不力的常见依据。例如，美国众议院小企业事务委员会主席曼佐罗（2006）指出，假冒产品在中国制造的全部产品中所占的比例估计已达到15%到20%；[1] 2002年发布的BSA全球软件盗版研究报告中，中国的盗版率高达92%，居全球第二。由此推断，中国的知识产权保护的整体情况十分糟糕。

根据产权理论，当一件物品的产权得不到恰当保护时，其直接结果就是导致相关物品得不到有效供给。知识产权是思想的产权，如果该产权得不到有效保护，就会使思想的供给减少，其外在表现就是创新活动减少。因此，在一个知识产权保护不力的国家，应该缺乏投资，缺乏创

---

[1] 美国众议院小企业事务委员会网页：http://republicans.smbiz.house.gov/newsletters/asp_display_individual_newsletter.asp? newsletterId =91。

新。然而,经合组织(OECD)2006年12月的一份报告却显示,中国已超过日本,次于美国,成为世界第二大研发投入国,且研发投入增长率则居全球之冠。① 直至2016年,中国都稳居世界第二大研发大国。②

这一矛盾现象就带来了一个重要的问题:为什么在知识产权保护"不力"的前提条件下,中国依然出现了大规模的研发创新活动?而要回答这一问题,首先必须澄清:目前中国的知识产权保护是否真的"不力"?中国的知识产权保护是否存在做得好的一面,但不幸被忽略了?

从国际上的研究来看,知识产权保护及其经济影响的文章不可胜数,然而在这些文章中,如何衡量知识产权保护是存在缺陷的。本书的研究角度并不是探讨知识产权保护机制的正负效应(即"保护越强,越利于或不利于发展")③,而是探讨目前衡量知识产权保护强弱时存在的问题。

关于如何衡量知识产权保护的文献并不罕见。Rapp & Rozek④ 是最早研究如何衡量一国IPR保护状况的学者之一。他们的衡量方法除了得到学术界的认可外⑤,美国政府也曾经引用该研究来支持其全球IPR立场。⑥

---

① "China will become world's second highest investor in R&D by end of 2006", OECD, 04/12/2006.

② 《数据说话:中国稳居世界第二研发大国》,科技日报 & 中国科技网,2016年2月24日。

③ 贝森和马斯金(2006)认为严格的知识产权保护可能会减少创新,原因在于保护会阻碍创新知识的积累与补充;古川(2007)则指出,一种普遍的观点认为,严格的知识产权保护会导致垄断部门的增加,垄断价格则降低产量,从而降低经验的积累,最终降低生产力,影响创新。
Bessen, J., Maskin, E., 2006, "Sequential innovation, patents, and imitation", Economics Working Papers 0025, Institute for Advanced Study, School of Social Science.
Furukawa, Y., 2007, "The protection of intellectual property rights and endogenous growth: Is stronger always better?" *Journal of Economic Dynamics and Control*, In Press, Corrected Proof, Available online 27 February. *Journal of Economic Dynamics and Control*, doi: 10.1016/j.jedc.2007.01.011.

④ Rapp, Richard and Richard P. Rozek, 1990, "Benefits and Costs of Intellectual Property Protection in Developing Countries", *Journal of World Trade*. 75/77: 75-102.

⑤ Gould, David M. and William C. Gruben, 1996, "The Role of Intellectual Property Rights in Economic Growth", *Journal of Development Economics*. 48 323-350.

⑥ Wichterman, Dana, 1991, "Intellectual Property Rights and Economic Development: An Issue Brief", Washington DC: Agency for International Development Center for Development Information and Evaluation.

Rapp & Rozek 把专利法作为 IPR 保护的代表,并将 159 个国家的专利法从 0 至 5 进行划分,0 代表没有专利法,5 代表该国家的法律符合美国商会知识产权保护工作组(US Chamber of Commerce Intellectual Property Task Force)的标准。塞尤姆[1]也以该商会的最低标准作为依据,而他的 0—3 级 IPR 保护分类是通过对 IPR 实践者的调查而来。塞尤姆通过文献与调查,建立了四个变量。他认为只有从专利、版权、商标与商业秘密四个方面才能够全面反映知识产权保护情况。舍伍德[2]发明了第三种衡量 IPR 保护的方法,他结合了个人知识与专业访谈的实践,将保护分值设为从 0 至 103,并涵盖了 18 个国家。在他的研究中同样是以美国商会的标准为基础,但权重与分值则主要来自于自己的实践经验与判断。(见表 13-1)

表 13-1 知识产权保护的衡量方法

Rapp and Rozek 对知识产权保护的衡量		Sherwood 知识产权保护的 8 个方面	
描述	分值	描述	分值
没有知识产权法	0	执行力	25
不充分的法律;没有禁止盗版的法律	1	行政管理	10
法律有重大缺陷	2	独立的法律: 版权 专利 商标 商业秘密 生物	12 17 9 15 6
法律中有缺陷;存在一些执行法规	3	条约(Treaties)	6
一般意义上的好法律	4	小计	100
保护与执行法律与美国商务部的最低标准相符	5	公共承诺(Public Commitment)	3
		总计	103
资料来源:Rapp and Rozek,1990		资料来源:Sherwood,1997	

---

[1] Seyoum, Belay. 1996. The Impact of Intellectual Property Rights on Foreign Direct Investment. *Columbia Journal of World Business*. Vol 31: 51-59.

[2] Sherwood, Robert M. 1997. Intellectual Property Systems and Investment Stimulation: The Rating of Systems in Eighteen Developing Countries. IDEA. Vol. 37 No. 2: 261-370.

不难发现，学者们的研究实际上把如何衡量 IPR 保护集中到了法律衡量（Law Measurement）与执法衡量（Enforcement Measurement）两个维度上，而在具体衡量时则存在以下几个问题：第一，IPR 法律本身。拉普和罗泽克的研究[①]把专利法作为 IPR 法的代表，奥斯特格德[②]认为这是有问题的，因为专利法没有包括其他方面的内容，不同知识产权对各个国家的重要性也是不一样的，专利法可能在一些国家的重要性并不如版权等其他知识产权。塞尤姆[③]进行了改进，分别研究了知识产权的每一种法律，而塞尤姆则把 5 种知识产权法综合在一起进行衡量，但如何设立权重一直是个悬而未决的问题。第二个问题是执法问题。拉普和罗泽克与塞尤姆[④]都没有把执法纳入他们的研究，其假设前提是每个国家都有同样有效的制度架构与资金资源来保障执法。舍伍德[⑤]的量表中包含了执法成份，但奥斯特格德[⑥]认为其指标反映的是潜在执法可能而非事实执法，如何准确衡量事实执法也是一个一直困绕学者们的难题。第三个方面是衡量的可重复性。这些研究的量表中有许多关于程度的概念都十分模糊，例如什么是"不充分"、什么是"重大"都没有明确的衡量标准，因此往往依赖于研究者自身的判断，时过境迁，这些指标能否进行比较就十分值得怀疑了。

实际上，在学术研究领域中没有出现一个令人满意的知识产权保护衡量方法。目前的研究除了具体量表的设计问题外，更加根本性的"衡量的维度"才是最大的问题所在。即使在奥斯特格德[⑦]的研究中，他综合

[①] Rapp, R. T. ; Rozek, R. P. , 1990, Benefits and costs of intellectual property protection in developing countries, *Journal of World Trade*, 24 (5), pp. 75 – 102.

[②] Ostergard, L. Robert, Jr. 2000. "The measurement of Intellectual Property Rights Protection", *Journal of International Business Studies*, 31, 2 (Second Quarter), pp. 349 – 360.

[③] Seyoum, Belay, 1996, "The Impact of Intellectual Property Rights on Foreign Direct Investment", *Columbia Journal of World Business*. Vol 31, pp. 51 – 59.

[④] Rapp, R. T. ; Rozek, R. P. , 1990, Benefits and costs of intellectual property protection in developing countries, *Journal of World Trade*, 24 (5), pp. 75 – 102.

[⑤] Sherwood, Robert M. , 1997, "Intellectual Property Systems and Investment Stimulation: The Rating of Systems in Eighteen Developing Countries", *IDEA*. Vol. 37, No. 2, pp. 261 – 370.

[⑥] Ostergard, L. Robert, Jr. 2000. The measurement of Intellectual Property Rights Protection. *Journal of International Business Studies*, 31, 2 (Second Quarter), pp. 349 – 360.

[⑦] Ibid.

前人，做出了一些改进，但主要是针对具体的衡量方法与指标，其分析框架依然是从**法律衡量与执法衡量**这两个维度展开。

在操作层面上，目前对中国的知识产权保护的批评，主要是围绕着"假冒与盗版率"、"法律衡量与执法衡量"这两个主要方面。以美国贸易代表署（USTR）每年发布的"特别301报告"（Special 301 Report）[1]为例，其中并不存在一个衡量各国知识产权保护的完整体系。其内容主要是估算各国的假冒与盗版价值，评估各国的知识产权法律与执法情况，以及举出一些典型案例。

实际上，假冒与盗版只能够反映部分知识产权（商标与版权）保护的情况，并不能够反映知识产权中更为重要的专利与商业秘密保护。依赖法律进行知识产权保护也不是最有效的方法，因为法律保护涉及到巨大的交易费用，包括了解法律与提请诉讼的各种费用。市场中的主体发展出的保护办法十分有效，但却一直被学者们所忽略。有一些经济学家意识到私人市场发展出的合约形式能够有效地保护知识产权[2]，但是苦于真实资料的获取[3]，往往也无法给出具体的案例。

(二) 知识产权的特性与法律保护

1. 知识产权的特性

从本质上看，知识产权是思想（ideas）的产权，而思想是一种具有很高经济价值的资源。[4] 由于思想这一资源看不见摸不着，所以界定它的产权时会有特殊的困难。为了便于操作，人们运用法律手段将知识产权界定为商标权、专利权、版权。商标权（trademark），主要保护产品的品牌，如可口可乐、路易·威登、劳力士等都是非常著名的商标。专利权（patent）主要用以保护具有商业价值的发明，如医药、机械零件产品中

---

[1] 美国特别301条款系为保护美国海外知识产权利益而制订的法律。首先由USTR（美国贸易代表署 United States Trade Representative）每年定期向美国国会提出"外国贸易障碍"报告，调查未实行适当及有效措施保护美国知识产权利益的外国政府。

[2] Gallini, Nancy and Scotchmer, Suzanne, 2002, "Intellectual Property: When is it the best Incentive System?", *Innovation Policy and the Economy*, Vol 2, MIT Press.

[3] 在企业中，涉及知识产权的合约属于商业秘密，外人难以获得。

[4] Cheung, N. S. Steven, 2005, "Property Rights and Invention", *Economic Explanation*, Acradia Press Limited.

往往包含许多的发明专利。著作权（copyright）则主要用来保障作者创作的作品，如文学、音乐、电影等。值得注意的是，这种划分只是为了法律操作上的简便，并不代表知识产权仅仅包括这三种类型。在进行经济分析时，只要是思想的产权都属于知识产权，因此也就包括商业秘密（business secret）① 与自然规律（law of nature）。

由此可见，法律意义上的知识产权与经济分析中的知识产权的范围是不一样的，前者窄，后者宽。通过法律保护的知识产权仅仅是知识产权的一部分。而假冒与盗版所侵犯的知识产权更是法律保护中的一部分——商标权与版权（见图13-3）。所以，用假冒与盗版率的高低来评价一国的知识产权保护存在着片面性。

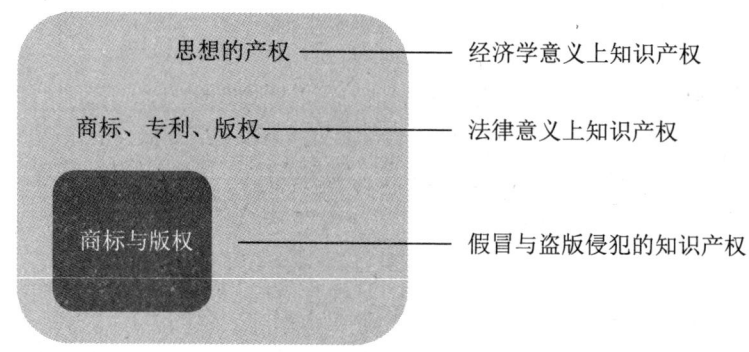

图 13-3　知识产权的经济学与法律范畴

思想具有共用品的特征，② 即非竞争性与非排他性。在非竞争性方面，思想一旦产生，它的成本（即发明的成本）就是固定的，不管有多少人使用这种"产品"，其边际成本基本为零。另一方面，思想是无形的，除非不告诉别人，否则很难避免别人利用它。一旦泄露，再想进行保护，则要付出异常巨大的排他费用。按照传统的公共经济学理论，非排他性使得一旦共用品被提供，它的排他成本十分高昂，难以阻止别人

---

① 因为商业秘密不能像专利一样公开信息，所以法律是无法界定其产权并加以保护的。
② Arrow, K., 1962, "Economic Welfare and the Allocation of Resources for Invention", in Universities-National Bureau of Economic Research Conference Series, The Rate and Direction of Economic Activities: Economic and Social Factors, Princeton: Princeton University Press.

的使用,会带来"搭便车"(Free-Ride)问题。人们在消费这类产品时,往往都会有不付费的动机。在这种情形下,如果私人提供该产品,就无法收回成本。因此,在竞争市场中是无法有效提供的①②,这就不得不由政府出面,用特殊的手段来保护它——知识产权制度。例如我们熟悉的专利制度就是知识产权制度中的一种,③ 商业秘密的保护则常常在各国的《反不正当竞争法》中。各国加强对知识产权进行保护,实际上是对个人无形财产"思想"的保护。通过法律进行制度上的保护可以提高共用品的排他性,从而避免搭便车的行为,鼓励人们生产出更多的思想,进行更多的发明创造。

2. 法律保护的困难与交易费用

(1) 法律保护的困难

从制度上增加排他性才能够有效地保护知识产权,这是否意味着只要有完善的法律就能够实现知识产权保护呢?其实不然。首先,法律制度无法涵盖所有的知识产权,只能界定部分知识产权,众多经济学意义上的知识产权游离在法律之外。其次,知识产权自身的共用品性质导致保护的交易费用(排他费用)非常高,从而需要通过法律制度进行保护,但是法律制度本身又会带来新的交易费用,即法律系统的运作所涉及到的费用,这就给知识产权保护带来了另外的困难。

困难1:界定知识产权的困难

法律的执行要受到外界条件的约束。保护知识产权,首先要能够明确地界定知识产权。界定无形的"思想",这显然有着非常大的困难。专利、商标等保护体系,只能对思想所表现出来的可观察性内容(observability)进行产权界定与保护。这是一种间接的界定与保护,只能保护思想中的

---

① Arrow, K., 1962, "Economic Welfare and the Allocation of Resources for Invention", in Universities-National Bureau of Economic Research Conference Series, The Rate and Direction of Economic Activities: Economic and Social Factors, Princeton: Princeton University Press.

② Romer, P. M., 1990, "Endogenous Technological Change", *Journal of Political Economy*, 98 (1), pp. 71 - 102.

③ 从1692年英国颁布的第一部具有现代含义的专利法"英国垄断法规"开始,作为人类文明进步推动之一的专利制度已有近四百年的历史。它对于促进科技进步、激励创新起了不可替代的作用。对此诺斯曾评价道:一套鼓励技术变化,提高创新的私人收益率使之接近社会收益的激励机制,仅仅随着专利制度的建立才被确立起来。

一部分，其原因如下：(1) 法律无法保护那些难以转化成可见实体的 (observable entity) 思想。人类的智力活动成果是很多的，但是能够获得知识产权法律保护的只是其中一部分。以专利为例，做出技术发明后要获得专利权就要符合专利法的一系列规定，而这些规定都与可见实体有关。(2) 有些思想即使转化成了可见实体，也很难进行法律保护。例如摩顿（W. T. G. Morton）在1846年发明了用醚作为麻醉药替病人拔牙，并与杰克逊（C. T. Jackson）一起注册，取得发明专利权。这个发明专利虽获批准，却因为其他牙医在医务所内为拔牙者下麻醉药，他们无法监督，也就无从收费。(3) 即便上述条件都得到满足，知识产权也很有可能已经被现有的其他一些法律制度所包含，或者在不同的法律标准下难以存在。①

困难2：获取法律帮助的困难

获取法律帮助的困难又包括两种：一是在申请专利时要付出高额的费用；二是一旦发生侵权，寻求法律保护所需支付的费用。

发明者一般只对技术本身较为熟悉，对法律的了解远比不上对技术的了解。按照目前各国的法律，发明经验和专利经验不足的人几乎不可能准确、充分地表达发明并给出合适的权利要求。于是许多人不得不支付重金给那些既懂技术又懂知识产权法律的律师让他们协助申请。除此以外，还要支付给政府相关的认证部门。②。

当发生侵权时，寻求法律保护也会面临着多重困难：首先是举证难的问题。侵权人实施知识产权侵权行为时往往十分谨慎，生产和交易环节都很隐蔽，这就使得原告及律师难以调查取证。例如在中国近几年汽车工业知识产权诉讼案中，主要是图形商标与外观设计的侵权案件。③ 而外界对中国的指责也集中在盗版问题，这正是因为商标与外观的举证较为容易，而涉及到其他知识产权的侵权则要困难得多。其次是赔偿数额难以确定。《中国专利法》第60条、《商标法》第56条和《著作权法》第48条，都规定

---

① Cheung, N. S. Steven, 2005, "Property Rights and Invention", *Economic Explanation*, Acradia Press Limited, pp. 580.

② 例如美国专利和商标局（USPTO）的年预算就高达120亿美元。USPTO不是美国政府的标准机构，它不是由政府财政拨款，原则上它不以利润为目的。USPTO的收入来源于专利申请费、颁发和维护费。

③ 葛菁：《中外汽车知识产权争辨现状及对策分析》，上海情报服务平台，2004年7月23日。

了赔偿数额为侵权人在侵权期间因侵权所获得的利益，或者被侵权人在被侵权期间因被侵权所受到的损失，但是在现实操作中，如何计算与证明上述两项的数额都十分困难。第三是执行难的问题。知识产权案件的侵权人，其财务制度有时不健全，在这种情况下，即使获得胜诉，在赔偿制度上要获得真正的执行是非常不容易的。许多律师认为，在实践中这类案件获得执行的可能性是很小的，而付出的代价却很大。第四是周期长的问题。知识产权的案件，除了法院审理的周期外，往往还牵涉到一些技术部门或行政程序，如专利行政部门、商标行政部门，程序复杂，周期也很长。

正是由于存在着上述困难，所以不少曾经取得过专利权的人，因感到专利保护的法律成本太高而不愿再申请专利保护其发明创造。中国每年取得的国家级重大科技成果达3万多项，但申请专利的成果却不超过1万项，在很大程度上就源于上述获取法律保护的种种困难。

（2）保护知识产权的交易费用

知识产权保护的困难是交易费用所决定的。任何一个国家的法律体系都不可能完美无缺，至少无法把所有思想都转化为可见实体，而且对思想产权的保护还要受到交易费用的约束。综合以上讨论，我们可以将影响知识产权保护的交易费用归结如下：（1）将无形的思想转化成可观察性内容的费用；（2）了解相关法律的费用；（3）申请的费用；（4）运用法律保护的费用，其中又包括律师的费用、举证的费用、执行的费用。这些费用的高低将决定知识产权保护的法律设计以及知识产权的保护程度，可以推出被事实检验的假说。

实际上，法律健全的国家与法律不健全的国家相比，上述交易费用并不一定会得到有效的降低。完备的法律制度不但不能够有效地保护知识产权，恰恰相反，很可能提高了解法律与运用法律的费用。法律哪怕制定得天衣无缝，也会因为现实世界中的交易费用约束而只能发挥有限的作用。因此我们无法得出结论：越是全面的知识产权法，越能够有效地保护知识产权。例如温伯恩的研究就表明，美国等发达国家的专利系统其利弊是难以衡量的。[①]

[①] Winborne, George, 1996, The Intellectual Property Debate. This article was published in the Spring 1996 issue of Formulations formerly a publication of the Free Nation Foundation, now published by the Libertarian Nation Foundation. http://libertariannation.org/a/f33w2.html.

与此同时，所谓"法律健全"的国家也很难处理以下与法律相关的问题：（1）不同类型的思想，所需要的保护不一。例如软件（Software）到底是以版权（copyright）的形式保护还是以专利（patent）的形式保护还存在着大量的争论①。（2）法律对不同思想的保护，其尺度常常难以把握。例如一些商业方法并不需要强大的专利保护，而另一些则可能需要。因此，有时就需要通过法庭对诸如新颖性与非显而易见性等概念的解释来弱化现有法律的保护。（3）思想在不同时期所需要的保护是不一样的。法律无法迅速更新，而科技的发展却日新月异。随着技术发展，新的需要与保护在不断涌现。比如网络出现以后，对著作权制度就提出了新的挑战；一些新的生物工程技术无法满足现有申请法律保护的条款等。

正是因为存在上述知识产权法律保护的种种交易费用，企业往往会另辟蹊径，通过一些合约组合的方式来降低保护知识产权的交易费用。在中国的经验中，合资企业所面临的知识产权保护问题尤为突出，特别是政府管制必须要建立合资的产业。在合资企业中，外资方的所有技术专利与商业秘密都将暴露在中方面前，他们将会采用怎样的手段进行保护呢？

（三）合资公司中的补偿性合约及其作用

1. 合资公司

在一国的经贸往来中，除了商品和服务贸易会涉及到知识产权问题外，直接投资往往承载着更多的知识产权。商务部副部长钟山在第十九届中国国际投资贸易洽谈会上介绍，至2016年中国直接使用外资已达1.7万亿美元，连续24年居发展中国家首位。② 其中合资公司在中国经济发展中一直扮演着重要角色。

合资公司是一种组织形式，在这种组织形式中，合资双方或多方为了共有的利益，共同承担公司的运作。其中合资的每一方都必须付出资本，共担风险。合资方可以是个人、一群人、公司或者社团，出资方式也可以是资金、技术、土地使用权等。合资各方都可以参与公司的运作、分享公司的利润，同时他们也必须共同承担公司的债务。合资各方的关

---

① Oz, Effy, 1998, "Acceptable Protection of Software Intellectual Property: A Survey of Software Developers and Lawyers", *Information & Management*, 34, pp. 161—173.

② 《中国FDI连续24年居发展中国家首位 对外投资全球第三》，新华网，2016年9月9日。

有限制，但在实际执行过程中，为了保持公有制的国家制度形象，对独资企业还是不鼓励的。

1990年10月28日国务院批准了《中华人民共和国外资企业法实施细则》，第一次以法律的形式明确规定独资企业的行业限制。

1995年中国政府发布了《指导外商投资方向暂行规定》（下文简称《规定》）与《外商投资指导目录》，第一次详细明确了外商投资的范围。国家计划委员会同国务院有关部门根据《指导外商投资方向暂行规定》和国家经济发展情况，定期编制和修订《外商投资产业指导目录》（下文简称《目录》），经国务院批准后公布，作为指导审批外商投资项目的依据。在《指导外商投资方向暂行规定》中，外商投资项目分为鼓励、允许、限制和禁止四类。《目录》同时列明了不允许外商独资经营以及应当由国有资产占控股地位或者主导地位的外商投资范围。

1997年12月31日国家计委、经贸委与对外贸易经济合作部发布了修改后的《目录》，并于1998年1月1日起施行。

2002年2月11日国务院再次公布了《规定》（2002年4月1日起施行），同年3月2日发布了新的《目录》（2002年4月1日起施行）。新《目录》同样分为鼓励、允许、限制和禁止四类，与1997年的版本相比，加大了对外商投资的开放程度，放宽了部分行业的外商投资股比限制，在所有产业中，需要中方控股的有21项，约占整个产业共371个条目的5.66%；需要中方相对控股的有5项；限于外商合资、合作的有24项。此后1997年、2002年、2014年都进行了修订。

在《目录》的指导下，有关部门会具体制定相关的产业政策。例如，1994年2月29日国家计划委员会（现已更名为国家发展计划委员会）颁布了《汽车工业产业政策》。在该产业政策中，进一步明确了汽车行业在合资政策上的众多限制，如股比限制、合作伙伴数量限制、国产化比例要求等。其中第32条明确规定："生产汽车、摩托车整车和发动机产品的中外合资、合作企业的中方所占股份比例不得低于50%。" 2004年，经国务院批准，国家发展改革委于6月1日正式颁布实施《汽车产业发展政策》，取消了与世贸规则和中国加入世贸组织所做承诺相违背的部分，如要求外汇平衡、国产化比例和出口承诺的政策，但是在股权方面仍然保持 50 对 50 的股比限制。

（3）合资公司中的补偿性合约

在合资公司中，合资双方的出资往往并非资金一项，还包括了有形的土地、厂房、机器设备，无形的技术、管理经验、销售渠道与资源等各种资产。对这些资产进行一一定价无疑需要巨大的定价费用，为了节省这一费用，合资双方于是以资金比例来确定股权比例。当政府限制股权比例时，直接的结果就是会导致一部分资源无法得到充分定价，最终导致补偿性合约的出现。

补偿性合约是在政府管制的前提下出现的，如果不存在政府管制是否还存在这种合约形式呢？本书认为，市场会带来交易费用，而政府管制也会产生交易费用。两种交易费用产生的原因不同，但是有可能带来同样的结果。换言之，即使不存在政府管制，只要市场的交易费用足够高，就有可能产生补偿性合约。可以设想，如果交易费用为零，各种生产要素均能够准确定价，那么合资公司中的股权比率（分成率）就已经足够，没有必要也不会出现补偿性合约再安排；或者是一份合资合约由无数个合约组成，每个合约都分别对合资双方的各种资源进行准确充分的定价。如果交易费用不为零，部分生产要素不能够被准确定价，那么就会出现"补偿性合约"进行补充定价。因此，即使在没有政府限制分成率的情况下，补偿性合约也是可能存在的，定价费用起到了与政府管制相类似的效果。在中国的例子中，政府管制无疑在很大程度上增加了外资选择其他出资比例的交易费用，从而促进了这种合约形式的出现。

当政府限制股权比率时，补偿性合约除了对合资合约中没有定价的生产要素进行定价外，还起到纠正政府"扭曲"价格的作用，以恢复市场在不受管制时所达到的均衡水平。正是由于存在着这样一种矫正机制，所以虽然中国政府在一些行业限制独资，或者限定外商投资的股权比例，但跨国公司依然与中国广泛开展合资与合作。补偿性合约安排使他们获得了不受管制时的均衡价格水平。那么在现实中是否真的存在补偿性合约？补偿性合约又是以什么形式存在的呢？

3. 补偿性合约的具体形式

本书选择了汽车行业中的企业作为研究对象，原因在于汽车行业一直被中国政府限制独资,且合资的股权比例不得超过50%。其次是根据影响力与典型性,以及资料的可获得性,选择具体企业进行研究。本研究对广州本田汽车有限公司等10多家著名中外合资公司的战略部与生产部经理进行了访谈。这些访谈主要集中在2003年9月至2004年1月,每次访谈的时间介于30至90分钟,一般随后参观工厂与流水线。当案例整理过程中出现问题时,主要通过电话的方式向其法律顾问或战略部门的经理进行再次询问。另外,以公司文件形式存在的二手数据是本书最重要的资料来源。这些资料有些是公开的,可以在媒体的报道上获悉,有的资料则是保密的,公司不向外公开。为了保护这些公司的秘密,本书的研究将不对具体企业的名称予以公开,而代之以AB公司与CD公司。

(1) 以AB公司为例

AB汽车有限公司成立于20世纪90年代后期,是中国A汽车工业(集团)总公司和美国B汽车公司各投资50%组建而成的中美合资公司。该合资公司的经营范围主要包括两个方面:第一,制造汽车整车、发动机和变速箱及其部件和零件;第二,在国内外市场上销售上述产品及相关售后服务。

依据投资双方的谈判约定,在合资合同中明确规定:AB公司将按照各自对合资公司注册资本的出资额分享利润并分担亏损。中方的责任集中在合资公司生产的辅助性工作上,例如获取批文、许可、优惠待遇、水电设施、国家鉴定等。B公司的责任与生产产品的关系则更加密切,涉及到了整个合资公司日常生产运营的方方面面,其中包括提供技术、商标、零配件、设备、物资、原材料和服务,提供车型、保证合格产品,保障产品进出口等。责任的履行意味着更多生产要素的投入,B公司如果要履行上述责任,必须投入其专利、工业产权、销售渠道、生产工艺流程与质量管理体系等众多有形与无形的生产要素。投资双方除了签订合资主合同外,还签订了一系列的合同附件,其中包括技术许可合同、进口供应合同等(见表13-2)。每一个附件实际上都可被视为补偿性合约安排,能够成为B公司获取收益的另外渠道。

表 13-2　AB 汽车有限公司的合资附件

中方	外方	合约类型
A 汽车有限公司	B 公司	技术许可合同
	B 公司	商标和商号许可使用合同
	B 汽车加拿大有限公司	进口供应合同（另签）
	B 中国公司	借调及履行活动合同（另签）
	B 亚洲公司	出口销售代理合同（另签）

以技术许可为例，B 公司需要向合资公司进行技术转让，其中包括：产品工程、制造工程、工厂设计（其中包括工艺设计）、采购、售后服务、企业管理软件、商标和商号许可使用权、考察培训咨询和技术协助，以及修改和改进。这些投入当然都不是无偿的，合资公司需要为此付出技术许可费，其中包括工厂设计工作补偿款、首期技术费与提成费（见表3）。在该技术许可费中，即使不计发动机与变速箱的提成费部分，B 公司就已经能够旱涝保收地从合资公司中获取 5300 万美元，相当于其出资额的 15% 以上。而发动机与变速箱的提成费也是按照净销售价格提取的。这几笔费用并不依赖合资公司经营的好坏，从税前提取，也不需与 A 公司分享。这意味着，无论合资公司盈利与否，只要其进行生产与销售，B 公司的这些收入就能够得到保障。这些费用以成本的形式列支后，B 公司还能通过其全资子公司 B 中国公司享受合资公司税后 50% 的利润分成。

表 13-3　AB 汽车有限公司向美方支付的技术许可费

名称	金额
工厂设计工作补偿款	US $4000000
首期技术费	US $1000000
提成费	（整车）第一年每辆整车收费 US $240；此后每辆整车收费 US $280；上限 US $48000000
	（发动机）投产后七年内发动机净销售价格的 4%
	（变速箱）投产后七年内变速箱净销售价格的 4%

(2) 以 CD 公司为例

CD 汽车有限公司成立于 20 世纪 80 年代,后经调整由中国 C 汽车工业(集团)总公司与外国 D 公司各占 50% 的股权,注册资本已超过 46 亿元人民币。该合资公司的经营范围主要包括三个方面:第一,制造汽车整车、发动机和零部件;第二,在国内外市场上销售上述产品及相关售后服务;第三,进口业务活动所需的各种货物及法律法规允许的整车。

合资合同明确规定,合同各方应按投资比例分享利润,分担亏损。并且在最早的合资合约中附有多项技术转让协议,其中 P 款车型的技术协议规定了合资公司需向 D 公司支付的许可咨询费、特殊服务费与培训费。合资公司每制造一辆汽车需向 D 公司支付许可咨询费 121 美元,[①] 这一许可咨询费反映的是签订合资合同当年费用基础,并将按照 D 公司人员费用的年增长率逐年增长。最初 7 年的许可咨询费上限为 1124 万美元。特殊服务费与培训费则依据《研究开发部服务价目表》按实际支出支付。

表 13-4 CD 公司向外方支付的费用

名称	金额
许可咨询费	最初七年每辆整车收费 121 美元(1983 年为基础逐年增长);七年后再调整;上限 11240000 美元
特殊服务费	试验鉴定费、材料费、包装费和运费等依据《研究开发部服务价目表》定价工时费按每小时 36 美元计算(1983 年为基础逐年增长)
培训费	最初七年总量不超过 1200 人/月的培训教师及材料费用由 D 公司负担;超过部分与合资公司要求的中国培训则由合资公司按每小时 36 美元支付工时费。

由以上合约安排可知,完整的合资合同是一个安排(arrangement)。除了出资、经营与利润分成的主协定外,还会有各种各样的附件,如技术许可合同、商标许可合同等。这些附件共同组成了完整的合资合同。

---

① 金额都已按签订合约时的汇率进行调整。

而这些合同附件与条款无疑是除利润分成外的一种补偿性定价,能够为合资各方带来一定的收入。而补偿性合约在合资公司中的作用就是对各方的资源进行补充定价,使其收益达到市场的平均水平。

(四) 知识产权的合约保护:"合资 + 补偿性合约"

补偿性合约的出现原本是企业为了在政府管制的条件下,获取生产要素的充分定价。然而,当它与合资模式联系在一起时,却起到了另外一种效果——保护知识产权。

1. 补偿性合约——知识产权的定价

从上文的分析可知,补偿性合约的一个重要作用就是对合作方的某些特定资源进行补充定价,知识产权是其中一种。从目前的实践来看,在补偿性合约中最常见的知识产权定价方式是权利金(royalty)。权利金是被授权人使用知识产权的代价,是授权人获取的回报。权利金的高低、给付方式等细节悉由当事人在合约中进行约定。

价格的确定是一个复杂的过程,因此在现实世界中,权利金的形式多种多样,在不同的约束条件①下会出现不同的方式。如典型权利金(typical royalties)、利润分成权利金、营运权利金(running royalties)、从量权利金(unit royalties)、一次付款(lump sum)、前端支付("front-end" payments)等等。不论这些方式怎样变化,其支付形式都可归结为三种基本形式:定额权利金、营运权利金(running royalties)与底限权利金。

定额权利金实际上就是一次总付款,根据付款的时间不同,可以是定期先付、预付、或者是分数期摊分。在这种方式下,使用者支付权利金后,对于授权范围内的技术,在使用上有较大的自由,合约管理也最为简便,不需要太多的监督,可大幅降低监督的交易费用。

营运权利金则需依照实际产品的生产数量或销售总额,由使用者持续支付"计件支付权利金"。在这种形式下,可以将产品件数为计算基础,或者按销售额百分比作为计算基础。此外,还有一些合约同时约定

---

① 例如不同知识产权的特征不同,因而定价费用不同。合作各方对未来市场的预期不同等约束条件。

这两种型态，选择其中较高或较低者作为应支付的权利金的方式。

限额权利金则是对被授权人或授权人的一种支付保障。最高限额权利金从被授权人利益的角度考虑，即当权利金到达一定数额后，已足以使授权人回收其技术的市场价格，所以在合约中约定的计算方式所确定的权利金，累计超过某一数额的部分，将不予计算。最低限额权利金则从保护授权人利益的角度出发，是被授权人对授权人的最低支付保证，即使被授权人未使用该技术，也负有支付一定金额权利金的义务。

权利金并不是一种孤立的单一要素，一般来讲以上述方式为基础，还需确定提成率、时限、单位数、许可的剩余寿命（remaining life）、技术支持以及其他职责。值得注意的是，不管这些要素如何变化，产品、流程、服务都要受到市场竞争的制约。如果市场上还存在其他类似的技术或产品，或者对于许可者而言还存在更有利可图的市场，那么这些合约条款就会发生相应的改变。

在上文的两个合资公司例子中，AB公司在支付了一笔首期款后，根据产量收取权利金。无论合资公司盈利与否，只要进行了生产，使用了外方的相关技术就必须缴纳，而且根据产量的多少（对技术的使用的多少）来缴纳费用。它包含了定额权利金、营运权利金，同时又混合了最高限额的形式。CD公司的补偿性合约中，也是按照产量来缴纳费用，包括了营运权利金与最高限额权利金两种形式。然而与AB公司相比，其名目有所差别，被贯以"许可咨询费"。"计件支付权利金"的形式比起一笔总付（Lump-sum Payment or Royalty）或按利润比例提成等形式，显然能够更清楚地界定产权。这是因为交易的量是按"件"收的，而不是委托于"时间"或"利润"这些间接的变量。然而，计件支付权利金面临的最大问题，就是如何监督"件数"。如果受许可方生产了25万辆汽车，却说生产了10万辆怎么办？如何监督？如果无法监督产量，那么计件的形式可能还不如一笔总付或按利润比例提成有效，毕竟它们能够降低监督的交易费用。实际上，合资能够很好地解决监督问题。

2. 合资——知识产权的监督

无论是购买、投资合作还是授权，在技术的引进与转移的过程中往往都会涉及某种程度的知识产权出让，其中包括专利、商标、商业秘密等。由于商标是有形之物,因此保护其不被合作伙伴窃取利用较为容易。① 而专利与商业秘密的保护则十分困难,尤其是商业秘密。商业秘密基本可分为两类:一类商业秘密可能涉及不符合专利性要求的发明或制造方法,因而只能够作为商业秘密进行保护。例如客户名单,或发明高度不够而不能被授予专利权的制造方法。另一类商业秘密可能涉及符合专利性要求且可以通过专利进行保护的发明。对于后者,企业将面临一种选择:申请发明专利,或保持其作为一种商业秘密。以商业秘密的形式来保护这些信息具有多重好处。首先,商业秘密保护具有不受时间限制的好处(专利一般为 20 年)。因而,只要商业秘密不向公众泄露,其保护就可无限期地继续。其次,商业秘密不需交纳注册费(虽然涉及使信息保持机密的费用可能很昂贵)。第三,商业秘密可以立即生效。第四,商业秘密保护不要求遵守诸如向政府部门披露信息的规定。

张五常教授认为,商业秘密具有专利的"知识",但却不以具体形象表达。因此,一方面,无法追溯的商业秘密能够得到很好保护,例如可口可乐的配方、Stradivari 的小提琴与 Black 的咳药以及葡萄酒的酿造方法等。但另一方面,由于别人不知道这是什么,在法律上就难以界定其产权加以保障,因此别人追溯造法的代价就是其最高保障了。商业秘密一旦被别人知道就难以追回,也难以受到法律的保护,所以收取使用费的交易费用会非常高。在现实世界中,商业秘密使用权的出让是很少见的。换言之,拥有商业秘密的公司一般不会与别人共同使用商业秘密。然而,发明专利与商业秘密往往必须捆绑在一起,出让发明专利的使用权而不出让商业秘密往往没有太大的用处。因此,在企业经营中,尤其是具有先进技术的跨国公司向技术落后的国家投资时,专利与商业秘密的保护成为非常重要的考虑因素。与商标版权相比,法律对这一类型的知识产权保护作用十分有限。

在中国,由于汽车行业受到政府管制,合资是唯一的选择。这也就意味着跨国公司面临着更大的知识产权保护问题。除了投入具体的专利

---

① 在各种知识产权侵犯案中,商标侵犯是最常见的,可见这种侵犯获取法律保护是比较容易的。

技术外,各种商业秘密也不得不暴露给中方,如喷漆(工艺)流程、制造诀窍、质量控制等。补偿性合约安排为技术进行了专门的定价(其中就包括了专利与商业秘密),按照生产的数量而收取权利金。此时,合资合约的关键作用是监督这些知识产权的具体使用。由于外方作为合作者之一参与到日常经营管理中,所以能够对技术的使用情况了如指掌。在涉及知识产权的交易中,许可方(Licenser)面临的最大难题就是监督受许方(Licensee)对技术的使用,受许方往往会瞒报产量等与权利金大小有关的信息。而在合资公司中,这一问题得到了很好的解决。每一产量都在许可方的监督下,他们不必付出太大的监督费用就可以准确了解产量,有效监督技术(专利与商业秘密)的使用情况。

综上可知,跨国公司选择合资,一方面通过签订补偿性合约得到某些特定资源的额外补偿,知识产权是其中一种。这种合约形式能够清晰界定知识产权,甚至使那些与专利同行,但难以界定的商业秘密都包含在内。另一方面,由于在合资过程中外方参与到生产与经营的全过程,这也就意味着外方能够完全掌握产品的产量与技术使用情况。因此,补偿性合约与合资合约的综合运用(见图3),使外方能够充分为其知识产权定价,又能够监督知识产权的实际利用情况,有效地保护了知识产权。

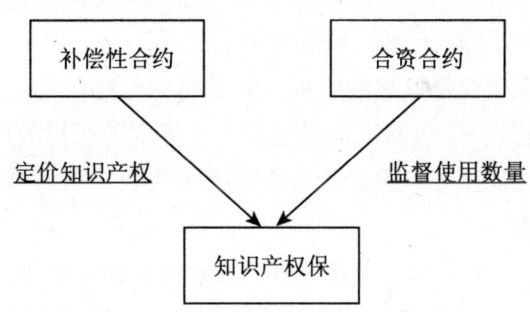

图13-5 "补偿性合约+合资合约"的保护机制

3. 结果

正是由于市场发展出的合约组合形式能够有效地保护知识产权,所以,即使中国在2001年加入WTO,许多管制(包括合资与股权管制)预期将要放松的情况下,仍有大量合资公司在谋求扩大投资规模,延长合作期限。例如上海大众公司的合资方在 2002 年 4 月 12 日在德国签订协议,决定提前 8 年延长合资期限 20 年,至 2030 年,双方出资比例不变,同时将注册资本由现在的 46 亿元扩大到 63 亿元。2003 年到期的北汽集团与戴姆勒—克莱斯勒公司合资项目也在合资期限还未满时,于 2002 年 6 月 6 日提前延长了 30 年。

除此以外,跨国公司在华的创新研究活动也在不断增长。截至 2006 年 10 月,外资在华研发中心已超过 800 家。例如 2003 年联想和因特尔合资成立的研发中心;2004 年 12 月,东风日产乘用车研发中心在广州成立;2006 年 1 月三菱汽车在上海成立了海外第三家研发中心;通用汽车和上汽集团合资的上海泛亚技术中心也在近年大幅增加了研发投资;2006 年 7 月,摩托罗拉和华为 UMTS 联合研发中心在上海成立,上海贝尔阿尔卡特与大唐移动也建立了联合实验室。在一个知识产权保护不力的国家,上述现象是无法想象的。中国的知识产权有做得好的一方面,由市场主体发展出的合约保护形式成功保护了跨国公司某些重要的知识产权。

(五) 小结

本节运用交易费用与合约理论,对目前国际上对中国知识产权保护不力的指责进行了深入分析,研究结果表明:

第一,知识产权是思想的产权。除了商标与版权外(假冒与盗版所侵犯的知识产权),还包括法律界定的与未界定的思想的产权,如专利、商业秘密、自然规律等。用假冒与盗版率来代表一国的整体知识产权保护状况并不客观。

第二,知识产权自身的共用品性质导致保护的交易费用(排他费用)很高,从而需要通过法律制度进行排他与保护。然而,法律制度本身又会带来新的交易费用,这些费用使得法律的保护作用受到局限。因此无法得出结论:越完备的法律制度会带来越有效的知识产权保护。

第三,市场主体所发展出的合约保护方式能够有效地保护知识产权,"补偿性合约 + 合资合约"是其中一种。中国吸引外资与 R&D 发展的奇迹部分归因于这种合约形式的存在。

本节并没有沿着国外学者普遍使用的研究思路——"越强（的保护）是否代表越好（Is stronger always better?）"进行研究，即探讨知识产权保护制度的强弱与经济增长、研发增长的关系，而是重点研究了由市场主体发展出的合约保护形式。本书认为，如果忽略了市场的保护形式，那么对知识产权保护强弱的衡量就存在巨大缺陷，仅仅通过评估一国的法律与执法是否完备是无法正确衡量一国的知识产权保护状况的。由于真实世界的复杂性与资料获得的难度，市场保护的方式常常被学者们所忽略。本书重点介绍的合约保护形式——"补偿性合约＋合资合约"弥补了知识产权研究中的空白，用中国的案例说明了市场选择合约的重要性。特别有趣的是，这种合约形式是在政府股权管制的政策背景下被发明出的。

四、本章小结

本章探讨的政府管制，主要集中在价格管制、反垄断和股权管制上。对自然垄断管制、行业禁止（如毒品、禁酒令）等并没有进行系统探讨。除了政府收支以外，政府管制会对经济主体产生巨大的影响，进而影响经济发展的方方面面。其结果有些是正面的，如汽车行业的股权管制带来知识产权的效果；有些则是负面的，会带来巨大的交易费用。科学的问题不是"政府应不应该管制"，而是"政府管制的原因及后果是什么"。

图书在版编目（CIP）数据

交易费用与公共经济／周燕著．—北京：中央编译出版社，2017.10
ISBN 978-7-5117-3399-3

Ⅰ. ①交⋯
Ⅱ. ①周⋯
Ⅲ. ①交易-费用-研究 ②公共经济学-研究
Ⅳ. ①F713.1 ②F062.6

中国版本图书馆 CIP 数据核字（2017）第 228697 号

交易费用与公共经济

出 版 人：葛海彦
出版统筹：贾宇琰
责任编辑：赵　灿
责任印制：刘　慧
出版发行：中央编译出版社
地　　址：北京西城区车公庄大街乙 5 号鸿儒大厦 B 座（100044）
电　　话：（010）52612345（总编室）　　（010）52612341（编辑室）
　　　　　（010）52612316（发行部）　　（010）52612346（馆配部）
传　　真：（010）66515838
经　　销：全国新华书店
印　　刷：北京紫瑞利印刷有限公司
开　　本：787 毫米 × 1092 毫米　1/16
字　　数：260 千字
印　　张：17.5
版　　次：2017 年 10 月第 1 版
印　　次：2017 年 10 月第 1 次印刷
定　　价：68.00 元

网　　址：www.cctphome.com　　　邮　　箱：cctp@cctphome.com
新浪微博：@中央编译出版社　　　微　　信：中央编译出版社(ID: cctphome)
淘宝店铺：中央编译出版社直销店(http://shop108367160.taobao.com)
　　　　　(010)55626985

本社常年法律顾问：北京市吴栾赵阎律师事务所律师　　闫军　　梁勤
凡有印装质量问题，本社负责调换，电话：（010）55626985